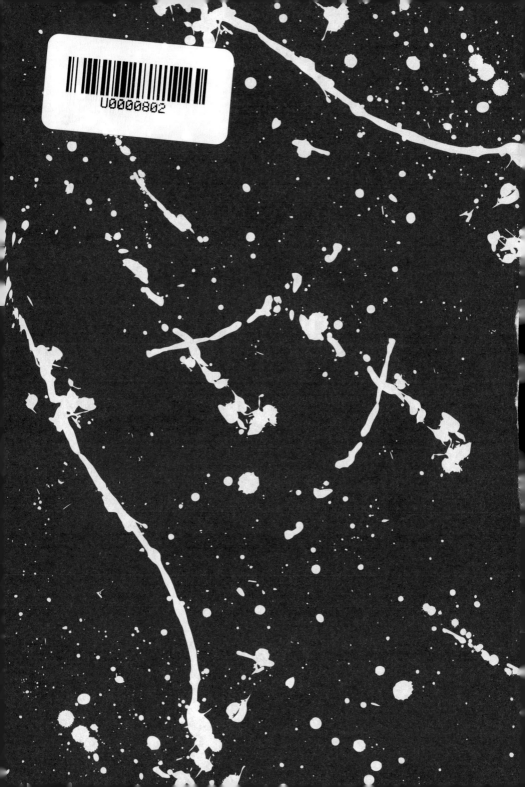

ARGUING WITH ZOMBIES

ECONOMICS, POLITICS, AND THE FIGHT FOR A BETTER FUTURE

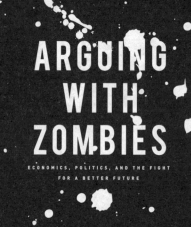

ARGUING WITH ZOMBIES

ECONOMICS, POLITICS, AND THE FIGHT FOR A BETTER FUTURE

克魯曼戰殭屍

PAUL KRUGMAN

保羅・克魯曼

吳國卿——譯

專家領讀／

●劉瑞華／清華大學經濟系教授

克魯曼從不避諱他的政黨立場，藉著他在《紐約時報》的專欄文章大力支持民主黨的重要主張，批評共和黨的政策。有諾貝爾經濟學獎得主的身分願意淌政治渾水，和人打筆仗，這種學者極為少見。這本書的名稱洩漏了他心裡憋不住的怒氣，我想，這與川普執政有關。

照理說，一位經濟學大師遇上像川普總統這樣欠缺理論、不顧事實的對手，應該游刃有餘，輕鬆致勝。然而，這場仗打下來，即使克魯曼可以殺敵如斬瓜切菜，幾年下來還是會感嘆，太累了。那些被擊倒的還會再站起來，而且愈來愈多，有如殭屍一般。

最近十幾年來，殭屍在影視作品裡大行其道，很明顯地具有政治寓言的底蘊。殭屍的基本設定是人雖死，腦卻被病毒控制而還活著，腦殘的殭屍靠著啃食活人維持不死。這裡頭的政治含意可以各自解讀。克魯曼在書裡寫的是一場場戰役，從社會安全、健保、全球暖化到減稅等，川普的共和黨都沒有章法。然而問題是川普的支持者還是像殭屍般晃蕩又站起來，不見減少。

是病毒作祟？那也許能指望疫苗，經濟學知識能不能讓人免疫？愛恨分明的克魯曼告訴我們，那要看是哪種經濟學。說的也是，疫苗有好有壞，病毒還會變異，想避免腦殘，讀者也要對症下藥，這也許就是為何他寫這麼多文章批評時政的原因吧！

●殭屍撩的禍──曹添旺／中華經濟研究院董事長

《克魯曼戰殭屍》是諾貝爾經濟學獎得主克魯曼教授發表於報紙專欄的集結。遵循他一貫「只談簡單的事情、使用淺顯的文字、對不誠實保持誠實、別害怕談論動機」的原則，揪出一切泛政治化來扭曲專業知識發揮正常功能之政經行為的殭屍。例如在美國有些政經人士將「所得分配」的探討視為「馬克思主義言論」，甚至故意誇大「逆景氣循環政策」在經濟蕭條時期的壞處並反對施行。此等以詭辯之術從事禍害政經之訴求、導致政經失能的行為，正是克魯曼出戰的殭屍。

在臺灣也不乏此等殭屍。例如早先主張臺灣經濟得靠中國才能發展者，不僅對「國際要素價格均等化定理」不屑聞問，其助推言行就是礙臺的殭屍。其他類似的殭屍包括近來鼓吹半導體產業赴中、反對籌組口罩國家隊、與倡議進口中國疫苗等論調，漠視了「經濟的自主與安全」，威脅你我的未來。因此，回歸理性辯證的軌道，才能杜絕殭屍的橫行。

克魯曼一向以「寫作清晰易懂且善於提供直觀的經濟邏輯」蜚譽國際經濟學界，本人鄭重推薦他出戰殭屍之作，亟盼大家透視「殭屍撩的禍」，期待臺灣的克魯曼們應然而出，齊戰殭屍。

●奔向「奴役社會」的美國——吳惠林／中華經濟研究院特約研究員

一九九一年美國經濟學會克拉克獎章得主、二〇〇八年諾貝爾經濟學獎得主、名筆兼名嘴保羅．克魯曼又在二〇二〇年美國總統大選前夕出書了。之所以特別強調「克拉克獎章」，是因為得獎者就是經濟學術研究在當年被認為最傑出的美國經濟學家，而該獎自一九四九年開始，每兩年一次頒給一位四十歲以下的經濟學者，表彰他「對於經濟思想和知識有卓越的貢獻」，若找不到合適者還會從缺呢！克魯曼正好在三十九歲時趕上得獎，這也凸顯出克魯曼早已具有深厚的經濟專業，是道道地地的「經濟專家」。十七年後再榮獲最高榮譽的諾貝爾獎，更加證明其學術成就持續且更被高度肯定。

學養俱佳、文筆優美的克魯曼

克魯曼自二〇〇〇年起，就應《紐約時報》之邀成為專欄主筆，迄今已長達二十二年之久，寫過數千篇專欄和部落格，擁有數百萬讀者。他的文筆優美又有創意，克拉克獎評審委員會認為足以「媲美日本的俳句、狄金遜的詩和馬蒂斯的油畫一般優美」。《財星》雜誌更曾喻其為「自凱因斯以降，文章寫得最好的經濟學家」。而二〇一一年對經濟學教授的一項調查，克魯曼還被稱為六十歲以下最受喜愛的經濟學家呢！

這樣一位學養俱優，文筆又優美流暢的人物，他的文章和出版的書自然受到市場歡迎，成為暢銷書也是可想而知的，對於讀者的影響也是非同小可，當然有必要認真看待。雖然克魯曼已經著作等身，但其新書應該也會成為暢銷書，不能等閒視之。

這本新書以《克魯曼戰殭屍》為書名，有夠聳動，也很吸引人。如克魯曼所言，本書是由其報紙專欄文章集結，整理並予以增刪、修潤而成，全書以主題分類共有十八章，從「拯救社會安全計畫」一直到最後的「有關經濟的想法」。光從章名就可知涵蓋範圍之廣，真可說琳琅滿目，這些篇章是二〇〇四年小布希當選連任美國總統之後，克魯曼所寫的專欄文章，全書超過三分之一篇幅是討論二〇〇八年金融危機及其後續影響的不同面向。

克魯曼認為沒有人真正預測到那場金融風暴，而他自己知道當時有一個巨大的房地產泡沫，但對泡沫爆破造成的傷害仍感到十分震驚，因為他之前並未發現美國的金融體系已在不受監管的「影子」銀行業成長下變得如此脆弱。不過，一旦崩潰發生，曾研究這類危機的經濟學家發現自己處於熟悉的領域，從理論和歷史都知道很多關於金融危機的事，也知道很多有關經濟體在危機後如何運作的事。克魯曼自認二〇〇八年危機後的五年左右，是他最好、也是最壞的時期。因為他擔任報紙專欄作家的角色，和其學術研究近乎完美地交集，在這段期間有機會表達政策制訂者應做什麼的許多意見，所以是最好的時期；但因政策制訂者一直拒絕採用他所提供的意見（或知識），反而選擇執迷於錯誤且往往惡意反對預算赤字的理論，並因而造成不必要的巨大痛苦，所以克魯曼深感有志難伸而抑鬱寡歡，於是對他來說，這段期間也是最壞的時期。

聳人聽聞的「殭屍經濟」

為了一抒鬱悶，克魯曼就將他在該段期間的政策建言整理成本書出版，公諸大眾，讓讀者公評，為他討回公道。克魯曼真的是氣壞了，他將反對者稱為「殭屍」，認為他不只是對牛彈琴，簡直是與毫無知覺的屍體論辯。我們都知道，克魯曼是所謂的「新凱因斯學派」領頭羊，有著「凱因斯 2.0」、「凱因斯還魂」等稱呼，甚至「青出於藍、更勝於藍」，比凱因斯還凱因斯。

眾所周知，凱因斯是在一九三〇年代全球經濟大恐慌之際，出版《就業、利息和貨幣的一般理論》（*The General Theory of Employment, Interest and Money*，簡稱《一般理論》）這本經典著作。提出「政府應創造有效需求」來消弭「大過剩」，讓失業降低，使經濟復甦。克魯曼相信凱因斯經濟政策有效解決問題，於是在歐巴馬主政近四年，美國經濟不但沒從金融海嘯的泥淖中走出來，所得分配還更不平均，失業率一再上飆，經濟衰退成為二〇一二年美國總統大選前歐巴馬的連任罩門時，出版了《克魯曼觀點：拚有感經濟》（*End This Depression Now!*）這本被稱為「通俗版《一般理論》」的著作，提出比凱因斯政策更強的藥方來化解難題。

通俗版《一般理論》

該書將當時的蕭條情境以實際數字和優美的文字陳述，再以凱因斯的「短期」、「非常時期」、「流動性陷阱」作為理論基礎，導引出「政府支出創造有效需求」來解決棘手的失業和蕭條問題。他認為短期不救將降低長期產能，而失業也加深美國人內在生命的創傷，而長期失業者自尊受打擊極具破壞性，焦慮症與憂鬱症也出現，因而非以「非常手段」化解不可，而簡單無害的「政府支出大量增加」是最佳藥方。

克魯曼大力批判主張「撙節」者，並對「賽伊法則」（Say's Law）的「供給創造需求」極力撻伐，將自由經濟「淡水學派者」指摘為「替共和黨跑龍套」，把「意識形態」、「不食人間煙火」的大帽子套在這些人的頭上。克魯曼甚至認為國債不必還，而房貸契約也可打消，將「以債養債」換為「以債療債」，也就是說繼續舉債是正確的，對於當時各國政府「印鈔救市」、「振興經濟方案」之所以效果不彰，是因為「力道、強度、規模」不夠大，他指責歐巴馬魄力不夠、太妥協。他也認為通膨不會發生，而發動戰爭讓政府支出大增也是解決蕭條、需求不足的方法。

由於歐巴馬順利當選連任，克魯曼或許認為他的建言發揮效用，以至於對「反赤字預算」、「緊縮政策」、「財政危機」等淡水學派或保守派人士所主張的理念都指為錯誤，但還是一直被共和黨引用，於是以「殭屍」稱之。

自由主義者的良心

同樣地，對於「社會安全計畫」、「歐記健保」等社會主義政策，克魯曼在二〇〇七年十月美國總統大選前夕出版的《下一個榮景：政治如何搭救經濟》（*The Conscience of A Liberal*）中極力宣揚。該書係以「政治經濟學」描述美國一九三〇年代經濟大恐慌以來的政經發展史。他充分發揮以優美文筆說故事的能耐，哀悼美國中產階級的消失、所得分配的極端不均。

克魯曼認為全球化和科技變遷這種一般公認的原因無法解釋，應是體制、行為準則和政治力的改變所致，他於是描述共和黨和民主黨之間的競合經過，行文中貶抑前者、贊揚後者。在克魯曼心中，共和黨偏袒且保護大企業和有錢人，共和黨藉著減稅和取消社會福利，或讓福利民營化，將財富集中在少數人，再依靠他們的大筆捐款、獻金，經由選舉伎倆贏得選戰、獲得政權。他在當時就指出，小布希第二任時，美國人已經覺醒，加上黑人以外的移民人數比重大增，大反轉的日子已到，而那時民主黨獲選人重視並討論全民健保計畫、因應貧窮的新方法、協助無殼族的方案，切合美國人需求，因而勝選機率高。

克魯曼在該書中表明非常懷念一九三〇年代大恐慌後小羅斯福總統實施「新政」的日子，那是中產階級出現、社會公平、政黨間和諧共處、所得分配相當平均、人民安居樂業的景象。因此，他期待美國出現「新新政」，主張將「全民醫療」作為重點，就像社會安全制度是「舊新政」的核心一樣，而在成功實施全民醫療後，接著轉而解決更廣泛、更艱辛的「不平等」工程，克魯曼認為這就是「自由主義者」的任務。

事實顯示，克魯曼的預測和期望都實現了，歐巴馬當選總統，也大力推動全民醫療，向社會主義靠攏，可說完全依照克魯曼指示的道路前進，似已顯現該書的影響力之大。

全力攻擊川普

至於「減稅」、「貿易戰」、「氣候」、「川普」、「論媒體」等議題，是川普讓人跌破眼鏡當選二〇一六年美國總統四年之間發生的事。由於川普繼承雷根，重拾保守立場、反共、自由經濟、小政府、減稅、退出巴黎氣候協定、對中共發起貿易戰，並大幅翻轉歐巴馬的社會主義政策，等於將克魯曼的主張全部消除。孰可忍、孰不可忍，克魯曼原本以為希拉蕊篤定當選，沒想到半途殺出程咬金，在全盤皆輸下怒不可抑，也跟隨左派媒體起舞，認為川普用騙術取勝，將川普視為陰險小人，在專欄文章中大力批判。不但極度貶低川普政策，還將提出政策的學人等視為殭屍。以克魯曼這麼有名望的高雅之士，如此的氣急敗壞、口出惡言，實在是情何以堪！不過，這也正凸顯出克魯曼是多麼地沮喪和失望了。

其實，由克魯曼在本書前言和最後一章的陳述中，隱示他也知道這樣的咒罵是不妥當的，或許他懊惱沒在二〇一六年總統大選前出書幫民主黨希拉蕊造勢，以至於讓川普獲勝，於是在本書中加大力度用選舉語言及強烈方式攻擊對手。

海耶克諍言

寫到這裏，我不免又想起一九七四年諾貝爾經濟學獎得主海耶克（F. A. Hayek，一八九九－一九九二年），在當年受獎宴席上的一番話：「……諾貝爾獎給某一個人的這種權威，就經濟學這門學科來講，誰也不應該享有。在自然科學部門，這沒有問題。自然科學家當中某一個人所產生的影響，主要是影響到他的同行專家們……但是，經濟學家的影響之關係重大者，卻是一些外行：政客、記者、公務員和一般大眾。在經濟學方面有一點特殊貢獻的人，沒有理由就成為全能者，而可以處理所有的社會問題。可是新聞界卻如此看待他，而他自己也終於自信是如此。甚至於有人被捧昏了頭，居然對一些自己素未鑽研的問題表示意見，而認為這是他的社會責任。用這樣隆重的儀式以宣揚少數幾位經濟學家的成就，使其受舉世矚目，因而加強他的影響力，這樣做，我不相信是一件好事。所以我想建議，凡是獲得諾貝爾獎這項榮譽的人，必須做一謙虛的宣誓，誓不在自己的學力以外對於公共事務表示意見。或者，授獎人在授獎時至少要被要求謹記我們經濟學的大師之一馬夏爾（A. Marshall，一八四二—一九二四）的一句嚴正忠告：『社會科學者必須戒懼赫赫之名：當眾人大捧之時，災禍亦將隨之。』

美國邁入「社會主義國」

海耶克有感而發的這番話應不只是說給得獎者聽，也特別告訴普羅大眾，尤其是新聞從業者，不要將這些獲得諾貝爾獎者視為無所不知、無所不曉的超人。每個人，尤其有名望的人，都應提醒自己時時緊守分寸，以免過度膨脹，畢竟凡人都很難抗拒被捧的誘惑！何況，正如海耶克所說，經濟事務關係人生，千頭萬緒難以釐清，一旦提出錯誤建議而化為政策施行，危害大矣，而被奉為上賓的諾貝爾獎得主最具此種條件，他們的話最易被視為真理。

雖然克魯曼帶有情緒，但其談論的主題及其觀點還是很重要，而且肯定會受到關注，或許也是打敗川普的因素之一。就讓我們以「冷靜的腦」好好閱讀這本書，自己判定誰是誰非，吸取正確的知識好「向上提升」！

二〇二〇年美國總統大選結果是民主黨勝選，顯示克魯曼論點較受肯定，而左派社會主義政策將重新拾回，歐巴馬政府2.0也明顯出現，看來「奴役社會」的美國或許也即將來到！

謹以本書紀念我已故的同事和朋友任赫德（Uwe Reinhardt），
他在促進醫療經濟學討論上的貢獻比任何人都多，
特別是在協助我避免出醜上惠我良多。

目次

感謝詞／

本書大部分文章初始是以報紙專欄的形式刊出，而專欄寫作的性質就定義來說，就是沒有經過即時諮詢，或甚至與人合作。你一早起床，喝杯咖啡，決定你準備寫什麼——事先計畫幾乎從不管用，因為會有各種事件勝過原本的計畫——然後在下午五點前交出稿子。部落格貼文可能在一個小時以內就由模糊的概念變成公開文章，討論的機會還更少。在大多數情況下，我唯一能尋求建設性批評和審閱的人是我的妻子羅繽·威爾斯（Robin Wells），她總能提供寶貴的意見。

不過，專欄寫作確實以持續進行的議題討論為背景。我在十五年的經驗中汲取了許多人的智慧。我會嘗試寫出幾個人的名字，但我知道這是極不完整的名單——我在這段期間寫過數千篇專欄和部落格貼文，常記不清我向誰請益了必要的專業知識——而且不公平地忽略了許多人。

在醫療保健方面，我從任赫德身上（Uwe Reinhardt）獲得許多協助，謹以本書紀念他；另一位是 Jonathan Gruber。

Dean Baker 讓我深信我們有一個巨大的房地產泡沫問題要面對。

Brad DeLong 和我聯手呼籲對危機採取凱因斯學派的對策。

我對效率市場金融問題的討論大量汲取 Justin Fox 的研究。

Mike Konczal 協助釐清緊縮經濟學的錯誤邏輯，而 Simon Wren-Lewis 協助我明白，為什麼這個錯誤的邏輯在英國大行其道。

我認為 Richard Kogan 是第一個提醒我債務滾雪球問題並不存在的人。

Emmanuel Saez 和 Gabriel Zucman 除了教導我們許多有關稅務的事，也幫助我了解民主黨的新提議，特別是華倫的財富稅。

Chad Bown 讓我明白川普的關稅是怎麼回事。

Larry Mishel 教導我大部分我所知的科技和不平等間的關係，或沒有關係。我更常仰賴我在史東中心（Stone Center）的同事 Janet Gornick 以了解不平等資料的意義。

大多數我對美國新右派保守主義運動的知識來自 Rick Perlstein。

另一位史東中心的同事 Leslie McCall，協助我正確了解（或至少減少誤解）選民對稅務和支出態度的政治學。

和無與倫比的 Michael Mann 通信協助我了解氣候學醜陋的政治操作。

最後，感謝 Norton 公司的 Drake McFeely，早在我開始為《紐約時報》寫作前，他就一直出版我的普及版著作——讓它們比原本的呈現更好。

前言／

惡戰方酣

成為名嘴從來不在我的計畫中。

我在一九七七年完成研究所學業後，我想過的是奉獻於教學和研究的生活。即便我後來在公共辯論中扮演一個角色，我想像自己應該會是一位技術官僚——一個不帶情緒地提供政策制訂者哪些方法有用、哪些沒有用這類資訊的人。

再者，如果你看我最常被引用的研究，它們大部分無關政治，主要是討論經濟地理學和國際貿易的論文。這些論文不但無關政治，甚至大部分與政策無關。它們只是嘗試釐清貿易的全球模式和產業的地點。以經濟學的術語而言，它們是「實證經濟學」（positive economics）——世界如何運作的分析——而非「規範經濟學」（normative economics）——世界應該如何運作的處方。

但在二十一世紀的美國，一切都與政治有關。在許多情況下，接受經濟問題從證據得出的答案，會被視為選邊站的行為。例如，假使聯邦準備理事會（聯準會）收購大量政府債券，會不會造成通貨膨脹大幅上揚？憑經驗回答，明顯的答案是：如果經濟蕭條就不會造成通膨。聯準會在二〇〇八年金融危機後收購三兆美元債券，而通貨膨脹仍保持在低水平。但實際上的狀況變成：宣稱聯準會的政策有通膨危險成了共和黨的官方觀點，以至於單純地承認事實，被視為是自由派的立場。

的確，在一些例子當中，甚至問特定的問題也被視為選邊站的行為。如果你問所得不平等的情況如何，不少保守派人士會譴責你是「美奸」（un-American）。他們認為，連提出所得分配，或比較中產階級與富人階級的所得增加，都是「馬克思主義言論」。

當然，這不僅限於經濟學。你可以說，我們這些經濟學家就好比氣候學家，他們因為發現有權勢的利益團體不希望大眾聽到的結論而面臨迫害。再想想研究槍枝暴力原因的社會學家：從一九九六年到二〇一七年，疾病防治中心（Centers for Disease Control）被禁止資助槍枝造成傷亡的研究。

那麼，一名「準」學者該怎麼辦？做法之一是忽視政治壓力只管做研究。這是我尊重的一種選擇，而且對大多數學者，甚至是經濟學者來說，這是正確的選擇。

但我們也需要公共知識分子：能了解和尊重研究、且願意跳進政治爭論的人。

本書是一本文集，大多數是為《紐約時報》寫的文章，而我嘗試透過它們扮演這個角色。後面我將談到我是如何逐漸採取這個立場，以及我想藉此做些什麼。不過，首先讓我們問一個不同的問題：這一切政治化是怎麼回事？

政治化的根源

政治有許多議題，而你可以想像人們表明各式各樣不只是單純左派／右派的廣泛立場。例如，你可以想像有強烈支持槍枝管制、要求積極因應全球暖化的政策，但同時希望私有化，甚至取消社會安全計畫和聯邦醫療保險計畫（聯邦醫保；Medicare）的選民。不過，在實務上，現代美國的政治真的是非常一維性的。這在民選代表間特別真切。只要知道一個國會議員在像是全民醫療保險這類議題採取什麼立場，你就可以預測他對氣候政策的立場——反過來也一樣。

這種一維政治是如何造成的？它基本上是傳統左派／右派的連續體：你認為公共政策在降低市場經濟風險和不平等上應該扮演多大角色？你希望社會應該像現代丹麥那樣，有高稅率、強大的社會安全網，和廣泛的勞工保護，或者像鍍金時代（Gilded Age）自由放任主義（laissez-faire）當道的美國？

從一個層面看，這條爭論的軸線與價值觀有關。左派的人傾向於有哲學家羅爾斯（John Rawls）正式揭櫫的社會正義概念：他們相信人如果不知道自己會成為哪一種人、會扮演什麼角色，那麼他們應該擁護他們選擇的社會。基本上，這種道德立場是「若不是上帝的恩典，我也會很悲慘」，雖然其中通常沒有上帝的成分。

對照之下，右派的人看待（或宣稱看待）政府干預以降低不平等和風險的行徑為不道德。他們認為，對富人課稅以協助窮人是一種偷竊，不管目的多麼值得稱許。

經濟學無法告訴你該抱持什麼價值觀。不過，它可以解釋任何特定價值觀的政策可能帶來什麼結果。不過，那就是政治化發生的地方。具體來說，反對政府扮演較大角色的人會說，這種角色不只是不道德，而且有反效果，甚至有破壞性。而如果證據不是這麼說，他們就會攻擊證據和提出證據的人。

理論上，這種政治化也可能來自左派，正如來自右派。例如，有時候以及在某些地方，確實有重要的參與者拒絕承認價格管制曾導致短缺，或印鈔票曾造成通貨膨脹——看看委內瑞拉近代的歷史。甚至在美國，有些左派人士會攻擊你（好吧，攻擊我）是企業利益的共謀者，因為我指出有許多方法可以達成全民醫療保險覆蓋，包括在為私人保險公司保留重要角色的情況下辦到。

但在金錢和權力的現實下，現代美國的一切都被政治化，主要反映了來自右派的壓力。

畢竟，雖然低稅率和最小政府的社會有哲學上的理由，但現代保守主義依賴哲學的論述較少，較多的是如果我們重拾邁向鍍金時代的腳步，將有一些個人可以獲得許多利益。這些人的數量可能不多，但他們極端富有。宣揚邁向他們偏好的方向對大眾有利的觀點，將帶給他們巨大的利益。而來自右派億萬富豪的金錢支持，是支撐殭屍想法

（zombie idea）的強大力量——這些想法應該被駁斥它們的證據消滅，但它們卻一直蹣跚前進，吞噬人們的大腦。

這種殭屍最堅持不懈宣稱的是，對富人課稅將對整體經濟造成大破壞，所以對高所得者降稅將製造出神奇的經濟成長。這個教條在實務中一直失敗，卻在共和黨裡獲得愈來愈強力的支持。

還有其他殭屍。如果你想要一個低稅、低福利的州，你會宣稱安全網計畫有害而且行不通。所以許多精力被用在堅稱不可能做到提供全民醫療保險，雖然除了美國以外的每一個先進國家都設法辦到。

你了解我的意思了吧。但雖然了解稅和支出分析的政治化很容易，為什麼政治化會擴大到不是明顯與階級利益有關的領域？即使是億萬富豪也需要一個適合居住的星球，那麼為什麼氣候變遷變成一個如此左派／右派的問題？經濟衰退會傷害每個人，那麼為什麼保守派反對印鈔票以對抗不景氣？還有為什麼對種族問題的態度與課稅和支出的立場，會如此息息相關？

許多問題的答案是，政治的參與者都相信——我認為很合理地相信——所有形式的政府行動主義都有一種光環效應。如果人們被說服我們需要一種減少溫室氣體排放的公共政策，他們就更能接受我們需要公共政策來減少不平等的概念。如果他們被說服貨幣政策能對抗經濟衰退，他們就較可能支持擴大醫療保險的政策。

事實一向如此。回顧四〇和五〇年代，美國右派激烈地反對凱因斯經濟學，甚至到嘗試阻止它在大學裡被教授的程度，儘管凱因斯（John Maynard Keynes）正確地描述它是一套「中庸偏保守」的理論——是一種保護資本主義的方法，而不是要取代它。為什麼？因為一般來說，右派視它為政府將變得更大的開端。但現在我們在政治上比當年更加極端得多，所以政治化也進一步加劇。

除了光環效應，還有政治策略化的效應。你知道，美國的政治過去有兩個維度，而不是一個——有左派/右派軸線，也有一個種族平等/種族隔離軸線。即使在今日，仍有大量選民喜歡大政府，卻不喜歡膚色較深的人。（反過來看，自由放任派立場——小政府較有種族包容性——邏輯上是相容的，但除了少數打領結的傢伙外，似乎沒有任何支持者。）但幾乎沒有支持種族主義和大政府的政治人物。反而是經濟右派藉由迎合勞工階級白人的種族敵意來爭取他們的支持，即使他們攻擊勞工階級白人生活需要的計畫。所以種族包容性和其他像是性別平等和ＬＧＢＴＱ（女同性戀者、男同性戀者、雙性戀者、跨性別者、疑惑者）權利等形式的社會自由主義，也和別的一切事情一樣陷於政治分裂。

正如我說過的，這一切的結果是所有事情都扯上政治。莫尼漢（Daniel Patrick Moynihan）有句很有名的話：「每個人都有權利發表自己的意見，但沒有權利主張自己的事實。」但在現代的美國，許多人認為他們有權利主張自己的事實。這意謂技術官僚夢——由一名政治中立的分析師來協助政策制訂者更有效管理的理想——暫時已經死了。

然而這不是關心我們社會如何發展的學者唯一可選擇的角色。

在極化時代當個名嘴

假設你是一個很了解像經濟學這種技術主題的人，而且也想對公共討論有所影響——也就是說，想影響不知道或不關心這些技術問題的人討論該主題的方式。顯然這是在描述我的狀況，但它也適用於其他人。一些別的經濟學家也已投入公共領域——像史提格里茲（Joseph Stiglitz）就是一位優秀的經濟學家，把自己改造成公共知識分子，或者像英國的雷恩路易斯（Simon Wren-Lewis）。還有愈來愈多有豐富經濟學背景的新聞記者，例如《紐約時報》的萊昂哈特（David Leonhardt），或《華盛頓郵報》的拉姆佩爾（Catherine Rampell）。要如何才能有效扮演這個角色？

本書的最後一章包含一篇我在一九九一年寫的文章〈我如何做研究〉，文中列出四個研究的原則。所以讓我也列出我為名嘴訂的四個原則，它們貫穿本書討論的一切內容。頭兩個原則應該沒有爭議，但我認為後兩個原則可能較多爭議。以下是這四個原則：

只談簡單的事情

用淺白的文字寫作

對不誠實保持誠實

只談簡單的事情：經濟學存在許多困難的問題——嚴肅、誠實的研究者看法迥異的問題。那些經濟學家名嘴應該如何處理這些問題？

我的回答是，大部分時候應該盡可能避開這些問題。事實上，真實世界的經濟學爭論絕大部分是簡單的問題——有明顯正確的答案、但卻是有權勢的利益者不願接受的問題。你可以藉由專注在這些問題，並嘗試傳達正確的答案來改善公共討論。困難的問題不會消失，但專欄不是爭論它們的好地方。

例如，當談論政府債務的效應時，公眾需要知道的是，嘗試在蕭條的經濟中平衡預算會讓蕭條加劇，而且造成對債務失控惡性循環的恐懼被大幅誇大。還有其他更困難的問題，像是哪一種利率應該被用來評估基礎建設支出。但簡單的問題可以提供許多可書寫的材料。

用淺白的文字寫作：當我說經濟學家名嘴應該用英文寫作時，當然我指的不是字面意思。事實上，如果有更多人以德文解釋基本的經濟概念，這個世界會變得更美好。我的意思是，要當一名有作用的名嘴，你應該使用淺白的語言，並且不預先假設人們已經了解不熟悉的概念。

若想明白我的意思，不妨看看我最常被引用的論文〈報酬遞增和經濟地理學〉。在我只做研究的年代（這篇論文出版於一九九一年），我在經濟學家間有寫作清晰易懂、善於提供直觀和降低數學難度的名聲。但在那篇論文中，除了公式外，你會發現像這樣的敘述：「當發生不完全競爭和報酬遞增時，金錢外部性很重要。」我的《紐約時報》讀者中有百分之一能了解這到底是什麼意思嗎？

避免使用術語知易行難，部分原因是大多數術語是有作用的——上述引文對目標讀者傳達了重要的訊息，而如果不用術語來表達相同的意旨，可能要用上大量篇幅和時間，使用數百或數千個字。使用術語也是因為經過多年浸淫於一個技術主題後，可能很難想起正常人——即使既聰明又受過教育——是如何談話。

我在《紐約時報》寫文章已經二十年，但我仍然偶爾會接到文字編輯提問他們不了解（相當然讀者也不會了解）的段落，因為我一疏忽便假設一般讀者會和經濟學家一樣使用相同的文字。例如，當經濟學家說「投資」時，通常他們指的是興建新工廠和辦公大樓，但如果他們不希望讀者以為他們說的是買股票，他們就必須說清楚。

這不表示你應該想像你的讀者很愚蠢。你只是必須用心思考如何溝通。事實上，二〇一九年我發表的專欄「正視美國農村的真相」，有一點像是含蓄地重述一九九一年那篇論文所提的論點。而我以為大多數讀者了解我想表達什麼，雖然我讓他們之中的許多人感到憤怒。

對不誠實保持誠實：現在我們進入名嘴較具爭議性的面向了。我已經說過，現在一切事情都牽涉到政治。其結果是，許多公共評論，不管是有關經濟學或其他任何領域，背後都藏著惡意。

舉最明顯的例子來說，宣稱我們應該降低富人稅率的人，可能假裝是從證據得出這個主張，然而實際上並非如此：沒有證據能說服他們改變看法。在實務中，他們藉由移動球門柱來對付相反的證據——例如，預測柯林頓增稅會導致蕭條的同一批人，現在宣稱柯林頓時代的榮景是雷根一九八一年減稅的長期效果之一。或者他們乾脆說謊，捏造數據和其他假想的事實。

那麼，一個經濟學家名嘴應該如何面對這個現實？我知道許多經濟學家贊同的一個答案是，繼續假裝我們是在進行一場誠信的辯論：攤開證據，解釋為什麼它證明一個觀點是正確的，而另一個是錯誤的，然後就此打住。

你可能猜到，我的看法是，這樣還不夠，這實際上對讀者不公平。當你面對惡意的爭議時，公眾應該不只是被告知這些論點是錯的，而且要被告知它們實際上是出於惡意。再舉另一個例子，指出預測聯準會收購債券會導致通膨失控的人是錯的非常重要。但同樣重要的是，要指出那些預測者都不願意承認自己的錯誤，更遑論解釋是什麼原因造成他們犯錯——以及一旦共和黨入主白宮，他們之中有些人就突然改變立場。

換句話說，我們應該誠實地指出政治辯論中普遍存在的不誠實。通常謊言本身就是訊息。這就引向我的最後一個原則。

別害怕談論動機：我希望我們是住在一個可以正常地假設政策辯論是出於誠信的世界。而有些辯論的確是出於誠信。例如，有關「量化寬鬆」（quantitative easing）——聯準會收購債券——實際上是否提振了經濟有很激烈的辯論。我是站在懷疑這一方的，但我尊重樂觀者，而且我相信兩方都願意被說服。

但在二十一世紀美國的大部分重要政策辯論中，卻有一方的辯論始終出於惡意。我已經表明這必須清楚地被指出，你不應該只是告訴讀者不切實際地主張減稅的勢力是錯的，而且要點明提出這種主張的人是故意不誠實。讓我進一步說清楚，所謂對讀者公平意謂要解釋他們為什麼不誠實。

在大部分情況下，那表示要談到現代美國保守主義的本質，就要談到為右派億萬富豪的利益服務的媒體組織與智庫緊密交織的網絡，和它們實際上已接管了大老黨（即共和黨）。就是這個網絡——「保守主義運動」（movement conservatism）——讓殭屍的想法保持活絡，例如相信減稅的神奇效用。如果你是在進行真正誠信的辯論，那麼攻擊對方的動機就不是一件好事。但如果你是與惡意的對手辯論，那麼指出他們的動機只不過是誠實說出真相。

我希望這個世界不是這個樣子。有時候我渴望能回到職涯初期的天真，當時我只想追求正確的答案，而且通常能假設與我辯論的人是在追求相同的目標。但如果你準備當一個有作用的公共知識分子，你面對的是現實世界，而不是你想要的世界。

有關本書

我在二〇〇〇年開始為《紐約時報》寫文章。在之前幾年我每個月為《財星》（*Fortune*）和《石板》（*Slate*）寫專欄，但我主要還是一名研究經濟學家。事實上，我在一九九八年寫了我個人認為最好的學術論文〈歷史重演了：日本的蕭條和流動性陷阱重現〉。

《紐約時報》希望我完全寫有關商業和經濟學的文章。但我發現自己處於他們或我都沒有料到的情況。小布希政府的不誠實達到美國政治前所未見的程度（雖然現在被川普主義者超越），在我看來很明顯的是，它用欺詐手段帶我們走向戰爭。然而似乎沒有一個為主流報紙寫專欄的人願意明白指出。因此，我覺得我義不容辭。

不過，我在那段期間寫得最好的文章出版於二〇〇三年的專欄文集《克魯曼談未來經濟》（*The Great Unraveling*）。所以我覺得那不是一個需要重新回味的時期。

反而，除了少數幾篇例外，這本專欄文集收錄的是二〇〇四年小布希當選連任以後的文章。當時許多人已經在處理那場邁向戰爭的騙局，讓我可以自由地專注於我較感興趣的議題，例如把社會安全計畫私有化的企圖，和擴大醫療保險覆蓋的努力。

本書有超過三分之一的篇幅在討論二〇〇八年金融危機及其後續影響的不同面向。沒有人真正預測到那場危機，除了那些也預測了許多從未實現的其他危機的人。我自己知道當時我們有一個巨大的房地產泡沫，但對泡沫爆破造成的傷害仍感到十分震驚，主要是因為我之前並未發現我們的金融體系已在不受監管的「影子」銀行業成長下變得如此脆弱。

不過，一旦崩潰發生，曾研究這類危機的經濟學家發現自己處於熟悉的領域。我們藉由理論和歷史知道很多有關金融危機的事。我們也知道很多有關經濟體在危機後如何運作的事：那篇一九九八年的論文討論的是，連零利率都不足以恢復充分就業時的情況，而這種情況原本只是日本所獨有，後來卻變成西方世界普遍面對的問題。

對我來說，二〇〇八年危機之後的五年左右既是最好、也是最壞的時期。說它們是最好的時期，是因為我擔任報紙專欄作家的角色和我的學術研究近乎完美地交集，讓我有機會表達政策制訂者應該做什麼的許多意見。它們是最壞的時期則是因為政策制訂者一直拒絕運用我們所具備的知識，反而選擇執迷於錯誤，且往往惡意反對預算赤字的理論，並因而造成不必要的巨大痛苦。

本書其餘部分主要在討論書名所說的內容：與殭屍辯論，從減稅殭屍到否認氣候變遷殭屍，也包括讓殭屍持續蹣跚前進的保守主義運動。是的，書中也談論很多有關川普的事，但我並不把川普看成是與過去的分道揚鑣，反而比較像是過去數十年保守主義運動帶我們來到的一個最高點。

我以一些較輕鬆的文章作為本書的結尾——當然，不是真正輕鬆，而是讓我心情好一些的東西。最後一部分提供一些回顧我學術生涯初期，相對上較具經濟學專業的文章。

它們比我的《紐約時報》專欄稍微艱澀並使用更多術語，但我希望一些讀者能用心了解我對問題真正的想法。

因此，本書將訴說的是一場為真理、正義和反殭屍之道而戰的故事。我不知道這場戰爭最後能不能獲得全勝，雖然也可能失敗。但那絕對是值得奮鬥的使命。

第一章

拯救社會安全

卡其選舉之後

二〇〇四年大選之夜的震撼，遠遠比不上二〇一六年的大選之夜，但它對美國自由派是一次慘痛的失望。現在看來，小布希的形象已經改善；人們認為他比川普好，並且忘記了在他任內發生的滔天罪行。特別是他以欺詐手段帶領美國走向戰爭，數十萬人因此喪生。看選民獎賞這種惡行不是一件快樂的事。

除此之外，有許多評論家認為那次選舉不是一次性的事件，而是保守派永久統治的預告。如果你看電視聯播網——這是一個人們仍然看一般電視聯播網的時代——就會發現裡面充斥著人們宣告美國自由主義之死，確認了我們基本上是一個保守派國家。但仔細看卻發現一個不同的故事。二〇〇四年的選舉並非保守派政策得到正式批准，因為它明顯地缺少政策討論——部分原因是政策問題無法突破大部分新聞媒體加諸的瑣碎化（trivialization）。例如，在此時期的某個時候，我檢視了一個月的電視聯播網新聞稿，以便了解觀眾被告知兩位候選人的醫療保險提案是什麼，而實際上兩人的主張的確差異頗大。結果是，媒體完全沒有告知。有兩篇報導談到雙方的醫療保險提案具有政治色彩，但絲毫未著墨這些提案的實際內容。

那場選舉打的是形象戰和感覺戰。小布希仍沉醉在後九一一的光暈和在伊拉克戰勝的幻覺中；許多美國人仍視他為國家安全的英雄偶像，以至於英國人稱該選舉為一場「卡其選舉」（khaki election）。[1] 一個較少人注意、但仍很重要的選舉主題牽涉到傳統價值：一些倡議者已開始推動同性戀婚姻立法，且引發惡毒的反彈。

所以，正如我經常開玩笑說，小布希藉由假裝成美國的保衛者，對抗結婚的同性戀恐怖分子而贏得連任。但選舉結束後，他馬上宣稱他有權力……私有化社會安全計畫，可以把它轉變成一個個人投資帳戶系統。

為什麼小布希和他的顧問認為這在政治上行得通？部分原因是，和許多生活優渥的人一樣，他們不知道社會安全計畫對大多數美國人有多麼不可或缺。

如果你是領高薪的政治顧問、新聞記者、智庫專家等等，你可能有一份高額的私人退休計畫，預期你到六十五歲時有可觀的資產。但大多數退休者仰賴社會安全計畫作為主要收入來源，包括三分之一退休者幾乎以它為唯一收入來源。一旦人們發現小布希真的想削弱社會安全計畫，他們並不會感到開心。

但小布希一幫人不只是不了解社會安全計畫多麼受大多數選民青睞，他們也過於依賴菁英共識。

這種情況晚近可能正在改變，但在本書文章涵蓋時期的任何時候，華盛頓特區裡每個想看起來很聰明和消息靈通的人都「知道」一些事情——不是因為這些事是真的，而

1「卡其選舉」指的是嚴重受到戰爭或戰後情緒影響的國家選舉。

是因為它們是菁英圈裡人人都在說的事。這些事情之一是，社會安全計畫已陷入危機，必須徹底改革。說這些事的人本身沒有研究美國的退休制度如何運作、或計算它未來的情況；他們只知道那是別人預期他們會這麼說。我在某個時候曾寫到，談論社會安全計畫陷入危機而需要削減津貼，是一種表示「我很認真」的胸章。

想要聽起來認真的渴望，伴隨著想要聽起來趕上時代的渴望。當私有化的辯論出現時，社會安全計畫已經七十歲，有許多評論家把它的年齡當作它需要改變、轉化成聽起來像二十一世紀的理由。

畢竟，公司的退休金制度已大幅改變：老式的每月支付你固定金額的「確定給付」退休金，已讓位給把錢存入一個投資帳戶的「確定提撥」計畫。為什麼不把這套計畫也用在社會安全上？事實上，這有很好的理由。私人退休計畫的新風險，意謂人們要有穩定的保證收入變得愈加重要，以便預防他們的投資出差錯。但這對不習慣於深入思考退休經濟學的人來說，並非明顯可見。

這就是我（和幾位進步主義政策專家）加入辯論的原因。

當時社會安全計畫之所以能避免被私有化，主要有兩個原因：一般大眾在發現是如何一回事後，引發大規模的反對，以及民主黨領袖採取堅定反對菁英荒唐主張的立場，特別是裴洛西（Nancy Pelosi）。（裴洛西被問及她什麼時候會提出自己的社會安全改革計畫時回答：「永遠不會。你對永遠不改變有什麼意見嗎？」）但在當時看似很重要的是，像我這種人所扮演的戳破那些荒唐秀的角色。戳破那個非真實的假想危機，私有化無法解決真正的問題，政府應該做的事情之一是提供退休後的基本支持；以及政府可以做得比私人部門更好。

然後神奇的事發生了。從我成為《紐約時報》專欄作家以來，第一次我在政策辯論中站的這一方贏了。

社會安全恐慌

二〇〇四年三月五日

社會安全計畫託管人的年度報告，透露出這是一套財務狀況相當良好的制度。事實上，只要挹注少量金錢就可以讓該制度目前的津貼水準至少再維持七十五年。不過，其他報告描繪出的似乎是一套深陷財務困境的制度。例如，《紐約時報》週二報導二〇〇二年財政部的一項研究宣稱，社會安全和聯邦醫保的赤字高達四十四兆美元。真相是什麼？

給你一個提示：雖然連右派的政治人物都公開堅稱他們想拯救社會安全計畫，但塑造他們觀點的理論家卻渴望有藉口瓦解這套制度。所以你必須很小心閱讀在那些意識形態掛帥的機構——遺憾的是現在這串名單已包括美國財政部——工作的人如法泡製的聳動報告。

第一，「和聯邦醫保」這幾個字很重要。根據財政部的研究，那四十四兆美元赤字中只有一六％來自社會安全計畫。第二，宣稱的兩個計畫的赤字主要是對遙遠未來的預測；六二％的總赤字將來自二〇七七年以後。

所以財政部的報告顯示出一個迫近中的社會安全計畫危機嗎？沒有。

實際情況是，社會安全計畫的問題是人口結構問題：隨著人口老化，退休人數的增加速度將比勞工人數增加迅速。其結果是，未來三十年的津貼成本將增加約二％的國內生產毛額（ＧＤＰ），且以後會繼續緩慢增加。比較之下，把小布希的減稅永久化將使國家收入從現在起減少至少二．五％的ＧＤＰ。這種對照——再加上社會安全計畫和其餘的聯邦政府機構不同，實際上社會安全計畫目前有盈餘——就是為什麼對未來國家財政來說，小布希減稅是一個比起社會安全赤字更嚴重的問題。

聯邦醫保雖然經常被與社會安全一起計算，卻是有不同問題的不同計畫。預測的聯邦醫保支出增加，主要原因不是人口結構，而是醫療成本上漲，而這個原因主要反映醫療進步使醫生可以治療較廣泛的疾病。

如果這個趨勢繼續下去——以極長期來考慮，並不能肯定會繼續——我們可能面臨一個真正的長期困境，不只牽涉到退休者的醫療，而是所有人的醫療，而且它牽涉道德就如同它牽涉經濟。最後的情況可能是，提供所有美國人所有現代醫療的所有好處，將迫使政府籌措比現在更多的錢。但不提供這種醫療將意謂眼看著貧窮與中產階級的美國人提早死亡，或忍受大幅降低的生活品質，因為他們負擔不起完善的醫療。

但不管我們怎麼改變社會安全，這個困境終將發生。我們甚至不清楚是否應該在現在這個時間點嘗試解決這個困境。我完全贊成要做長遠的打算；當政府只做五年的財政預測以隱藏多加幾年的已知成本時，確實可惡。我們當然應該為長遠規劃，但讓我們設定一些限度。當有人對二〇七七年以後的聯邦醫保成本發出危險的警告時，我的問題是：為什麼今日的財政決定，要反映提供還未發明的醫療給還未出生的世代可能負擔的成本？

現在社會安全計畫面對的最大風險是政治性的。那些痛恨這個制度的人會不會使用恐嚇的策略和模糊的數學來打倒它？

在葛林斯潘（Alan Greenspan）呼籲削減社會安全津貼後，共和黨國會議員宣稱答案是創造私人退休帳戶。令人驚異的是，他們現在還在兜售這種蛇油；更令人驚異的是，新聞記者繼續對他們放水。昨天的《華爾街日報》有一名記者審慎地宣稱「光靠個人帳戶無法治好社會安全的病」。我猜這是真的；同樣地，光靠吃甜甜圈不會導致你體重下降。為什麼說清楚私有化會讓社會安全的財務更惡化而非改善，竟如此困難？

我們應不應該考慮溫和的改革以減少支出，或擴大社會安全的收入基礎？當然應該。

但是要小心那些宣稱我們必須摧毀這套制度以便拯救它的人。

製造一場危機

二〇〇四年十二月七日

私有化社會安全計畫——以個人投資帳戶整個或部分取代目前的制度——對強化這個制度的財務毫無助益。真要說起來，它只會讓情況更糟。儘管如此，私有化的政治操作取決於說服公眾相信：這套制度正瀕臨崩潰邊緣，而我們必須摧毀社會安全計畫以便拯救它。

等我一月恢復正常的工作時程後，我會談論很多有關這個主題的事。但現在看來我必須打斷我的休假，並拆穿有關社會安全計畫危機的詭計。

有關社會安全計畫的運作沒有任何奇怪或神祕之處：它只是一個藉由對薪資收入課徵專用稅用以支持政府的計畫，正如同公路維護是由對汽油課徵專用稅所支持。

現在來自薪資稅的收入超過支付的津貼。這是刻意的安排，二十年前提高薪資稅的結果——而且就是出自葛林斯潘本人的建議。當時葛林斯潘提議的這項增稅，主要稅收將由低收入和中等收入家庭承擔，雖然雷根才剛實施主要由極富裕家庭獲益的減稅措施，而他的理由是需要額外的稅收來建立一個信託基金，以便在嬰兒潮世代開始退休時，用以支付津貼。

宣稱社會安全計畫陷入危機僅有的一點事實是，那次的增稅還不夠多。國會預算處近日報告中的預測（也許比社會安全局極審慎的預測還更真實）說，這個信託基金將在二〇五二年用完。這套制度屆時並不會「破產」，即使該信託基金已經消失，社會安全的稅收將涵蓋八一％的承諾津貼。儘管如此，長期的財務仍然有問題。

但那是一個中等大小的問題。這份報告發現，要延續該信託基金的壽命到二十二世紀而不改變津貼，所需要的額外稅收只有〇．五四％的GDP。那相當於不到三％的聯邦支出——比我們目前在伊拉克的花費還少。而且它只有小布希總統減稅後每年所損失稅收的約四分之一——大約等於年收入超過五十萬美元以上的人獲得的減稅的一小部分。

從這些數字來看，我們一點也不難擬出確保這項退休計畫存活的財政方案，在未來數個世代都無需大幅改變它。

聯邦政府整體面臨極大的財政缺口的確是事實。不過，這個缺口與減稅的關係較大——小布希先生堅持要讓減稅永久化——與社會安全計畫的關係較小。

但由於私有化的政治操作取決於說服大眾社會安全計畫出現了危機，所以主張私有化的人極力製造一場危機。

我最愛舉的例子是他們的賭徒三張牌遊戲（three-card-monte）邏輯：第一，他們堅稱社會安全制度目前的盈餘和它以該盈餘累積的信託基金沒有意義。他們說，社會安全不是一個真正獨立的實體——它只是聯邦政府的一部分。

附帶一提，如果這個信託基金沒有意義，那麼葛林斯潘在一九八〇年代支持的增稅就只是一場階級戰：對勞工階級的美國人增加課稅，對富裕階級減少課稅，而勞工享受不到他們犧牲的果實。

但別管這麼多：在社會安全有盈餘時宣稱它不是一個獨立實體的同一批人，也宣稱下一個十年結束時，津貼支付會開始超過薪資稅的收入，它將是一場危機——你看出來了嗎？社會安全仰賴自己的專用財務來源，所以它必須自求多福。

沒有人可以誠實地同時抱持這兩個立場，但主張私有化者的立場很少是誠實的。他們是想埋葬社會安全計畫，不是想拯救它。他們不是真誠地關心這套制度有一天可能撐不下去；他們是為這套制度過去的成功感到困擾。

因為社會安全制度代表一項行得通的政府計畫，它證明少量的課稅和支出可以讓人民生活得更好和更安全。這是右派想摧毀它的原因。

相信失敗

二〇〇四年十二月十七日

在小布希政府嘗試說服美國人把社會安全計畫轉變成一套巨大的401(k)退休金計畫之際，我們可以從已經走在這條路上的其他國家學到許多東西。有關其他國家私有化經驗的資訊不難找到。例如世紀基金會（Century Foundation）在www.tcf.org上提供廣泛的連結。

但除了給卡托研究所（Cato Institute）和其他組織宣揚社會安全計畫私有化的空間，以便它們描述來自智利的樂觀故事外，美國的新聞媒體提供給讀者和觀眾的國際經驗資訊很少。特別是，它們沒有讓公眾知道兩個公開的祕密：

> 私有化浪費勞工提撥的一大部分錢在投資公司收取的手續費。
>
> 它讓許多退休者生活在窮困中。

數十年來保守派的宣傳，已說服美國人政府計畫永遠製造出膨脹的官僚體制，而私人部門永遠既精實又有效率。但在退休安全方面，事實正好相反。社會安全的收入有超過九九%用於津貼支出，不到一%用於運營費用。在智利的制度中，管理費大約是二十倍。而這是私有化制度典型的數字。

這些管理費大幅削減了個人可能從帳戶獲得的報酬率。自柴契爾夫人以來就有一套私有化制度的英國，一些投資公司收取高額手續費引發的警惕，最後促使政府監管機構設置「收費上限」。即便如此，手續費持續吃掉英國退休儲蓄的一大部分。

對美國個人帳戶實質報酬率的合理預測是四%或更低。如果我們採用一套和英國管理費相同的制度，勞工獲得的淨報酬率將減少逾四分之一。再加上有擔保的津貼會大幅縮水，風險也大幅提高，我們考慮的「改革」會傷害除了投資業以外的所有人。

支持者堅稱一套私有化的美國制度可以維持低很多的開支。沒有錯，如果投資僅限於低營運費用的指數型基金——也就是說，如果由政府官員而非個人來做投資決定——開支可以降低。但如果這是這套制度運作的方式，那麼暗示勞工將可控制自己的錢——兩年前卡托研究所為它的社會安全私有化計畫修改名稱為有「選擇」的「私有化」——就是廣告不實。

而如果有限制勞工選擇低管理費投資的規定，投資業的遊說者將嘗試推翻那些規定。

我要聲明，我不認為給財務公司龐大的好處是私有化的主要動機；這多半是與意識形態有關。但能獲得好處是華爾街希望私有化的主要原因，而其餘的所有人應該保持高度懷疑的態度。

還有一個問題是老年人的貧窮問題。

讚許智利制度的私有化支持者，從未提及它尚未實現降低政府支出的承諾。在那套制度創立二十多年後，智利政府仍繼續挹注金錢。為什麼？因為正如一項聯準會的研究指出，智利政府必須「提供補貼給未能累積足夠資本以提供最低退休金的勞工」。換句話說，私有化會讓許多退休者陷入赤貧，使政府被迫重新介入以解救他們。

同樣的情況也在英國發生。英國的退休委員會警告，那些認為柴契爾夫人的私有化解決了退休金問題的人是活在「傻人的天堂」裡。政府需要許多額外的支出才能避免大多數老年人重回貧窮——這是一個英國和美國一樣以為已經解決的問題。

英國的經驗直接與小布希政府的計畫有關。如果目前的暗示是一個跡象，最後的計畫可能是，宣稱藉由減少保證支付的社會安全津貼可以在未來節省花費。這些節省將是個幻象：二十年後，美國版的英國委員會將警告，必須大幅增加政府支出才能避免貧窮的退休者急遽增加。

小布希政府希望取消一套運作良好、而且只要稍作改革就可以在未來幾個世代保持財務穩定的退休制度。他們希望你相信這套制度會失敗，並想模仿別的國家已經試過、而且既無法省錢也無法保護老年人免於貧窮的制度。

社會安全計畫的教訓

二〇〇五年八月十五日

社會安全計畫已經在昨天滿七十週歲。而出乎幾乎所有人的意料，這個美國最成功的政府計畫仍然安好無恙。

才幾個月前，主流觀點還認為小布希政府對社會安全計畫的企圖會得逞。不過，小布希的私有化嘗試徹底失敗，以至於這個話題幾乎從全國性的討論消失。

但我想重新檢視一下社會安全計畫，因為我們必須記住，小布希曾嘗試犯下什麼罪行。

許多名嘴和社論版仍然稱讚小布希嘗試「改革」社會安全計畫。事實上，小布希企圖埋葬社會安全，而不是拯救它。長期來看，小布希的計畫將把社會安全從一套社會保險計畫轉變成一個共同基金，除了名稱之外，它與小羅斯福創立的這套制度沒有絲毫相同之處。

除了不實描述他的目的外，小布希再三對目前的制度說謊。噢，很抱歉——這樣說太無禮了？儘管如此，事實是，小布希屢次說一些被證明為虛假的話，而且他的幕僚一定知道那是假話。這些假話包括從他宣稱社會安全對非裔美國人不公平，到他宣稱「每等一年就得為矯正社會安全計畫增添六千億美元的成本」。

另一方面，小布希政府把社會安全局政治化，並使用公帑推動黨派的目標。社會安全局官員參加實際上由納稅人的錢資助的政治集會，而這些集會排斥存有疑慮的其他人。

我以過去式寫這些事，但其中有些事仍持續在發生。上週社會安全局局長巴恩哈特（Jo Anne Barnhart）發表一篇評論專欄文章，宣稱我們所知的社會安全計畫，是為一個人民因為活得不夠久而領不到很多津貼的社會而設計。巴恩哈特女士寫道：「現在活著的老年美國人人數，比一九三五年時所預期的還多很多。」

後來，社會安全局網站上一篇標題為〈社會安全計畫的預期壽命〉的文章，特別駁斥了社會安全計畫當初是以「只有少數人能領到津貼的方式設計」，以及這套制度面臨「晚近數年預期壽命大幅延長」帶來的問題這些說法。

事實上，目前老年美國人所占人口的比率，與社會安全創立者當年的預期差不多。小羅斯福的經濟安全委員會一九三四年的報告為社會安全法案奠立基礎，該報告預測到二〇〇〇年將有一二．七%的美國人達到六十五歲以上。實際數字是一二．四%。

不過，儘管有巴恩哈特女士的嘗試，私有化似乎暫時已胎死腹中。民主黨的國會領袖拒絕屈服於專家霸權——他們非常偏袒私有化——而且美國人表明他們喜歡目前的社會安全計畫。

但私有化運動提供一個政府如何推銷其政策的具體實例：藉由歪曲它的目標、對事實說謊，和濫用對政府機構的控制。這些技巧和推銷減稅與伊拉克戰爭時用的技巧如出一轍。

我們要研究這個實例有兩個理由。一個是為小布希的下一個目標做準備，不管那是什麼。儘管對伊朗說盡狠話，我不認為他能提議另一場戰爭——我們已經沒有足夠的軍隊可以打仗。但還有餘裕可以進行另一項國內的大計畫，可能是稅務改革。事先警告就是事先防範：改革的真實目標不會是宣稱的目標，政府會用謊話來描述目前的制度，而財政部會完全站在一黨之私來做事。

另一個是大眾對私有化的極度反對，加上對在伊拉克潰敗日增的失望，提供了民主黨揪出政府欺騙模式的機會。問題是民主黨敢不敢抓住這個機會——對他們當中的某些人來說，這表示要承認自己也被愚弄了。

私有化的記憶

《紐約時報》部落格

二〇一五年三月二十八日

威格爾（Dave Weigel）對瑞德（Harry Reid）有一個較有趣的回憶，主要是他在反擊小布希嘗試私有化社會安全計畫上扮演的角色——特別是他與自由派部落客建立聯盟的方式。

這件事我記得很清楚，有幾個原因。第一是我自己也寫很多文章，拆穿一個又一個拙劣的私有化論點。這不是我第一次做這種事，但這件事在兩方面不一樣：它真的很激烈，而且我辯論的這一方這次總算贏得了政治鬥爭。

那也是我對政策辯論在現代美國實際上如何進行的認知形成期。其中永遠有三方：對事實或邏輯不感興趣的右派；和左派，在這個國家他們不是很左派，以任何人的標準來看，他們其實是中間偏左；以及自稱的中間派，就美國整體而言他們的人數很少，但在華盛頓特區內很有影響力。

而你從社會安全的辯論剛開始就會學到的是，中間派極力想相信左派和右派之間是對稱的，即民主黨和共和黨都以各自的方法同樣極端。這表示他們總是設法對共和黨和他們提議的政策說好話，不管那些提議有多糟。那就是萊恩（Paul Ryan）最後以他的財政責任獲得獎項的原因。

回到二〇〇五年，小布希做了一項推論完全不合邏輯的可疑宣告。首先，這項宣告說社會安全計畫已發生危機；其次，他說私有化就是解答，雖然那對社會安全計畫的財務毫無幫助。中間派怎麼可能為這種粗糙的誘導轉向伎倆說好話？

但是，聽聽克萊因（Joe Klein）在二〇〇五年時怎麼說：

我同意克魯曼說的，私人帳戶與償債能力無關，而償債能力才是重點。我不同意克魯曼的部分是因為私人帳戶是一個很棒的政策，而且在資訊時代，應得權益（entitlement）領域需要不同於工業時代的結構。但我們很難在這種政黨有這些笨蛋的政治環境中做那種改變。

民主黨至少在過去十年或十五年已公然地、無恥地煽動這項議題。他們對社會安全或聯邦醫保和聯邦醫補（Medicaid；聯邦醫療補助計畫）沒有提出任何有用的建議，現在該是他們妥協的時候了。

什麼跟什麼？還算不錯的是，克萊因後來承認他說的這些話完全錯了。重點是，我們從這裡看到中間派本能地說一些話來假裝兩黨之間的對稱。

順便一提，有關民主黨對聯邦醫保和聯邦醫補沒有做任何事：觀察大約在社會安全辯論進行的同時所做的預算預測是很有趣的事。國會預算處在當時預測，到二〇一四年財政年度聯邦醫保支出將增加到七千零八十億美元，而聯邦醫補支出將達三千六百一十億美元。二〇一四年度的實際數字分別是六千億和三千零一十億，雖然聯邦醫補在歐記健保（Obamacare）[2]下擴增。這個出乎意料的低支出至少有一些要歸功於平價醫療法案（Affordable Care Act）。說起來奇怪，這是在不摧毀或私有化這些計畫下達成的。

但回到二〇〇五年：瑞德發現的是，該是停止爭取那些很嚴肅的人士（Very Serious People）、而是要與下流骯髒的嬉皮（DFH; Dirty Filthy Hippies）——這個縮寫可不是下流愚蠢的嬉皮（Dirty Foolish Hippies）——結盟的時候了，這些嬉皮不像那些很嚴肅的人士，他們真的會在政策和政治上講道理。這是一個重要的轉捩點。

政府哪裡做得好

二〇一五年四月十日

當有希望出線的共和黨候選人提出他們的政策目標時——通常一定牽涉到降低富人稅賦，同時削減窮人和中產階級的津貼——一些真正的新思維就會從另一個黨冒出。突然間許多民主黨人決定切割總是呼籲削減「應得權益」的華府正統派，反而提議社會安全津貼應該擴大。

2《患者保護與平價醫療法案》，也稱為《平價醫療法案》或歐記健保。由歐巴馬總統於二〇一〇年三月二十三日簽署成為法律。

從兩方面看這是一個不錯的發展。第一，擴大社會安全計畫的具體理由十分正確。第二，也是更根本的，民主黨終於似乎硬起來對抗反政府的宣傳，並認清有些事政府做得比私人部門更好的事實。

和所有先進國家一樣，美國主要仰賴私人市場和私人計畫以提供國民想要和需要的東西，而且在我們的政治討論中幾乎沒有人提議改變這一點。認為讓政府管理大部分的經濟是好主意的年代早已過去。

但我們也知道有些事或多或少必須由政府來做。每一本經濟學教科書都談到像國防和空中交通管制等「公共財」，若要提供它們給任何人就必須普及給所有人，因此追求獲利的公司沒有提供它們的誘因。但公共財是政府唯一表現比私人部門好的領域嗎？當然不是。

一個政府做得較好的典型例子是醫療保險。是的，保守派不斷煽動更多私有化——他們特別希望把聯邦醫保轉變成就像折價券那樣，以便用來購買私人保險——但所有證據顯示這會讓我們走向錯誤的方向。聯邦醫保和聯邦醫補遠比私人保險公司便宜和更有效率；它甚至牽涉較少官僚程序。在國際上，美國的醫療體系依賴私人部門的程度是獨一無二的，它不可置信的低效率和高成本也是獨樹一幟。

還有一個政府表現優異的重要例子：提供退休保障。

如果一般人真的像經濟學家在模型裡假設的（和右派人士喜歡在他們宣傳裡假設的）

是完全理性和有遠見的行為者，也許我們就不需要社會安全計畫。在理想化的世界裡，一個二十五歲的勞工會根據他們七十多歲時過美好生活需要什麼條件的現實評估，來做要存多少錢的決定。他們也會聰明且精明地投資那些儲蓄，小心尋找風險和報酬的最佳權衡取捨。

不過，在真實世界裡，許多、甚至大多數美國勞工為他們的退休存太少錢。他們對投資這些儲蓄也做得很糟。例如，一項白宮近日的報告發現，美國人每年損失數十億美元，原因是投資顧問嘗試讓自己的收費最大化，而不是讓客戶福祉最大化。

你可能忍不住說，如果勞工儲蓄太少而且投資很差，那是他們自己的錯。但人們有工作和小孩，而且必須應付所有的人生危機。期待他們是投資專家也不公平。不管如何，經濟應該照真實的人過真實生活的方式運作；它不應該是只有少數人能通過的障礙跑道。

而在真實世界的退休，社會安全計畫是一個運作良好的制度。它簡單又明瞭，運作成本低、且只有最少官僚程序。它提供辛苦工作一輩子的年老美國人退休後過有尊嚴生活的機會，不需要他們展現提前幾十年規劃的超能力，也不必是投資天才。唯一的問題是，私人退休金的式微和以不足夠的401(k)計畫取代它們，已造成目前的社會安全計畫不足以填補的一個缺口。那麼，為什麼不讓社會安全計畫變得更成功？

不用說，根據這個思維提出的建議已經引發歇斯底里的反應，不只是來自右派，也來自自稱的中間派。正如我幾年前寫過，削減社會安全計畫的呼籲在華府內部長期被視為「認真胸章，是一種顯示你有政治家氣度和強悍態度的方式」。而前總統小布希嘗試私有化這套計畫和獲得許多中間派的支持，至今也只不過短短十年。

但真正的認真意謂檢視哪些東西有用和哪些沒有用。私有化退休計畫的運作很糟；社會安全制度運作良好。而我們應該擴大這個成功。

第二章

邁向歐記健保之路

建構正向的目標

我不是真正的醫療經濟學家，但我在電視上扮演一個醫療經濟學家——而且更重要的是，在《紐約時報》評論專欄上扮演。而我學習扮演那個角色，向最優秀的真正醫療經濟學家學習，特別是我的已故普林斯頓同僚任赫德。

為什麼要談論醫療？在反對社會安全計畫私有化獲得十分令人鼓舞的勝利後，進步主義派政策學者面對一項挑戰。我們已見識到我們反對什麼，但我們要支持什麼呢？我們希望看到美國的政策發生什麼改變？

對任何熟悉先進國家間差異的人來說，顯而易見的答案是，我們應該嘗試做其他國家做的事：提供基本醫療給所有人。美國這點在富裕國家間可謂獨一無二，是一個沒有好工作的人或已經有疾病在身的人無法獲得醫療保險的地方，而且如果他們需要昂貴的治療可能就會面臨破產、甚至提前死亡。那麼，美國為什麼不努力加入文明世界？

但在二〇〇〇年代中期，民主黨仍生活在失敗的一九九三年柯林頓健保改革的陰影下。柯林頓嘗試大規模改造健保，但他的計畫遭到挫敗並被束之高閣（類似小布希的社會安全改造計畫）。捲土重來有成功的機會嗎？

是的，有機會。被稱為歐記健保的平價醫療法案是一個不完整和不完美的改革，但它仍然把基本醫療擴大到涵蓋數千萬美國人。但要達到這個目標絕非一帆風順之事。

時機很重要：平價醫療法案在二〇〇九年到一〇年間很短的期間內制定頒布，當時民主黨同時掌控國會和白宮，而這個掌控主要來自小布希執政末期發生的經濟災難。政治領導也很重要。如果裴洛西——她曾領導擊退對社會安全計畫的攻擊——沒有向民主黨人施壓，那個機會將白白錯失。

還有嚴謹的思考也很重要。民主黨做到推動健保準備的原因在於，支持者和政策專家已花了之前幾年打基礎：為健保改革建構理論，並擬訂出一套達成改革目標的政策和政治策略。

那套策略的核心之一是，民主黨的改革計畫刻意盡可能保留既有的醫療保險制度不變。

了解現代醫療的關鍵之一是，它必須主要由某種醫療保險來支付。為什麼？因為每個人的醫療成本不一致，但生病時的醫療成本很高。例行的醫生看診和非處方藥花費不高；花大錢的是透析、心臟手術等。在任何一年，大多數人不會面對這類重大開支；因此在任何時候，有少量人口造成大部分的醫療成本。但你不知道自己會不會是那些不幸運的人之一，而如果你是，你將負擔不起治療，除非你極度富有——或你有健全的保險。

那麼如何擁有保險？在二〇〇〇年代中期，甚至現在也有很多這類狀況，美國是一條破了一些大洞的怪異棉被。老年人由聯邦醫保給付，而有許多、但不是全部窮人都由聯邦醫補給付——直接由政府支付帳單的醫療保險計畫。其餘的大多數人透過僱主獲得保險，主要靠稅務優惠和各項規定來強迫公司只要有提供保險，就必須涵蓋所有員工。但有數百萬人成為漏網之魚：他們對聯邦醫保來說太年輕，對聯邦醫補來說還不夠貧窮，還有他們的工作沒有好到提供醫療福利。

這些破洞該怎麼填補？經濟學並不難：我們可以輕易地擴大類似聯邦醫保的涵蓋率到每個人。畢竟這是許多其他國家的作法——包括我們的鄰國加拿大。而我認識的大多數健保政策專家會完全贊成這種「單一保險人」(single-payer) 制度。

問題在於從這裡到達那裡，特別是轉換到單一保險人制度，將意謂以政府計畫取代僱主提供的保險。而這是很困難的政治目標，原因有兩個。

其中較容易解決的原因是特殊利益的影響力。是的，那是較小的問題——雖然不到微不足道的程度。一九九三年柯林頓嘗試通過重大健保改革時，來自保險公司的反對是他失敗的一項重要因素，保險公司資助一個所費不貲的廣告活動來抹黑他的計畫。

但即使不談來自產業利益團體的反對，推動大轉型成為單一保險人制度，將意謂告訴一億五千六百萬美國人——占一半人口——必須放棄現有的保險。的確，它將被以另一種保險取代；而你可以公平地宣稱，新保險對絕大多數目前由僱主提供保險的人會更好。但他們會相信你嗎？有多少人會因為保守派反改革者的攻擊而搖擺不定？

二〇〇五年到二〇〇八年那段期間發生的情況是，進步主義派政策專家和政治人物在一個次好的解決方案上取得共識：維持僱主提供的保險不變，但以混合法規和補貼的方法擴大保險涵蓋到未有保險者。我們從外國的經驗知道這個方法行得通——例如，瑞士採用一套類似的分散式制度來達成全民覆蓋。而且這個方案看起來遠比全民式的聯邦醫保更有政治可行性。

俗稱歐記健保的平價醫療法案因而誕生。本章的專欄記錄了這場辯論如何發展，計畫如何形成，以及歐記健保實施後發生什麼事。

生病的醫療保險

二〇〇五年四月十一日

我們這些指控政府捏造一場社會安全計畫危機的人，往往被反過來指控是無作為主義者，或拒絕面對國家的問題。我不認罪：美國確實面對一個真實的危機——但它是健保，不是社會安全計畫。

了解情況的企業主管會同意這種說法。一項近日針對大企業財務長的調查發現，六五%的人認為立即對醫療保險成本採取行動「很重要」。只有三一%認為社會安全計畫改革很重要。

但議論桌上還沒有正式的健保改革方案，而且在目前的政治氣候下也可能不會有。你知道，醫療保險危機不適合現在的意識形態氛圍。

讓我們先談談健保的一些基本事實。

注意我說的是「健保改革」，不是「聯邦醫保改革」。聯邦醫保的成本升高可能在政治討論中日漸凸顯，因為它是一個政府計畫（而且因為它經常被危機販子錯誤地與社會安全計畫綁在一起），但這不是一則政府支出失控的故事。聯邦醫保和私人醫療保險計畫成本上漲的速度都比人均GDP成長快，而且大約與參加計畫者的平均成本增速相當。所以我們真正面對的是整體醫療保險支出快速增加，而不只是目前由公帑支付的這部分醫療保險。

醫療保險成本支出增加不是醫療價格上漲的主要結果，它主要是反映創新：醫療可以處理的疾病繼續增加。例如，聯邦醫保現在開始支付許多心臟病病患的植入性心血管裝置，因為研究顯示它們十分有效。這是好消息，不是壞消息。

所以問題出在哪？為什麼不擁抱醫療進步，並把它視為值得的支出？有三個答案。

第一，美國的傳統私人醫療保險制度是勞工透過僱主獲得保險，但這套制度搖搖欲墜。凱澤家庭基金會（Kaiser Family Foundation）二〇〇四年估計，提供醫療保險的工作至少比二〇〇一年減少了五百萬個。而醫療保險成本已變成繼續提供保險給勞工的企業沉重的負擔：通用汽車（GM）現在每生產一輛汽車就支付約一千五百美元醫療保險成本。

第二，聯邦醫保支出增加可能是一個進步的跡象，但它必須有錢的來源——而現在很少政治人物願意談論，如果要讓所有年老的美國人享有醫療進步，就必須增稅。

最後，美國的醫療保險制度效率極低。人民傾向於相信我們有世界上最好的醫療保險制度。（我見過一些菁英新聞記者斷然拒絕相信法國的醫療保險品質在大多數指標上比美國好得多。）但那不是真的。我們在醫療保險的人均支出遠超過其他國家——比加拿大或法國多七五%——但在工業國家中，美國在從預期壽命到嬰兒死亡率等指標表現幾乎墊底。

從某一方面看，最後這一點是好消息。長期來看，醫療進步可能迫使我們做出艱難的決定：如果我們不想變成一個富人獨享拯救性命的醫療、而其餘的人無緣享有的社會，我們將必須繳納更多稅。不過，我們目前制度的龐大浪費意謂有效的改革既可改善品質，又可降低成本，延後算總帳的那一天。

不過，若要進行有效的改革，我們需要去除一些偏見——特別是意識形態性的觀念，認為政府永遠是個問題，而市場競爭永遠是解決方案。

事實是，在醫療保險方面，私人部門往往組織龐大且程序繁複，而一些政府機構——最顯著的是退伍軍人健康管理局系統——既精實又有效率。在醫療保險領域，競爭和個人選擇可能已導致成本升高和品質降低。美國有先進世界中最私有化、最競爭的醫療體系；美國也有遠比其他先進國家高的醫療成本，和幾乎是最糟的績效。

醫療保險機密

二〇〇六年一月二十七日

美國的醫療保險亟需改革，但應該改革成什麼形式？有沒有任何榜樣可以當作我們的指南？

我知道有一種醫療保險制度在節制成本上極為成功，並且能提供絕佳的醫療。且這套成功制度的故事還提供一種矯治反政府意識形態的典範，因為在這套制度中，政府不只是支付帳單——它還經營醫院和診所。

不，我說的不是什麼遙遠的國家。這套制度正是我們自己的退伍軍人健康管理局（Veterans Health Administration），它的成功故事是美國政策辯論中被嚴密保守的機密之一。

《美國管理式照護期刊》（*The American Journal of Managed Care*）有一篇文章說，在一九八〇年代和九〇年代初，退伍軍人健康管理局「過去有官僚程序複雜、低效率和醫療水準低落的惡名」，但始於一九九〇年代中期的改革改變了這套制度。該期刊說：「退伍軍人健康管理局成功地提升了品質、安全和價值，使它在醫療保險界崛起，成為愈來愈受肯定的領導機構。」

據國家品質研究中心（National Quality Research Center）進行的年度調查，這套退伍軍人的健保制度，去年的顧客滿意度連續第六年超越私人醫療保險。這種高水準的品質（也獲得客觀績效評量的確認）是在無需大幅提高預算下達成的。事實上，退伍軍人的制度設法避免了美國醫療機構普遍遭遇的成本激增問題。

退伍軍人健康管理局怎麼辦到的？

它成功的祕密在於其全面覆蓋的整合制度。由於覆蓋所有退伍軍人，這套制度不需要僱用大量行政人員以查核病患是否受到覆蓋，並要求他們的保險公司支付。由於它覆蓋全面的醫療，所以能率先採用電子建檔和其他降低成本的創新，確保有效的治療，和協助預防醫療疏失。

此外，據朗曼（Phillip Longman）在《華盛頓月刊》（*Washington Monthly*）的描述，退伍軍人健康管理局「與它的病患有近乎終身的關係」，因此它「實際上有投資於預防和採取有效疾病管理的誘因。它這麼做不只是為別人省錢，也能讓它的資源最大化。總之，它能做到醫療保險界其他人似乎無法做到的事，也就是有系統地追求品質，而不致危及它自身的財務生存能力」。

噢，還有一點：退伍軍人健康管理局很注重與醫療供應商議價，支付的藥價遠比大多數私人保險公司低。

我不想把這套退伍軍人的制度理想化。事實上，我們有理由擔心它的未來：它能不能獲得因應從伊拉克返國大量受傷和心理受創的退伍軍人所需的資源？但退伍軍人健康管理局的轉變確實是過去十年來最令人振奮的醫療政策故事。那麼，為什麼你沒聽過它？

我認為，答案是名嘴和政策制訂者不談退休軍人的制度，因為他們無法應付認知的不一致。（當我在一場私人談話中嘗試描述該制度的成功時，一位著名的評論家開始對我咆哮。）因為退伍軍人健康管理局成功故事的教訓——即政府機構可以用比私人部門低的成本提供更好的醫療照顧——完全違背今日華府支持私有化、反政府的主流意見。

支配輿論的意識形態與醫療保險現實之間的不一致，是聯邦醫保藥品立法看起來就像有人看一份退伍軍人制度做得很好的清單後、卻每一項都故意反著做的原因。例如，退伍軍人健康管理局避免與保險公司打交道；藥品立法卻刻意把保險公司拉進來參與計畫，雖然它們沒有實質功用。退伍軍人健康管理局有效地商議藥品價格；藥品法案卻禁止聯邦醫保這麼做。

儘管如此，意識形態無法永遠抗拒現實。「公費醫療」（socialized medicine）的呼籲最後未能成功阻擋創設聯邦醫保。而高瞻遠矚的思想家已經提議，退伍軍人健康管理局代表真正美國健保的未來，而不是小布希總統不切實際的制度構想——在他的想像中，人們會像購買瓷磚（他的比喻，不是我的）那樣「比價選購」醫療。

醫療保險的恐怖

二〇〇七年七月九日

在這個年代，恐怖主義是壞蛋的首要避難所。所以當英國當局宣布一群為國家健保局（National Health Service）工作的穆斯林醫生，是近日失敗的炸彈陰謀背後的元凶時，我們應該知道接著會發生什麼事。

「國家健保：恐怖主義的孕育所？」電視新聞標題說，福斯新聞台主播卡夫托（Neil Cavuto）和評論家保耶（Jerry Bowyer）表情肅穆地討論全民健保如何助長恐怖主義。

雖然即使以小布希時代政治討論的標準來看這已經夠粗糙，福斯新聞台卻遵循著這一個悠久的傳統。在過去六十多年來，醫藥工業複合體（medical-industrial complex）和它的政治盟友已利用恐嚇手段避免美國遵循它的良心，讓它的所有人民享有獲得醫療保險的權利。

我說「良心」是因為，醫療保險問題主要與道德有關。

那是我們從摩爾（Michael Moore）的紀錄片《健保真要命》（*Sicko*）引發強烈反應學到的。醫療保險改革者應該盡一切努力解決美國中產階級的焦慮，他們愈來愈有理由恐懼自己沒有醫療保險，或在他們最需要時被保險公司拒保。但改革者不應該只專注於自己的利益，他們也應該訴諸美國人的尊嚴和人性。

讓看《健保真要命》的人感到憤怒的是，美國醫療保險制度中的殘酷和不公不義——無力繳納醫院帳單的病人被丟棄在路邊；一名小孩因為急診室未參加她母親的醫療保險計畫而不願意治療，造成這名小孩的死亡；辛苦工作的美國人被醫療帳單壓迫而陷於沒有尊嚴的貧窮生活。

《健保真要命》是強烈要求採取行動的呼聲——但別指望現狀的保衛者有所回應。歷史顯示，他們很擅長找尋恐嚇我們的新方式以避免改革。

這些恐嚇手段通常包括誇大地渲染政府保險的危險。《健保真要命》播放雷根曾經為美國醫學會（American Medical Association）製作的部分錄音帶，警告一項老年人醫療保險計畫的提案——該計畫即今日的聯邦醫保——會導致極權主義。

附帶一提，現在的聯邦醫保——為社會做出巨大貢獻，但並未導致獨裁政府——正遭到私有化的破壞。

不過，目前制度的重大利益關係人希望你相信，全民健保會導致沉重的稅務負擔和劣質的醫療照護。

現在除了美國以外，每一個富裕國家都有某種形式的全民健保。這些國家的市民因此繳納額外的稅——但他們藉由從保險費和自付醫療費節省的錢來彌補。在有全民健保的國家，整體醫療成本比美國低得多。

另一方面，每一項指標都顯示，在品質、獲得需要的醫療，和健康結果上，美國的醫療保險制度表現比其他先進國家更差，而非更好——甚至比英國更差，而英國的人均醫療成本只有我們的四〇%。

是的，加拿大人等待非緊急手術的時間比有保險的美國人久，但整體來看，一般加拿大人獲得的醫療照護和一般有保險的美國人一樣好——而且比沒有保險的美國人好得多，許多沒有保險的美國人從未獲得需要的醫療。

而法國無庸置疑提供的是全世界最好的醫療保險，而且不必等候很久的時間。《健保真要命》中有一幕是，在巴黎的美國僑民稱讚法國的制度。根據真實的數據，他們絲毫沒有誇大渲染，那裡的制度真的有那麼好。

這一切都引發摩爾先生在《健保真要命》片首問的問題：我們是誰？

「我們向來知道恣意的自利造成道德敗壞；我們現在知道它不符合經濟學。」小羅斯福在一九三七年說的話完全適用於今日的健保。這不是我們面對的痛苦取捨的例子——在這個例子中，做正確的事也符合成本效益。全民健保每年將拯救成千上萬個美國人的生命，同時還真正可以省錢。

因此這是一個試煉。全民健保之路的唯一障礙是利益團體製造恐懼和收買影響力。如果我們不能克服這些障礙，美國的未來不會有什麼希望。

等待遊戲

二〇〇七年七月十六日

沒有醫療保險沒什麼大不了。只要問小布希總統就知道。他上週說：「我的意思是，美國人都有醫療的管道。畢竟，你只要去掛急診就好。」

你可以稱之為會自食惡果的麻木不仁。白宮已宣布小布希將否決一項延長健保的跨黨派計畫，提供給四百一十萬名目前沒有保險兒童的定期體檢和預防醫療等基本醫療都將取消。畢竟那些孩子並不是真的需要醫療保險——他們只要去掛急診就好，對不對？

好吧，小布希對比他不幸的人沒有同情心並不是新聞。但他在這裡的故意忽視是問題更大的一部分：大致說來，反對全民健保的人描繪美國制度十分美好，其脫離現實的程度等同於他們訴說的法國、英國和加拿大健保的恐怖故事。

宣稱沒有保險者可以在急診室獲得他們需要的所有醫療只是個開頭，還有就是，夠幸運有醫療保險的美國人從來就不必長時間等待醫療的神話。

事實上，這個神話能持續存在令我不解。我可以了解像小布希或湯普森（Fred Thompson）——他最近宣稱「最貧窮的美國人獲得的服務都比加拿大人或英國人好」——這些人可以忽視沒有保險的美國人的絕望，因為他們通常又窮又沒有聲音。但他們怎麼能假裝有保險的美國人總是能迅速得到醫療，而實際上大多數人能作證事實並非如此？

《彭博商業週刊》（*Business Week*）近日的一篇文章直白地說：「在真實世界裡，資料和傳聞都顯示，美國等待診療的時間已經和有全民健保制度的病患一樣久，或更久。」

一項由英聯邦基金（Commonwealth Fund）做的跨國調查發現，美國在先進國家病患臨時獲得醫療照顧的難易度排名上幾乎墊底（雖然加拿大比美國略糟），而且在先進世界中，如果你在下班後或週末需要醫療，美國的評比是倒數第一。

美國在尋求專科醫生或獲得非急需手術的評比上略好，但德國即使在這些評比項目也超越美國——我猜想法國的表現和德國一樣好，雖然這項調查不包括法國。

此外，不是所有延遲醫療的原因都相同。在加拿大和英國，延遲的原因是醫生嘗試把有限的醫療資源用在最緊急的病例。在美國，它們通常是保險公司嘗試省錢所造成。

這可能導致像加州大學洛杉磯分校教授克萊門（Mark Kleiman）近日描述的痛苦經驗，他幾乎死於癌症，是因為他的保險公司延遲批准必要的活體組織切片檢查。克萊門在他的部落格上寫道：「我後來才發現保險公司為什麼拖延時間；我不知道我有一個選項是藉由選『第二級』來繞過所有核准程序，第二級意謂更多的共付額。」[1]

他也表示：「我不知道那一年我的保險公司讓多少人等到死，但我很確定那個數字不是零。」

1 共付額是一種固定金額，患者在接受保險覆蓋的服務之時，支付給醫療服務提供者的費用。

公平地說，克萊門只是推論他的保險公司在嘗試讓他支付更多治療成本時，危及他的生命安全。但毫無疑問的是，一些似乎有很好醫療保險的美國人，還是死於保險公司嘗試控制它們的「醫療損失」——業者描述實際必須支付的醫療成本的用語。

另一方面，美國確實在獲得髖關節置換手術上比加拿大人快。但這個常被用來辯護私人醫療保險優於政府保險制度的例子有一點好笑：美國絕大多數的髖關節置換是由聯邦醫保支付。

沒有錯：髖關節置換的差距，實際上是兩個政府醫療制度的比較。美國聯邦醫保等待的時間比加拿大聯邦醫保（是的，他們也這麼稱呼自己的制度）短，因為美國的制度有更充裕的經費——就只是如此。宣稱的私人保險優點與它毫無關係。

結論是全民健保的反對者似乎用盡了誠實的論據，他們剩下的全都是幻想：有關其他國家醫療保險制度的恐怖虛構故事，以及有關美國醫療保險的童話故事。

健保的希望

二〇〇七年九月二十一日

所有證據顯示，讓美國人像每個先進國家的公民那樣享有政府保證的醫療保險，終於成為一件政治上有可能的事。全民健保的經濟學是可行的，而且民調顯示大眾強烈支持政府保證的醫療保險。我們唯一要害怕的是「害怕」本身。

不幸的是，許多人仍然感到害怕。

的確，有一種害怕似乎暫時已經被克服：柯林頓醫療保險計畫的挫敗，留在民主黨政治人物內心的餘悸。

如果想盤點現在的情況改變了多少，可以看希拉蕊．柯林頓（Hillary Clinton）的演進。十五個月前《紐約時報》才報導「她想擴大醫療保險覆蓋的計畫是緩慢漸進的」，還有「她繼續逃避終極的挑戰：說明民主黨醫療保險計畫的全貌」。她被問到如何控制成本時確實不情願地說：「那要看設計的是哪一種制度。我現在還不完全清楚國家能承受多少。」

但那是當時。

愛德華茲（John Edwards）二月時帶頭討論醫療保險改革問題，他提議一項聰明而有條不紊的全民健保計畫——並勇敢地宣布他不讓小布希的部分減稅措施延長期限，以便支應這項計畫。全民健保突然從一個遙遠的進步主義夢想，變成你可以想像下一屆政府就可能實現。

希拉蕊參議員延遲了很長的時間才提出她自己的計畫——這段延遲在醫療保險改革者間製造了許多焦慮，而且可能（我待會兒會解釋）是未來的凶兆。儘管如此，她在本週確實提了計畫，而且就像愛德華茲的計畫那樣強而有力——因為除非你深入探究條文，希拉蕊的計畫基本上就是愛德華茲的計畫。

這不是批評；政治人物提出正確的健保計畫比他是否第一個提出重要很多。希拉蕊參議員在政治上可能很審慎，但她確實了解醫療保險經濟學，而且她一看就識貨。

愛德華茲和希拉蕊的計畫，以及較弱、但類似的歐巴馬健保計畫，都是在深思熟慮後，結合保險法規、補貼和公民營競爭，來達成全民或接近全民的健保。這些計畫可能讓支持較簡明的單一保險人制度的人感到失望。但我們很難指望全民聯邦醫保可以在短期的未來通過，而愛德華茲式的計畫提供了不錯的次佳選擇，讓你可以期待兩年以後由民主黨掌控的國會通過，並由一位民主黨總統簽署實施。

不過，若要達到那一步，將需要克服更多害怕。

共和黨不會提出認真的替代方案。目前主要共和黨候選人的健保計畫都是老套：它們的基本作法是富人獲得減稅，但宣稱能創造神奇的市場效應。正如《美國展望》（*The American Prospect*）雜誌的克萊恩（Ezra Klein）冷酷但正確地指出：「共和黨的世界願景是，生病和垂死的人（實際上沒有也買不起）的醫療保險支出，有部分可以從稅金裡扣除。」

但共和黨提名的人不管是誰，將不會嘗試說服大眾自己的計畫有多好。他們反而會嘗試嚇唬逐漸減少但仍有好醫療保險的人，宣稱民主黨會奪走它。

抹黑和恐嚇戰術已經展開。民主黨提的計畫都與羅姆尼（Mitt Romney）擔任麻州州長時簽署的醫療保險法案十分類似，主要的差別只是提供美國人額外的選擇。但那未能阻止羅姆尼譴責希拉蕊的計畫是「歐洲式的社會主義化醫療」。而湯普森則宣稱，希拉蕊的計畫不提供選擇——實際上是提供了很多選擇——且主要是訴諸「懲罰」。

這些攻擊可能不足以阻止民主黨贏得明年的選舉，但故事不會就此結束：即使民主黨入主白宮並擴大他們在國會的多數黨地位，保險業和藥品業的遊說將嘗試威嚇民主黨人違背自己的競選承諾。

這是希拉蕊延遲很久才宣布她的健保計畫，讓包括我在內的全民健保支持者如此緊張的原因——這種緊張並沒有因為她終於宣布計畫而完全消除。能知道不管是誰獲得民主黨提名都會以一套良好的健保計畫競選很令人欣慰，剩下來的問題是他有沒有決心實現那套計畫。

恐懼被三振出局

二〇一〇年三月二十一日

在週日健保案投票前一天，歐巴馬總統對眾議院民主黨議員發表一番未擬稿的談話。在將近結束時，他談到為什麼民主黨應該支持改革：「每隔一段時間你會有機會維護所有你對自己、對這個國家最好的希望，你有機會履行你做的承諾……而這就是你實現承諾的時候。我們不一定會贏，但我們一定會保持真誠。我們不一定成功，但我們一定會把我們所有的燈點亮。」

而另一方面，這是前共和黨眾議院議長金瑞契（Newt Gingrich）——一個被他黨內許多人稱許為思想領袖的人——說的話：如果民主黨通過健保改革法案，「他們將摧毀自己的黨，就像詹森（Lyndon Johnson）」因為通過民權法案而「讓民主黨四分五裂四十年」。

我會說金瑞契說錯了：保證全民醫療保險的提案在實施前往往備受爭議——雷根的名言之一是他說聯邦醫保將代表終結美國人的自由——但實施後一直備受歡迎。

但這不是我今日想談的重點。反而我希望你思考它們的對照：一方面是歐巴馬的結論訴諸我們的良知，呼籲政治人物做正確的事，即使那會傷害個人的職涯；另一方面是冷酷無情的嘲諷。想想把全民健保比喻為民權法案來譴責健保改革是什麼意思。現代的美國有誰會說詹森推行種族平等是做錯了？（事實上我們知道是誰：茶黨示威遊行裡的人，他們在投票前夕對民主黨國會議員辱罵各種種族歧視的話。）

而且這種嘲諷一直是這場反對改革運動的標誌。

是的，有幾個保守派政策的知識分子在表演過努力思考這個問題後，宣稱改革對財政的影響讓他們不安（但奇怪的是，他們對國會預算處的財政體檢合格報告卻無動於衷），或希望對成本採取更強硬的措施（雖然這個改革議案中處理健保成本的方法，多於以往任何立法）。不過，大體而言，改革的反對者甚至不假裝了解既有健保制度或民主黨過去提出的較溫和中間派計畫——主要內容很接近羅姆尼在麻州的改革。

總之，反對健保改革的核心是公然製造恐懼，不受事實或任何羞恥心限制。

那不只是死亡小組（death panel）的抹黑。那是煽動種族仇恨，例如《投資人商業日報》（*Investor's Business Daily*）的一篇文章宣稱，健保改革是「吃類固醇版的平權措施，以膚色決定從誰可以擔任醫生到誰獲得治療等一切事情」。那是對墮胎經費來源的瘋狂指控。那是堅稱向年輕美國勞工保證他們在需要時能獲得醫療就是某種獨裁，雖然年老的美國人，從詹森——一個金瑞契認為失敗的總統——在保守派狂吠下推動聯邦醫保通過立法以來，就已享有這種保證。

讓我們弄清楚：恐懼行銷不是由激進、與共和黨組織無關的邊緣團體所執行。相反地，共和黨的組織全程參與並批准所有行動。像裴琳（Sarah Palin）——別忘了，她曾經是共和黨的副總統候選人——這類政治人物積極地散播死亡小組的謊言，而像參議員葛雷斯利（Chuck Grassley）這些應該是理性溫和派的人，卻拒絕說那不是真的。在投票前一天，共和黨國會議員警告「自由在今日死去一些些」，並指控民主黨採取「極權主義戰術」，我相信那指的是所謂「投票」的程序。

毫無疑問地，恐懼行銷有效：健保改革從熱烈受歡迎變成普遍不贊成，雖然後來的數字已有改善。但問題是，它真的足以阻擋改革嗎？

而答案是不能。民主黨辦到了。眾議院已通過參議院版的健保改革，而修訂後的版本將透過調整而獲得通過。

當然，這是歐巴馬總統的政治勝利，也是眾議院議長裴洛西的勝利。但這也是美國人良知的勝利。到最後，一場邪惡的、不道德的恐懼攻勢未能阻擋改革。這一次，恐懼被三振出局。

編輯注：二〇一〇年三月二十三日週一克魯曼有關健保法案的專欄，引述金瑞契說因為通過民權法案，「詹森讓民主黨四分五裂四十年」。引文最早出自《華盛頓郵報》，而在這篇專欄見報後，該報表示，金瑞契說那句話指的是詹森的大社會（Great Society）政策（詹森所提出的一系列國內政策），不是一九六四年的民權法案。

歐記健保竟然沒有失敗

二〇一四年七月十三日

有多少人知道健保改革進行得如何？還有與此有關的新聞媒體業者，有多少人在報導正面的發展？

我猜想第一個問題的答案是「沒有多少人」，而第二個問題的答案是「可能更少」，原因我待會兒會談到。如果我想的沒錯，這實在是一件了不起的事——一個成功的重大政策改善了數百萬美國人的生活，但它大體上沒有引起大眾的注意。

怎麼可能發生這種事？想想不必負責任的無情抹黑。平價醫療法案面對了來自共和黨支持者和右派媒體永無休止的攻擊，主流媒體也傾向巨細靡遺地描述這項法案的問題。許多攻擊牽涉到災難的預測，卻沒有任何預測實現。但沒有災難就上不了顯著的版面，那些做災難性假預測的人繼續不斷發出新的危險警告。

特別是想想歐記健保對多少沒有醫療保險的美國人產生影響。初期的聯邦網站當機讓右派大感幸災樂禍，也引來主流媒體的許多負面報導；在二〇一四年初，許多報導信心滿滿地聲稱第一年的參加人數將遠低於白宮的預測。

然後是遲來的參加人數激增。悲觀者是否面對為什麼他們錯得如此離譜的質問？當然沒有。反而是同一批人提出各式的陰謀論和新的災難預測。懷俄明州參議員貝拉索

（John Barrasso）說，政府「假造數字」；許多「專家」宣稱，申請加入健保的人不會真的支付保險費；德州參議員克魯茲（Ted Cruz）宣稱，失去保險的人比獲得保險的人多。

但絕大多數申請參加的人確實繳了保費，而現在我們有許多獨立調查——來自蓋洛普（Gallup）、城市研究所（Urban Institute）和英聯邦基金——都顯示，從去年秋季以來未保險的美國人人數劇減。

我曾看過一些右派人士宣稱，未保險人數大幅減少的原因是經濟復甦，不是健保改革（所以現在保守派在讚揚歐巴馬的經濟？）。但這個理由很薄弱，而且很明顯是錯的。

首先，人數減少的幅度大到無法以頂多只是小幅改善的就業情況來解釋。其次，城市研究所的調查顯示，在擴大聯邦醫補的州——整體來說，也就是最努力讓健保改革發揮效用的州——和拒絕讓聯邦政府覆蓋它們貧民的州，之間有很大差異。事實是，擴大聯邦醫補的州未保險者減少的人數，是拒絕擴大聯邦醫補的州的三倍。所以原因不是經濟；那是因為政策，笨蛋。

成本又如何？去年有許多人宣稱保險費激增造成「費率震撼」。但衛生及公共服務部（Department of Health and Human Services）上個月報告說，接受聯邦補貼的人——占參加者的絕大多數——的平均淨保險費用只有每月八十二美元。

是的，歐記健保也有輸家。如果你很年輕、健康，而且富裕到不夠資格享受補貼（而且沒有從你的僱主獲得保險），你的保險費確實可能增加。而如果你富裕到得繳納支應那些補貼的額外稅款，你的財務將受到打擊。但即使改革的反對者也不想嘗試凸顯這類故事，其中隱含的意義可想而知。他們反而繼續尋找較老的、較常生病的中產階級受害者，而且繼續一直找不到他們。

噢，還有根據英聯邦基金，絕大多數新參加保險的人，包括七四%的共和黨人，對他們的保險內容感到滿意。

你可能會問，如果健保改革進行如此順利，為什麼民意調查反應一直如此之差。我的看法是，關鍵在於是否了解歐記健保的設計基本上不會影響已經有好保險的人。因此許多人的觀點多半是由負面報導的新聞所塑造。儘管如此，凱澤家庭基金會最新的追蹤調查顯示，愈來愈多美國人從家人和朋友處聽說健保的改革，這表示他們開始聽到這個計畫受益者的說法。

正如我稍早所言，媒體業者——特別是菁英名嘴——也許是最後聽到好消息的人，原因只不過是他們通常屬於有好醫療保險的社經階層。

不過，對較不幸運的人來說，平價醫療法案已經做出巨大的正面貢獻。那些慣犯會繼續唱衰，但事實是健保改革的運作好得出奇。

虛構的醫療恐怖故事

二〇一五年三月三十日

美國政治牽涉許多模糊數學（fuzzy math），但眾議院規則委員會（House Rules Committee）主席德州眾議員賽軒（Pete Sessions）最近創設一項新標準，他宣稱歐記健保的成本高得「不合情理」。他堅稱，只要你會做「簡單的乘法」，你就會發現擴大醫療覆蓋的每一位受保人將花費五百萬美元。但他的計算有點離譜——精確地說是多了一千多倍。實際上每個新獲得保險的美國人成本約為四千美元。

好吧，大家都會犯錯。但這不是一個可以原諒的錯誤。不管你對平價醫療法案的整體看法如何，一個不容置疑的事實是，它花費的公帑比預期低得多——根據國會預算處計算，大約低二〇％。一個資深國會議員應該知道這項資料，如果他連國會預算處的報告都懶得看，當然沒有資格對這個問題發表評論。

當然，這是有歐記健保以來一直在發生的事。在這項法案實施前，反對者預測各式各樣的災難。然而實際的情況卻是該法案實施得相當順利。那麼那些災難先知有什麼反應？假裝他們預測會發生的壞事真的發生了。

改革的反對者喜歡說虛構的災難故事，而絕口不談真實的成功故事，而且不限於成本這個領域。歐記健保也被假想成一個就業的大殺手。眾議院甚至在二〇一一年通過一項稱作「廢除有礙就業的健保法律法案」。反對者宣稱，健保改革將破壞經濟，特別是會導致企業強迫員工接受兼職工作。

然而，歐記健保在二〇一四年初全面實施後，私人部門的就業成長實際上還加快速度，達到從柯林頓時代以來未曾見過的水準。另一方面，非自願兼職僱用——想要全職工作卻找不到的勞工人數——也大幅滑落。但那些慣犯說起話來彷彿他們的災難預測實現了。傑布·布希（Jeb Bush）幾週前說，歐記健保是「所謂經濟復甦中的最大就業抑制因素」。

最後就是永無休止的編造：辛苦工作的一般大眾因為健保改革而陷於困頓的生活。我們前面已看到，歐記健保的反對者普遍來說不會算術（他們一嘗試就會出醜）。然而他們真正需要的是幾個悲慘的故事，幾個值得同情的個人因為這項法律的某些方面造成他們生活困頓的例子。

奇特的是他們一直找不到這種故事。去年初，柯克（Koch）兄弟支持的繁榮美國人（Americans for Prosperity）組織刊登一系列歐記健保受害者的廣告，但沒有一個災難故事經得起檢視。較晚近則有華盛頓州眾議員羅傑斯（Cathy McMorris Rodgers）在臉書上徵求歐記健保的恐怖故事。她得到的反而是一連串人們的生活因健保改革而改善、甚至得到拯救的見證。

在真實世界中，唯一受到健保改革傷害的是極高收入的美國人，因為他們繳的稅增加，還有相當少數人的保險費增加，因為他們年輕、健康（所以保險公司過去認為他們是低風險保戶），而且富裕（所以他們不符合補貼資格）。這些類別的人都不適合充當攻擊性廣告的受害者。

總之，當牽涉到事實時，健保改革的攻擊者拿不出任何東西。但公眾不知道這一點。有關成本的好消息完全未傳達給公眾：根據 Vox.com 近日的一項調查，只有五％的美國人知道歐記健保花的錢比預期少，而有四二％的人認為政府現在的花費超過預期。

截至目前，大約一千六百萬名美國人獲得保險的好事，卻對公眾的認知沒有產生多大影響，部分原因是平價醫療法案的設計，本來就幾乎不影響那些擁有好醫療保險的人：在實施法案前，絕大多數美國人已經透過僱主、聯邦醫保或聯邦醫補而有保險，他們的情況沒有受到實施法案影響。

不過，在更深的層次上，我們現在檢視的是後真相政治的影響。在我們生活的時代裡，政治人物和為他們服務的所謂專家，從不覺得有義務承認令他們不舒服的事實，不管他們的論證錯得多離譜，他們從不放棄自己的主張。

其結果是虛構的災難可以遮蔽真實的成功。歐記健保並不完美，但它已明顯地改善了數百萬人的生活。總該有人告訴選民這件事。

第三章

對歐記健保的攻擊

殘酷的地方黨部

二〇一二年六月，最高法院做出歐記健保合憲的關鍵性決定時你在哪裡？如果你不記得，你不是一個健保政策的關注者。不過，我是。我當時在英國渡假，與我妻子坐在一間酒吧——可以連上 Wi-Fi——埋頭看報導。

最初的報導夾雜許多訊息，看起來好像最高法院否決了健保改革。幸好不是如此。消息逐漸明朗化，改革實際上已經過關後，我唯一要做的一件事是：點了一杯雙份威士忌，大口將它乾掉。

不過，雖然健保改革存活下來，法院卻對平價醫療法案施加一項限制：法案對擴大聯邦醫補到包括貧窮線（poverty line）一三三％的所有人這項規定，將由各州自己決定是否實施。

你可能認為這個影響很小。畢竟，在這項法案下聯邦政府初期將支付所有的成本；幾年後將降低到九〇％，但這仍然是好得出奇的交易。我是說，有哪一個州政府會拒絕幾乎不花成本就能提供醫療保險給大量居民，同時能帶進可以提振州經濟的聯邦經費的提議？

答案是，幾乎所有由共和黨控制的州政府。其中有一些後來改變心意，但截至二〇一九年年中，仍有十四個州拒絕提供基本醫療給它們最無助的居民，儘管它們無需負擔任何成本。

剛開始，你還可能把拒絕擴大聯邦醫補合理化為是一個策略性作法，嘗試減損整體歐記健保的信用。但平價醫療法案至今已實施很長一段時間；如果拒絕擴大聯邦醫補可以扼殺歐記健保，它早就已經辦到。所以此時我們不得不接受還有更醜陋的原因。

我是說，阻止向富人課稅並協助貧民的計畫是一回事，你可以為這個立場辯護說，向富人課稅會打擊就業創造者或諸如此類的理由，或者只是因為你關心富人多過於貧民。但拒絕不花錢就能協助貧民是另一回事——它是為殘酷而殘酷。

我們從二〇一二年以來的美國政治學到的一件事就是，有許多人心存這種殘酷。我相信這些人仍然只是選民中的一小部分，但他們占共和黨選民的較大部分，而且占共和黨專業政治人物的一大部分。

這讓我想起二〇一六年大選，共和黨再度短暫取得國會和白宮的控制後，反對歐記健保的運動再度興起。共和黨人終於有機會逆轉歐巴馬最重要的國內施政，廢除整個平價醫療法案。從他們的觀點看，這麼做將是明智之舉，因為廢除整個法案，將意謂廢除為擴大聯邦醫補和補貼中等所得家庭而轉向高所得者課稅的政策。然而當該法案廢除時，也意謂取消數千萬人的保險變得明顯可見，即使是共和黨人也對引發的後果感到畏怯。

因此剩下來能做的就是破壞攻勢：藉打擊法案的條款來削弱歐記健保，特別針對一些條款，其效果是不會明目張膽地奪走人們的醫療保險、卻使得保險更難獲得、更昂貴或兩者兼具。這種作法可能有效的原因是，民主黨當初為了通過健保改革而做了妥協：因為平價醫療法案是一套混合的公私合營制度，而非單純的政府保險計畫，所以有數個可變動的部分，而且要暗中破壞它不是難事。

重點是，這場破壞運動並沒有直接讓任何人獲利——富人仍然必須繳納同樣的稅。所以就像拒絕擴大聯邦醫補一樣，它純粹只為傷害法案的受益者，而且在一些例子中，實際上還比讓法案維持不變花更多錢。

好消息是，歐記健保的建構，比包括我在內的許多人所知的更牢固。這項法案當然不是能抵擋一切破壞，但它已證明比許多人擔心的還堅固。在本章蒐集的專欄中，我敘述了對該法案的攻擊，以及它如何在大多數攻擊中安然無恙。

三隻好腳，沒有壞腳

二〇一七年七月十日

五十位共和黨參議員會不會以效忠於黨為名，而對他們的選民施加嚴重的傷害？我不知道。

但這似乎是檢視為什麼共和黨人無法提出一套不如此災難性的方案來取代歐記健保的好時機。那不是因為他們蠢（雖然他們已變得令人驚訝地反智），而是因為你無法改變平價醫療法案的任何主要元素而不摧毀整個法案。

假設你想讓所有人都能獲得醫療保險，包括已患有疾病的人。大多數我認識的醫療經濟學家會樂於見到所有人享有單一保險人健保。不過，在現實中它暫時還是太大的目標。

原因之一是，保險業不會甘於被排除在外，而且它們有很大的影響力。此外，轉移到單一保險人制度需要大幅增稅。大多數人從取消保險費獲得的好處，會大於增稅帶來的損失，但這在選舉中將很難說服大眾。

此外，大多數六十五歲以下的美國人由他們的僱主提供保險，因此理所當然對此種承保很滿意。不難想見他們對任何取代這種保險的制度提案會感到緊張，不管你多誠心地向他們保證取代的方案會更好。

所以平價醫療法案採用漸進的實施方式——所謂的三腳凳。

它一開始要求保險公司以相同的價格提供方案給所有人，不管有什麼病史。這解決了已有疾病者的問題。不過，這種作法導致一種「死亡螺旋」：健康的人將等到他們生病才參加保險，因此那些參加者將是相對較不健康的人，他們也將推高保費，並進而排擠較健康的人，如此周而復始。

所以保險法規必須搭配個人強制，要求即使是現在健康的人也必須參加保險。而且這個保險必須符合最低標準：購買一套幾乎不承保任何疾病的廉價保險，基本上就等於沒有保險。

但如果有人負擔不起保險呢？凳子的第三隻腳是規範低收入者負擔成本的補貼。對最低收入者的補貼是一〇〇％，採取的形式是聯邦醫補的擴大。

重點是凳子的所有三隻腳都不可或缺。去掉任何一隻腳，計畫就無法運作。

但如果只有三隻腳，它能不能運作？能。

要了解截至目前平價醫療法案實施的情況，你必須知道正如法案所寫的（和最高法院所解釋的），該法案的運作一大部分取決於州政府的合作。而合作擴大聯邦醫補、營運自己的保險交易所，和鼓勵保險業者加入競爭的州，運作的情況都相當好。

比較肯塔基州和與它毗鄰的田納西州的經驗。在二〇一三年平價醫療法案尚未完全實施時，田納西州的未保險者略微少些，有一三％，相對於肯塔基州的一四％。但到了二〇一五年，完全實施該法案的肯塔基州已把未保險的比率降低到六％，而田納西州則為一一％。

再看看有些郡只有一家（或沒有）保險公司——意謂沒有競爭——的問題。近日一項調查指出，這是一個幾乎只有共和黨州獨有的問題。在共和黨擔任州長的州，二一％的人口住在沒有保險業競爭的郡；在民主黨州，只有二％。

所以，雖然沒有人會相信，不過歐記健保是一套深思熟慮的法案，它在希望它發揮效用的州運作良好。它可以也應該運作得更好，但共和黨人對讓它發揮效用不感興趣。相反地，他們的想法是把那個三腳凳的一隻腳或更多隻腳鋸掉。

首先，他們鐵了心要廢除個人強制，這個規定在健康者間不受歡迎，但對需要讓這套制度運作的人來說卻不可或缺。

其次，他們決心要削減補貼——包括大砍聯邦醫補的預算——以挪出他們可以用來為富人減稅的錢。其結果將是大多數家庭的淨保費大幅提高。

最後，我們現在聽到許多有關克魯茲（Cruz）修正法案的報導，它將讓保險公司提供只有最少承保和高扣除額的陽春計畫。這類保險對已有疾病者毫無用處，他們將發現自己被劃分到一個高成本市場——實際上就是鋸掉凳子的第三隻腳。

那麼共和黨人將必須放棄他們計畫的哪些部分，以避免沒有保險的人數大幅增加？答案是全部。

經過這麼多年譴責歐記健保後，共和黨人還是不知道該怎麼做才更好。或者，事實上他們完全不知道該怎麼做。

歐記健保是很穩定的天才制度

二〇一八年四月九日

不難想見，頭版新聞持續被大約十三萬條糾纏著川普政府的醜聞所支配。民調卻顯示出，貪腐的惡臭即便如此強烈，卻不太可能影響期中選舉。選民心中最大的議題似乎是健保。

而你知道嗎？選民是對的。如果共和黨重獲國會兩院的掌控權，我們幾乎可以篤定預測他們會再度嘗試廢除歐記健保，讓二千五百萬或三千萬個美國人失去醫療保險。為什麼？因為他們破壞這項計畫的嘗試不斷失敗，而時間已經快用完了。

我不是說那些破壞完全失敗。川普政府已成功地把保險費大幅提高——是的，我是說「成功」，因為那絕對是他們的目標。

平價醫療法案保險交易所的參加者從二〇一六年來也已下降——幾乎所有的下降都發生在川普政府經營、而非各州經營的交易所——而沒有醫療保險的美國人總數，在歐巴馬時代大幅下降後，已再度回升。

但共和黨的希望和計畫是，一個參加人數減少和成本大幅升高的「死亡螺旋」。雖然不斷宣稱這種死亡螺旋已經成形的確產生了影響——大多數民眾相信交易所制度正在崩潰——但事實並非如此。實際上，只要你想到這個計畫是由嘗試讓它失敗的人所管理，就知道它已經出奇地穩定。

歐記健保的穩定性有什麼祕訣?答案是，雖然沒有人會相信，但設計這套制度的人極度聰明。政治現實迫使他們打造一個魯布．戈德堡（Rube Goldberg）裝置，一個達成基本上是簡單目標的複雜機制；每一個我所認識的進步主義衛生專家都會樂於把聯邦醫保擴大到所有人，但那終究不可能實現。但他們設法創造了一套相當能抵抗震撼的制度，包括白宮也想摧毀的震撼。

剛開始歐記健保應該是安置在一個「三腳凳」上。私人保險公司被禁止根據是否已有疾病來區分被保險人；個人被要求購買達到最低標準的保險——即「個人強制」——即使他們目前很健康；而補貼則用來讓人負擔得起保險。

不過，共和黨人已竭盡所能鋸掉凳子的一隻腳；雖然他們還未廢除個人強制，卻已藉由阻礙健康的美國人加入而限縮健保的範圍。

結果是，實際上參加保險的人數比原本應該會參加的人數少、而且更多罹有疾病者，迫使保險公司收取更高的保險費。

但這正是補貼發揮作用的時候。

根據平價醫療法案的規定，最貧窮的美國人由聯邦醫補承保，所以私人保險費高低不重要。另一方面，許多較高收入的人——達到貧窮線以上四〇〇%，或一家四口收入超過九萬五千美元——符合補貼的資格。他們占人口的五九%，但因為這些較高收入者有許多透過僱主獲得保險，他們有八三%會在交易所參加保險。重點之一是：這些補貼並非固定，公式反而會設定補貼高到足以限制保險費最高只占收入的某個比率。

這表示二千七百萬個透過擴大聯邦醫補或在交易所購買保險的美國人中，只有約二百萬人受到那些川普推高的保險費影響。那仍然是許多人，但還不足以啟動死亡螺旋。事實上，基於一些複雜的原因（「銀裝載」〔silver-loading〕——別問我是什麼），許多人的補貼後保險費實際上減少許多。

這讓共和黨非常、非常洩氣。

共和黨人從一開始就痛恨歐記健保，不是因為他們預期它會失敗，而是因為他們害怕它會成功，進而證明政府可以做一些讓人民生活變好的事。而他們的夢魘正逐漸實現：雖然花了很長的時間，平價醫療法案終於愈來愈受歡迎，而大眾擔心共和黨會廢除它，正變成共和黨的政治負擔。

這對我的意義是，如果共和黨繼續控制國會，他們將再度發動全面攻勢以摧毀這項法案——因為他們知道那可能是他們最後的機會。的確，如果他們不很快摧毀歐記健保，下一步可能是一套改良版的計畫，讓所有年齡的美國人能夠加入聯邦醫保。

所以，選民相信健保是期中選舉極重要的議題是正確的。它可能不是攸關選民最重大的一件事——我們有充分理由說美國民主的生存正面臨危險——但它確實是一件大事。

生病、破產，然後死去

二〇一八年九月三日

讓我們說實話：儘管麥肯（John McCain）以特立獨行著稱，過去十年大部分時間裡他是一名正統的共和黨人，不管這個黨變得多不負責任，他都遵守黨的路線。想想他是如何放棄他過去對於限制氣候變遷的倡議。

但他以一項行動救贖了那項記錄的大部分罪過：他在共和黨嘗試廢除平價醫療法案時，投了關鍵的反對票。這一張說「不」的票，拯救了數千萬名美國人的醫療保險，至少暫時解救了。

但現在麥肯已經去世，而隨著他逝去的是——就我們所見——國會中唯一還有一點背脊骨的共和黨人。其結果是，如果共和黨在十一月拿下國會，他們將會真的廢除歐記健保。這不是猜測：這是副總統彭斯上週直言的承諾。

但二〇一七年讓廢除法案的努力受挫的問題怎麼辦？當然，共和黨人已花了過去一年重新思考他們的政策理念，嘗試想出去除平價醫療法案而不致對一般美國人造成巨大傷害的方法，特別是對已有疾病的那些人。對吧？

你看，我開了一個玩笑。

當然，共和黨人沒有重新思考他們對醫療保險的政策理念（或者說真的，沒有重新思考任何事）。部分原因是現代共和黨不做政策分析。民主黨有一個智庫和富有同情心的獨立專家網絡，他們認真檢視證據，嘗試為真正的問題設想解決方案，有時候還能影響實際的立法提案。共和黨人沒有堪與比擬的政策；他們馴養的「專家」基本上只是說其政治主人想聽的任何話。

不過，在健保的例子裡，還有一個更深的問題：共和黨無法提出平價醫療法案的替代方案，因為這種替代方案並不存在。特別是，如果你想保留保護已有疾病者的部分——最攸關選民的醫療問題，包括半數的共和黨人——歐記健保是保守政策的唯一選項，其他是像全民聯邦醫保這種將牽涉大幅向左靠、而非向右靠的作法。

過去多年來，醫療經濟學家已多次解釋這一點；但和往常一樣，要讓一個薪水仰賴不了解某件事的人了解某件事很困難。儘管如此，讓我們再試一次。

如果你希望私人保險公司承保已有疾病的人，你必須禁止根據病史做區分。但這麼做還不夠，因為如果每個參加保險者支付的成本相同，參加保險的人將會是那些比不參加者患有更多疾病的人，創造一個高風險池，並使保險費升高。紐約州的情況正是如此，在平價醫療法案之前的個人保險費都很高——但在實施歐記健保後很快下降一半。

因為歐記健保的做法是同時提供健康者參加保險，這是一大誘因。一方面對沒有參加保險有罰則（個人強制）；另一方面有設計用來限制醫療支出占收入比率的補貼。共和黨人曾嘗試藉由廢除個人強制來破壞健保，並已成功推高保險費；但這套制度仍然屹立不搖，而這得歸功於補貼。

同樣地，重點是歐記健保是提供已有疾病者保險的最保守選項，而如果共和黨人真的關心數百萬個已有疾病的美國人，他們會支持並嘗試強化平價醫療法案。

然而，如果他們兩個月後繼續掌控國會，他們將會摧毀它。但提供已有疾病者保險這利益很受歡迎，因此他們假裝會這麼做，然而提出的建議實際上卻不然。

為什麼他們以為自己能做出這麼厚顏無恥的詐騙（因為那就是詐騙）還能安然脫身？他們是否認為選民都很愚蠢？

是的，他們就是這麼想。川普在近日的群眾大會上宣稱，民主黨想「劫掠聯邦醫保以支付社會主義」。

但更重要的目標是新聞媒體，而有許多新聞媒體還沒有學會應付現代保守主義普遍存在的惡意。

舉例來說，像內華達州參議員海勒（Dean Heller）這樣的人，共同提出一項提議保護已有疾病者、但實際上不保護的法案，他希望得到的是媒體標題彰顯「海勒宣布保護已有疾病的美國人的計畫」，其中的關鍵事實——即這項法案完全不會做這件事——埋藏在第十七段報導中。

或者從他的觀點來看，更妙的是那第十七段只說了「一些民主黨人」說他的法案是騙局，而共和黨人不同意。兩方說法並陳，如此而已。

所以如果你是一個已患有疾病的美國人，或擔心你未來可能罹患疾病，你必須清楚了解現實：共和黨人要廢除你的健保。如果他們在十一月贏了選舉，可負擔的價格——或者任何價格——的醫療保險在幾個月內即將消失。

民主黨能如何履行健保承諾

二〇一八年十一月二十二日

紐澤西州帶頭做示範。你有意見嗎？

「民主黨需要一個積極的目標，而不只是反對川普。」你聽過多少次名嘴在期中選舉的競選中說出這種話？事實上，你仍然聽到像穆爾頓（Seth Moulton）等人這麼說，他正領導（顯然並不成功）阻止裴洛西再度擔任眾議院議長的勢力。

讓這個懶惰的指控如此惱人的原因是它很容易證明是錯的。是的，每個人都想著川普，但他很奇特地很少出現在民主黨的言論中。衛斯理媒體計畫（Wesleyan Media Project）的統計發現，二〇一八年選舉的獨特之處不是民主黨人經常談論推特之王（tweeter in chief），而是很少談論：從二〇〇二年以來，沒有一個反對黨刊登如此少攻擊占領白宮者的廣告。

那麼藍色陣營在這場競選中談論些什麼？最凸顯的是健保，它出現在超過半數的民主黨廣告中。這引來一個問題：現在民主黨已經獲得眾議院的大勝利，以及在許多州級選舉的成功，他們能不能做些什麼事來履行他們的主要競選承諾？

是的，他們能做一些事。

事實上，只是拿下眾議院就讓民主黨達成一個大目標——把廢除平價醫療法案這個議題拿下議事桌。沒錯，共和黨控告該法案保護已有疾病者的官司仍有待判決——在這個案子中，傾向共和黨的法官長期保持緘默已變得愈來愈奇怪。但現在已不會有廢除這項法案的立法嘗試了。

另一方面，由於共和黨仍控制參議院和白宮，重大的新聯邦健保立法不太可能發生。民主黨可能辯論他們未來的目標，它們似乎將包括提供六十五歲以下美國人某種形式的聯邦醫保購入選項。而他們進行這種辯論很重要：這是他們在二〇〇九到二〇一〇年能達成重大健保改革的原因之一，不像二〇一七年的共和黨人沒有認真考慮廢除法案的實際影響，他們在過去兩年已談完主要議題。但至少現在華盛頓陷入僵局（這總比之前的情況好！）。

不過，州的層級可以有所行動。

嚴格說來，平價醫療法案並未創造一個全國性的計畫，而是設定規則並提供資金給五十個州級的計畫。各州被鼓勵設置自己的健保市場，雖然它們可以選擇使用聯邦的網站 healthcare.gov。二〇一二年最高法院的決定也讓各州可以選擇不擴大聯邦醫補，且許多州真的拒絕聯邦經費，剝奪它們自己居民的醫療保險。

這製造了分歧的健保命運，視各州的政治傾向而定。在平價醫療法案實施前的二〇一三年，加州未保險者的比率高於平均水準：一七．二%的加州人口沒有醫療保險。北卡羅來納州的比率略低，「只有」一五．六%未保險人口。但截至去年，加州的未保險率已下降十個百分點到七．二%，而北卡羅來納州的比率仍然超過一〇%。

這種差別有什麼原因？深藍的加州有民主黨的州長和議會，所以竭盡所能讓歐記健保運作順利：它擴大聯邦醫補，經營自己的市場，並採取鼓勵人們參加保險的措施。共和黨主政的北卡羅來納州沒有這類措施。

州級行動的重要性在過去兩年來愈來愈重要，因為川普和他在國會的盟友既然無法完全廢除平價醫療法案，只能想盡辦法破壞它。他們取消個人強制，也就是強迫身體健康的人參加保險的規定；他們也取消協助保險公司管理風險的再保險；他們大幅削減保險的範圍。

所有這些措施的目的都在於推高保險費和減少參加者。但各州如果願意的話，可以填補川普挖出來的洞。

最戲劇性的例子是紐澤西州怎麼填補。紐澤西州在二〇一七年底由民主黨完全掌控後，很快實施州級版的強制和再保險規定，其結果令人刮目相看：紐澤西州二〇一九年的保險費用比二〇一八年降低了九．三％，現在更是遠低於全國平均水準。填補川普的破壞，似乎一年平均為購買保險者省下約一千五百美元。

民主黨既已贏得許多州的控制，他們可以且應該仿效紐澤西州的例子，而且盡可能超越它。例如，為什麼不採用州級的公共選項——精算可靠的政府計畫——以取代私人保險？

重點在於，雖然新的眾院多數黨除了保衛歐記健保外能做的不多，至少目前是如此，但它在各州的盟友可以做更多，並在這個過程中達成整個黨今年設定的目標。就像他們在紐澤西州說的：你有意見嗎？

第四章

泡沫和爆破

恐懼的總和

還有人記得一九九〇年代末的亞洲金融危機嗎？那場危機後發生的所有事情讓它看起來宛如古代歷史。但對曾關注它的人來說，那是一場令人深感恐懼的事件，不只是它立即的影響——數兆美元的損失，和數千萬人的生活受到影響——而且它是一個預兆。

大約在一九九六年時，包括我在內的絕大多數經濟學家相信，雖然世界充滿風險，但有一種特定類型的風險，亦即一九三〇年代類型的蕭條，已經被經濟知識的進步所消滅。畢竟，其他社會疾病也曾發生這種情況。回顧一八五四年，斯諾（John Snow）醫生發現，倫敦爆發霍亂疫情都與一具公共抽水機有關；一旦流行病學家了解被汙染的水會散播疾病，霍亂瘟疫就成了歷史陳跡。

類似地，一九三六年凱因斯發現不當的支出和銀行連鎖性倒閉，是大規模失業的原因，還有一旦政策制訂者了解他的診斷後，大蕭條式的經濟衰退也已成為過去。

但衰退並未停止發生，甚至是嚴重的衰退；一九八二年美國的失業率高達近一一%。但那場衰退和大多數二次世界大戰後的衰退一樣，比較是一次休克療法而非一場心臟病：它或多或少是政策制訂者刻意造成的，以便冷卻他們擔心通貨膨脹可能失控的情勢。沒有人預期老式的「恐慌」再度發生，銀行擠兌和企業破產將不復可見，因為當年許多人把儲蓄藏在床墊下。

但那正是一九九〇年代末泰國、馬來西亞、印尼和南韓出現的情況。一場慢動作的危機、持續的疲弱不振，發生在幾年前還被普遍視為一個新崛起的經濟強權日本。雖然一些觀察家——我很遺憾要說是有太多西方經濟學家——傾向於輕率地認為這些危機是異常的例子，沒有什麼可以讓我們從中學習之處，但其他人則深受驚嚇。

畢竟，這些國家有的相當現代化和成熟，雖然他們的政策制訂者不是很睿智（有哪個國家是？），但它們並不是由傻瓜管理。特別是日本看起來在許多方面像我們：一個強大、富裕、教育程度高、技術先進、政治穩定的國家，有幹練、甚至聰明的金融和財政主管當局。如果日本可能陷入「失落十年」的停滯和通貨緊縮，美國可不可能發生同樣的情況？

我在當時寫到這些隱憂，特別是在一篇我認為經得起時間考驗的一九九八年學術論文〈歷史重演了：日本的蕭條和流動性陷阱重現〉，和一本一九九九年的書《面對失靈的年代》（*The Return of Depression Economics*）。其他人也發出類似的警報，包括當時在普林斯頓擔任教授的柏南克（Ben Bernanke）。但那不是許多人想聽的訊息。

但美國和日本之間的相似性隨著時間過去愈來愈明顯。到大約二〇〇五年，我和許多（但還不夠多）其他人愈來愈擔心一個巨大的房地產泡沫似乎逐漸成形。如果那個泡沫爆破，無疑地壞事將發生。結果是，它比幾乎任何人預期的都更嚴重。多年來的解除金融管制和金融「創新」（這種創新往往變成尋找規避法規的方法）所創造的銀行體系，實際上和大蕭條前夕的銀行體系一樣易於受到恐慌影響，只是以現代和高科技的方式呈現。

然後，恐慌發生了。

本章的專欄描述我和其他人愈來愈害怕真正嚴重的錯誤會發生，以及當我們擔心可能發生的事的確發生時，我們必須攀越的誤解之牆。接下來的問題就是該怎麼辦。但下一章會談到更多這個問題。

泡沫即將用完

二〇〇五年五月二十七日

還記得那個股市泡沫嗎？二〇〇〇年後發生了這麼多事，讓它感覺起來像古代歷史。但有幾個悲觀者，最著名的是摩根士丹利的羅奇（Stephen Roach）宣稱，我們還沒有為過去的錯誤付出代價。

我從未完全接受那個看法。但看看房地產市場，我忍不住開始三思。

在二〇〇一年七月，大型債券基金太平洋投資管理公司（PIMCO）的經濟學家麥考利（Paul McCulley）預測，聯準會將只是用另一個泡沫取代既有的泡沫。他寫道：「必要時，聯準會還有空間在房地產價格創造一個泡沫，以維持美國的快樂主義。而且我想聯準會有意願這麼做，雖然政治正確會讓葛林斯潘否認任何一件這樣的事。」

正如麥考利的預測，降低利率導致房屋價格大漲，進而不只帶來一場營建業榮景，而且推高消費者支出，因為房屋擁有者利用抵押貸款再融資而進一步深陷債務。所有這一切都創造了就業，以彌補那場股市泡沫爆破造成的損失。

現在的問題是，有什麼可以取代房地產泡沫。

沒有人認為經濟可以永遠依賴購買房屋和再融資。但當時的希望是，到了房市榮景逐漸退去時，將不再需要那麼做。

然而，雖然房市榮景持續得比任何人想像的還久，榮景最後結束時，經濟仍然會陷入麻煩。前提是，如果房屋營建的熱絡步調開始冷卻，消費者停止以房屋抵押貸款，經濟將大幅減緩。如果房價真的開始下滑，我們將看到慘烈的景象，營建和消費者支出將劇減，把經濟推回衰退。

這就是為什麼看到美國房地產市場投機泡沫出現接近最終狂熱階段的跡象，是一個凶兆，就像上個十年末的股票市場的情況。

一些分析師仍然堅持，房價還在正常範圍。但是總有人會提出為什麼看起來荒謬的資產價格卻聲稱很合理的原因。記得《道瓊指數三萬六千點》那本預言書嗎？席勒

（Robert Shiller）在他的書《非理性繁榮》（*Irrational Exuberance*）中反對這種合理化的說法，並正確地預測那場股市泡沫；他在該書的新版中增添一章不祥的房市分析，並說這個房市泡沫「可能是美國歷史上最大的泡沫」。

在全國各地都可見到，不應該是投機者的人陷入投機狂熱，這一切在過去的泡沫都似曾相識——一九二〇年代擦鞋童的股市明牌，和一九九〇年代啤酒屋和披薩店的電視播放的是CNBC（消費者新聞與商業頻道）而不是ESPN（娛樂與體育節目電視網）。

就連葛林斯潘現在都承認房地產市場出現「泡沫的特徵」，但只限於「特定地區」。的確最瘋狂的情況集中在少數幾個區域，像佛羅里達州和加州的沿海地區。

但這些區域並不小，它們既大且富裕，所以整體的全國房地產市場看起來有很多泡沫。許多房屋購買是投機性的；美國不動產經紀人協會（National Association of Realtors）估計，去年出售的住宅有二三%被買來做投資，而不是為了居住。根據《彭博商業週刊》，三二%的新抵押貸款只支付利息，這顯示人們已瀕臨財務的極限。

應該記住的重點是，股市泡沫爆破使許多人損失慘重——不只是那些在接近股市高點買進股票的人。截至二〇〇三年夏季，私人部門的僱用比二〇〇一年的高峰減少了三百萬人。如果股市泡沫沒有很快被房地產泡沫取代，失業的情況應該還會糟得多。

那麼，如果房地產泡沫爆破會是什麼情況？那將是同樣的事重演一遍，除非聯準會能找到別的東西取代它，而我很難想像那會是什麼。畢竟，聯準會管理經濟的能力主要來自它在房市創造榮枯循環的能力。如果房市進入一個後泡沫的衰退，還剩下什麼招數可用？

羅奇認為，聯準會在二〇〇一年以後，表面上看來的成功是個幻覺，只是把麻煩堆疊起來留待將來才面對。我希望他看錯了。但聯準會看起來確實像快用完泡沫了。

嘶嘶的響聲

二〇〇五年八月八日

這是泡沫結束的方式：不是發出爆破聲，而是嘶嘶作響。

房屋價格移動比股票價格慢，所以房市不會出現價格一天內下跌二三％的黑色星期一。事實上，房價即使在房市泡沫爆破後，往往還會繼續上漲一陣子。

因此，美國房市泡沫已經結束的消息不會以房價暴跌的形式出現，它將以銷售衰退和庫存增加的形式降臨，因為賣家嘗試以買家不再願意支付的價格出售。而這個過程可能已經開始。

當然，一些人仍然否認有房地產泡沫。讓我來解釋我們如何知道他們錯了。

證據之一是房地產的狂熱感，這讓人忍不住想起一九九九年的股市狂熱。甚至一部分市場玩家是同一批人。一九九九年《道瓊指數三萬六千點》的暢銷書作者們，是現在最熱烈鼓吹沒有房地產泡沫觀點的人。

還有數字的證據。許多泡沫否定者指出全國的平均房價看起來令人擔心，但還不算完全瘋狂。不過，談到房地產，美國實際上已經是兩個國家：平原區和劃定區。

在美國中部的平原區，蓋房子很容易。當房屋的需求增加時，平原的都會區（城市通常沒有真正的傳統鬧區）只是更擴大。其結果是房價基本上取決於營建成本。在平原區，房市泡沫甚至沒有機會開始。

但在沿岸的劃定區，高人口密度加上土地使用限制——所以有「劃定」之稱——使建新屋更困難。因此當人們願意花更多錢買房子時，例如因為抵押貸款利率降低時，會有一些新房屋興建，但舊房子的價格也會上漲。如果人們認為價格會繼續上漲，他們就願意花更多錢購買，把房價進一步推高。換句話說，劃定區很容易出現房市泡沫。

而現在劃定區的房價——上漲已比全國平均快得多——顯然指向一個泡沫。

從二〇〇〇年第一季到二〇〇五年第一季，全國房價上漲約五〇%。但這個平均房價混合了平原都會地區（像是休斯頓和亞特蘭大，兩個都會區的房價分別上漲二六%和二九%）和劃定區（像紐約、邁阿密和聖地牙哥，三個地區的房價分別上漲七七%、九六%和一一八%）。

如果不相信聖地牙哥的房價會繼續上漲，就不會有人支付聖地牙哥的價格。租金上漲比房價慢得多：美國勞工統計局（Bureau of Labor Statistics）的「屋主同等租金」（OER）指數從一九九九年底到二〇〇四年底只上漲二七%。《彭博商業週刊》報導，二〇〇四年在聖地牙哥租一棟房屋的成本，只有擁有一棟類似房屋成本的四〇%——這甚至已把很低的抵押貸款利率計算在內。除非你相信房價將繼續快速上漲並創造巨大的資本利得，才有理由在聖地牙哥買房子。這差不多就是泡沫的定義了。

泡沫結束於人們不再相信巨大的資本利得是十拿九穩的事。這是聖地牙哥上一個房地產泡沫結束時發生的情況：在一段快速上漲期後，房價於一九九〇年觸頂。市場很快就出現房屋滯銷，價格開始下滑。到一九九六年，調整通膨後的房價下跌了約二五%。

而這正是現在聖地牙哥發生的情況，房價經過一波比一九八〇年代還熱的榮景後，市場上獨棟房屋和大樓公寓的數量在過去一年增加了一倍。《洛杉磯時報》報導：「一兩年前幾乎一夜間就能賣出——而且經常引發競標戰——的房子，現在必須在市場上求售好幾週。」同樣的事也發生在其他以前很熱絡的市場。

另一方面，美國經濟已變得高度依賴房地產泡沫。從二〇〇一年以來的經濟復甦在很多方面令人失望，但如果不是住宅營建的支出攀升，加上主要從抵押貸款再融資而來的消費者支出大增，連這種復甦也不會發生。我是不是忘了說個人儲蓄率已降到零？

現在我們已開始聽到嘶嘶聲，泡沫裡的空氣已開始洩出。所以每個人——不只是擁有劃定區房地產的人——都應該擔心。

創新邁向金融危機之路

二〇〇七年十二月三日

今年夏末開始的金融危機，在九月和十月度了一個短暫的假後，現在正全面捲土重來。

情況有多糟？我從未見過金融界的圈內人如此驚嚇——即使是在一九九七到九八年亞洲危機期間，當時世界各國的經濟骨牌似乎都要倒下。

這一次，市場玩家看起來真的嚇壞了，因為他們突然發現他們並不了解自己創造的複雜金融體系。

不過，在我談到這一點前，讓我們說說現在發生的事。

信用——市場玩家之間的借貸——對金融市場來說就像汽車引擎的機油。在短時間內籌措資金的能力，也就是人們所說的「流動性」（liquidity），是市場以及整體經濟不可或缺的潤滑劑。

但流動性正逐漸乾涸。一些信用市場實際上已經關門。其他市場——例如銀行間互相借貸的倫敦市場——的利率已經上漲，即使是在被認為安全的美國公債利率暴跌時。

太平洋投資管理公司債券經理人葛洛斯（Bill Gross）說：「我們目睹的基本上是現代銀行體系的崩潰，複雜的槓桿貸款如此難以了解，以至於聯準會主席柏南克必須在八月中旬請避險基金經理人面對面給他上一堂溫習課。」

如果持續更久的時間，金融市場的凍結將導致整體貸款大幅減少，造成企業投資步上住宅營建的後塵——而那意謂一場衰退，很可能是嚴重的衰退。

流動性消失底下的原因是信任崩潰：市場玩家不願意借錢給彼此，因為他們不確定錢能不能拿回來。

從直接的意義看，信用崩潰是房地產泡沫爆破造成的。房屋價格上漲甚至比網路泡沫還沒道理——我的意思是，房市甚至沒有一種酷炫的新科技來作為宣稱舊法則已不再適用的理由——但金融市場卻接受瘋狂的房價是新常態。而當泡沫爆破時，許多貼著AAA標籤的投資結果證明是垃圾。

因此，對次級房貸的「超級優先」債權——也就是對抵押貸款人支付的任何錢有第一順位求償權，因此即使這些貸款人有一大部分違約，也應該能拿回所有錢的投資——從七月以來的市值已經跌掉三分之一。

但真正破壞信任的是，沒有人知道那些金融有毒廢棄物埋在何處。花旗集團不應該有數百億美元的次級房貸曝險，但它確實有。扮演佛羅里達州學區銀行的地方政府投資基金公司（Local Government Investment Pool）理論上是零風險，但它卻有風險（現在學校已沒有經費支付給教師）。

為什麼情況如此混沌不清？答案是「金融創新」——從此以後，投資人應該聽了就會膽顫心驚的四個字。

好吧，公平地說，某些類型的金融創新是好的。我不想回到支票帳戶不支付利息和週末不能領現金的年代。

但近幾年的創新產品——C.D.O.和S.I.V、R.M.B.S，以及A.B.C.P.的字母湯——都以欺騙造假的方式銷售。它們宣稱可以分散風險、讓投資更安全。實際上它們做的卻是——除了讓它們的創造者賺更多錢，而且是在一切都爆破後不必償還的錢——製造混淆，引誘投資人承擔更多他們所不知道的風險。

為什麼這種事被容許發生？從深層次來看，我認為問題是意識形態：政策制訂者篤信市場永遠是對的，他們完全忽視警訊。特別是我們知道葛林斯潘不理會聯準會理事格拉姆利克（Edward Gramlich）有關可能發生次貸危機的警告。

而且自由市場正統派冥頑不靈。就在幾週前，財政部長寶森（Henry Paulson）對《財星》雜誌承認，金融創新跑在監管前面——但他也說：「我不認為我們希望反過來讓監管跑在前面。」這是你最終的答案嗎，財長先生？

寶森對協助貸款人重新協商抵押貸款的支付和避免房屋被法拍的新提議，聽起來似乎是個好主意（雖然我們還沒聽到任何細節）。不過，說實話，它對次貸問題不會有多大幫助。

結論是政策制訂者容許金融業自由創新——而金融業做的卻是把自己，以及我們其他人，創新成一個巨大的爛攤子。

馬多夫經濟

二〇〇八年十二月十九日

馬多夫（Bernard Madoff）——一位聰明的投資人（或者幾乎每個人都這麼以為）、慈善家、社區的支柱——被揭露是個冒牌貨，震驚了全世界，而且不難理解會如此。但據稱他的龐氏騙局規模高達五百億美元，大得實在令人無法理解。

當然不是只有我問這個明顯的問題：坦白說，馬多夫的故事與整體投資業的故事有什麼不同？

金融服務業過去一個世代以來占全國收入的比率愈來愈大，讓經營這個產業的人富裕得令人難以置信。然而在此時，看起來這個產業做的大多是摧毀而非創造價值。而且這不只是錢的問題：這些為別人管理金錢的人獲得的巨大財富，對整體社會造成一種腐蝕的效應。

讓我們先從那些薪資談起。去年，「證券、商品合約和投資」業員工的平均薪資是其他經濟行業平均薪資的四倍多。賺一百萬美元並不特別多，甚至二千萬美元以上的收入也相當常見。最富裕的美國人收入在過去一個世代中暴增，雖然其他產業的一般員工薪資停滯不前；華爾街的高薪是這種分歧的主要原因。

當然，那些金融超級巨星一定是憑實力賺進數百萬美元，對吧？不對，那可不一定。華爾街的薪資制度豪奢地獎賞獲利的表象，即使那種表象後來證明是一個假象。

舉一個假設的例子，一位基金經理人利用客戶的錢借債操作槓桿，以倍增的金額投資在高收益但高風險的資產，例如可疑的抵押擔保證券。有一段期間——例如在房地產泡沫繼續大漲期間——他（幾乎總是男性）會賺進很高的獲利並獲得肥美的紅利。然後當泡沫爆破而他的投資變成有毒廢棄物時，他的投資人將損失慘重——但他會保有那些紅利。

好吧，也許我舉的例子實際上並不是假設的。

那麼，華爾街大體上做的事和馬多夫騙局有多大的不同？馬多夫據說省略了幾個步驟，他只是直接偷竊客戶的錢，不是讓投資人暴露在他們不了解的風險而收取高額服務費。而且馬多夫顯然知道自己是個騙子，且華爾街的許多人相信他的宣傳。儘管如此，最後的結果相同（除了軟禁以外）：那些基金經理人發了大財；投資人的錢卻血本無歸。

這裡談的是巨額的錢。近幾年來金融業占美國GDP的八%，高於一個世代前的不到五%。如果增加的三%都打水漂了——而可能真的如此——我們談論的是一年約四千億美元的浪費、詐騙和濫用。

但美國龐氏騙局時代的成本，當然遠超過這些直接浪費的錢。

從最粗糙的層面看，華爾街的非法利得以一種巧妙的跨越黨派方式腐化了政治，且持續腐化它。從布希政府的官員如證券交易委員會（Securities and Exchange Commission）主席考克斯（Christopher Cox）忽視金融詐騙日增的證據，到民主黨仍未堵住圖利避險基金和私募股權公司高層的離譜稅務漏洞（嗨，舒默〔Schumer〕參議員），政治人物碰上金權時總是軟弱無力。

另一方面，我們國家的未來有多少已經遭到個人快速致富的磁吸所傷害，這種磁吸的力量多年來吸引最優秀和最聰明的年輕人投入投資銀行業，因而忽視了科學、公共服務和幾乎所有其他產業？

最嚴重的是，膨脹的金融業被賺進——或者應該說「主動賺進」——的龐大財富弱化了我們的現實感，和降低了我們的判斷力。

想想為什麼幾乎每個身居要職的人，都錯過了一場危機迫近的警告訊號。這種事怎麼可能發生？例如，幾年前葛林斯潘怎麼會宣稱「整體金融體系已變得更加有韌性」，而且竟然是拜衍生性金融商品所賜？我認為答案是，即使是那些菁英也有一種內在的傾向，會把賺很多錢的人奉為偶像，並假設他們知道自己在做什麼。

畢竟，那就是導致那麼多人信任馬多夫的原因。

在我們調查破壞的程度，並嘗試了解事情何以錯得如此離譜和惡化得這麼快時，答案其實很簡單：我們現在檢視的是世界變得「馬多夫化」的後果。

無知者策略

《紐約時報》部落格

二〇一三年四月二十七日

不久前史密斯（Noah Smith）描述一種反對凱因斯經濟學——特別是反對我——的人常用的辯論策略：「不斷假裝是一個無知的傻瓜。」當然，和往常一樣，如果你不是假裝、而實際上是無知的傻瓜，這種策略就最有效。

這讓我想起蘭格尼（Ken Langone）那一次勃然大怒，在回答我的辯論時說：「讓我們停止所有這些唱高調（high falutin'）的思想和理念的廢話。你知道那些人會有什麼反應，他們會眼神發直，心想我不知道他到底在說什麼。」

順便一提，這是我第一次聽到一個不是老西部人說「唱高調」。

總之，這傷害了我的虛榮。我喜歡想像自己很擅長做經濟辯論，盡可能簡單地談論它們，並以簡單易懂的語言述說。沒錯，我從沒達到像「人們現在必須勒緊腰帶，所以政府也應該勒緊腰帶」這麼簡單的程度。但那是因為世界沒有那麼簡單，而且有些話聽起來好聽，但卻是錯的。

好，我不知道蘭格尼是不是真的像聽起來那麼笨；我猜可能不是——嘗試聽起來像一個普通人，同時說起話來像一九五〇年代低成本電影的演員，是他不小心洩露的馬腳。儘管如此，也許這是一個機會讓我重新表達經濟真正發生什麼情況，以及我為什麼提出那些主張。

好，讓我按照順序說：

一、經濟不像一個單獨的家庭，賺一定數量的錢，花另外一定數量的錢，而且兩者之間沒有關係。我的支出是你的收入，而你的支出是我的收入。如果我們都減少支出，我們的收入都會減少。

二、我們現在的處境是許多人已經削減支出，不管是因為他們選擇如此做，或因為他們的債權人強迫他們這麼做，而只有相對少數的人願意花更多錢。其結果是收入減少，和經濟不景氣，有數百萬名願意工作的人找不到工作。

三、情況並不是一直都如此，但當情況是如此時，政府並不是與私人部門競爭。政府採購不使用會用來製造私人產品的資源，而是讓未動用的資源發揮作用。政府舉債不排擠私人借貸，而是運用閒置的資金。因此，現在正是政府花更多錢而非減少支出的時候。如果我們忽略這個認知，並且反而削減政府支出，經濟將萎縮，而且失業將升高。事實上，甚至私人支出也會因為收入減少而萎縮。

四、這個看我們問題的觀點在過去四年已做出一些正確的預測，而其他觀點的預測卻完全錯誤。預算赤字並未造成利率大幅攀升（而聯準會的「印鈔票」並未導致通貨膨脹）；緊縮政策已使嘗試這麼做的世界各國大幅加深經濟衰退。

五、是的，政府長期來看必須支付它的帳單，但削減支出和／或加稅應該等到經濟不再蕭條，和私人部門支出的意願強到能製造充分就業時才進行。

這些有複雜到如此難懂嗎？我想沒有。好，我猜想像蘭格尼這樣的人的反應會是：這些都是他無法了解的胡言亂語。但除非他真的很蠢，而我說過我懷疑他並不是蠢，只是因為他不想了解。

沒有人了解債務

二〇一五年二月九日

包括葉倫（Janet Yellen）在內的許多經濟學家，把從二〇〇八年以來的全球經濟問題，視為一個「去槓桿」的故事——幾乎世界各國的債務人同時嘗試削減他們的債務。為什麼去槓桿是個問題？因為我的支出是你的收入，而你的支出是我的收入，所以如果每個人都同時削減支出，世界各國的收入就會減少。

或者像葉倫二〇〇九年說的：「個人和公司的預防措施可能很聰明——而且的確是經濟恢復常態所不可或缺——然而卻放大了整體經濟的貧困。」

所以我們在讓經濟恢復那個「常態」上有多少進展？完全沒有。想一想，政策制訂者一直以來的行動，是建立在一個對債務是什麼的錯誤觀點上，而他們解決這個問題的嘗試實際上還讓它愈加惡化。

第一，事實是：麥肯錫全球研究所（McKinsey Global Institute）上週公布一份標題為「債務和（不多的）去槓桿」的報告，發現基本上沒有一個國家降低其總債務對GDP的比率。一些國家的家庭債務已經下降，特別是在美國，但其他國家卻上升，甚至在一些私人部門已大幅去槓桿的國家，政府債務增加的程度超過私人債務的減少。

你可能認為我們未能降低債務比率顯示我們努力還不夠——家庭和政府沒有認真地

勒緊它們的腰帶，而那正是世界現在需要的，沒錯，更多撙節措施。但事實上我們已做到史無前例的撙節。正如國際貨幣基金（International Monetary Fund）指出，不計利息的實質政府支出在各富裕國家都已減少——南歐陷入困境的債務國都已大幅削減支出，連像德國和美國等可以用歷來最低利率舉債的國家也已削減支出。

不過，所有這些撙節措施只是讓情況更惡化——而且是早在預料中，因為要求每個人勒緊腰帶是根據債務在經濟所扮演角色的誤解。

你可以在每次有人以「停止向我們的子孫偷竊」這類口號來反對赤字時，看到這種誤解的影響。如果你沒有深入思考，這句話聽來似乎很對：高債務的家庭讓自己變貧窮，所以我們在看整體國家債務時難道不也是如此？

不，不是如此。一個負債的家庭欠其他人錢；整體世界經濟是欠自己錢。雖然國家可以向其他國家借錢，美國實際上從二〇〇八年以來向外國借的錢已比以前少，而歐洲則是世界其他國家的淨放款者。

由於債務是我們欠自己的錢，它不會直接讓經濟變更窮（而還債也不會讓我們變更富有）。的確，債務可能對金融穩定帶來威脅——但如果減少債務的努力結果是把經濟推向通貨緊縮和蕭條，那對改善情況就沒有助益。

這把我們帶回到當前的事件，因為整體未能去槓桿，和歐洲興起的政治危機有直接關係。

歐洲的領導人完全相信，經濟危機是寅吃卯糧的國家支出太多所造成的。德國總理梅克爾（Angela Merkel）堅稱，未來之路是回到節約。她宣稱，歐洲應該效法著名的施瓦比亞家庭主婦的克勤克儉。

這是邁向慢動作災難的處方。事實上，歐洲債務人確實需要勒緊腰帶——但他們被迫採取的撙節措施其實極其野蠻。另一方面，德國和其他核心經濟體——它們必須增加支出以彌補周邊國家的勒緊腰帶——也嘗試減少支出。其結果是製造一個不可能達成降低債務比率的環境：實質成長減緩到近乎停滯，通貨膨脹降低到幾乎零，而通貨緊縮則已在受創最重的國家生根。

受苦受難的選民已忍受這種政策災難很長的時間，他們相信菁英承諾的：將很快見到犧牲所獲得的報償。但痛苦持續不停，看不到明顯的進步，因而無可避免地開始激進化。任何人驚訝於希臘左派在選舉勝利，或西班牙反建制派勢力崛起的人，都沒有注意到這種演變。

沒有人知道接下來會如何發展。賭盤業者仍然給希臘將留在歐元區高於平賠的賠率。但如果希臘不留在歐元區，我不相信傷害將就此停止——希臘退出歐元區很可能危及整個單一貨幣計畫。而如果歐元崩潰，它的墓碑上應該寫上「死於不當類比」。

更正啟事：二〇一五年二月十九日

克魯曼週一的專欄不正確地描述賭盤業者給希臘將退出歐元區的賠率。其賠率為低於平賠，而非高於平賠。

第五章

危機管理

總體經濟學的勝利

二〇〇八年的危機出乎所有人的意料。包括我在內的一些人確實看到問題在醞釀——但沒料到規模如此之大。的確也有少數人預測將發生一場嚴重的危機，但大體來說，這些人也預測過許多後來並未發生的其他危機。

但雖然危機來得令人震驚，有相當一部分經濟專業者——我們將在下一章談到，不是每個人，不過為數不少——在思想上已準備好因應後危機時代的環境。你知道，我們有一個經濟深陷蕭條時事情如何運作的框架或模型。這個框架最早是在大蕭條期間推敲出來的，然後在一九九〇年代，亞洲危機和日本長期停滯期間加以更新和琢磨。

我在〈IS-LMentary〉一文中解釋這個框架，而這是本書中最學術性的文章之一，還附帶兩個略微深奧的圖形。我覺得很抱歉，如果你不想看，可以跳過它。但我想很重要的是，談一些在危機之後幾年我們評論的事底下是什麼邏輯。即使如此，那也是這個故事概略的、簡化的版本；事實上這也差不多是你對二〇〇八年後的世界所需要的了解。

因為這個基本的總體經濟框架所說的是，當一個經濟深陷蕭條時，一切事情都會改變——特別是像一場金融危機過後，經濟已衰退到即使把利率一口氣降到零，也不足以刺激經濟到恢復充分就業。

你知道，在正常的時代，或至少在過去的正常時代，對抗衰退的工作主要是交給聯準會和它在外國的對等機構——歐洲央行、英格蘭銀行、日本銀行等。這些「央行」有權和有力量「印鈔票」(不是字面意思,但差不多是),並利用創造的錢購買政府債券。這麼做反過來讓它們能有效地控制短期貸款的利率——銀行間的隔夜拆款、一個月期和三個月期用以融資短期操作的政府債券等。而央行通常可以藉印鈔票擊退衰退,把那些利率壓低,進而促進更多私人借款和支出。

不過,當情況真的很糟糕時,央行可以把利率一路降到零,但這還不夠。正如我說過,在這種情況下,所有的規則改變了。我在本章的第一篇專欄中說:「美德變成惡行,小心就是風險,而審慎就是愚蠢。」財政赤字有益,而不是有害;它們甚至不會推升利率。做得太少的風險比做得太多高。而做看起來像負責任的事——面對大赤字時,壓抑政府支出,避免印製金額看起來高得嚇人的鈔票——結果反而導致蕭條更加嚴重。

這些提議都不容易讓非經濟學家——政治人物、商業領袖和有影響力的媒體人物——信服。當時即將上任的歐巴馬政府的經濟學家對這個框架很了解,聯準會主席柏南克也是如此。而且歐巴馬政府和聯準會根據他們的了解採取行動,其形式是歐巴馬的「振興措施」和聯準會積極擴大持有資產。但那個振興措施只做了半套——顯然從一開始,它就小得無法產生效果。

我在〈振興的算術〉中說明了這一切,並在文中以一個政治警告做總結:

「我預期會出現下述的情況:一套虛弱的振興計畫——也許比我們現在談論的還要虛

弱——被擬訂出來，以贏得額外的共和黨票。這套計畫限制了失業率升高的幅度，但情況仍然很糟，失業率將攀至大約九%的高峰，然後只會緩慢地下降。然後麥康諾（Mitch McConnell）會說：『看吧，政府支出不管用。』」

「讓我們期望我的猜想錯了。」

遺憾的是，我沒有猜錯；後來發生的就是如此。而且更糟的還在後頭；正如我們所見到的，到了二〇一〇年，大多數有影響力的人對像我這種人提出的忠告充耳不聞。

但總體經濟學作為一種分析工具是很有驗證性的。二〇〇八年後的事件很驚人地證實了蕭條經濟學框架的預測。龐大的財政赤字並未推升利率，大規模印鈔票沒有造成通貨膨脹，而藉削減支出嘗試審慎策略的政府反而造成更嚴重的衰退。

換句話說，二〇〇八年後的經驗是總體經濟學分析的思想勝利。當然，那是苦樂參半的勝利，因為聽到忠言的政治人物剛開始半信半疑地接受它，然後完全充耳不聞。但正如我希望本章的專欄顯示的，談到分析，我們真正說對了重要的事。

蕭條經濟的復興

二〇〇八年十二月十四日

萬一你沒有注意到，提醒你：經濟消息變得愈來愈糟糕。不過，糟糕歸糟糕，我預期不會發生另一次大蕭條。事實上，我們可能不會看到失業率達到一九八二年見到的後大蕭條高峰一〇．七%（我但願自己能鐵口直斷）。

不過，我們早已進入我稱為蕭條經濟的領域。我的意思是情況已經來到像一九三〇年代常用的經濟政策——尤其是聯準會藉由降低利率來支撐經濟能力——已喪失所有作用。當蕭條經濟當道時，經濟政策的一般法則不再適用：美德變成惡行，小心即風險，而審慎就是愚蠢。

要了解我在說什麼，想想最近一個可怕的經濟新聞的意義：週四報告的新申領失業救濟人數已超過五十萬大關。儘管這份報告的情況很糟，單獨來說它可能不是一場災難。畢竟，它和二〇〇一年衰退和一九九〇到九一年衰退的數字屬於同一等級，以歷史標準來看，那兩次衰退的影響都相對溫和（雖然兩次就業市場都花了很長時間才復甦）。

但在那兩次較早的衰退中，對疲弱經濟的標準政策因應——降低聯邦資金利率，即最直接受聯準會政策影響的利率——還能夠發揮作用。今日的情況不同：有效聯邦資金利率（相對於因為技術理由已經變得沒有意義的官方目標）在近日平均已低於〇．三%。

基本上，已經沒有再降的空間。

由於不可能再降低利率，已經沒有什麼可以阻擋經濟向下的動能。失業率升高將導致消費進一步減少，本週百思買（Best Buy）就已發出警告，該公司已出現「地震式」的下滑。疲弱的消費者支出將導致企業緊縮投資計畫。而減弱的經濟將造成更多裁員，刺激進一步萎縮的循環。

要把我們拉出這個向下的螺旋，聯邦政府將必須提供經濟振興的計畫，其形式是增加支出和增加對陷於困頓者的救助——而除非政治人物和經濟官員能超越幾個傳統的偏見，振興計畫將不會及時訂出，或足夠強而有力。

這些偏見之一是害怕負債。在正常的時代，擔心財政赤字不是壞事——而財政責任是我們在危機過後馬上就必須重新學習的美德。不過，在蕭條經濟當道時，這種美德變成了惡行。小羅斯福在一九三七年過早嘗試平衡預算，幾乎毀了新政。

另一個偏見是對政策應該小心的信念。在正常的時代，這有其道理：你不應該大幅度改變政策，直到改變是迫切需要。不過，在目前的情況下，小心就是危險，因為造成惡化的大改變已然發生，而任何延遲的行動將提高陷入更深經濟災難的機會。政府對策應該盡可能妥善制訂，但時間是關鍵。

最後，在正常的時代，政策目標保持中庸和審慎是好事。不過，在目前的情況下，寧可做得太多而犯錯，而不要做得太少。如果振興計畫結果證明是比需要的還多，其風險是經濟可能過熱，導致通貨膨脹——但聯準會隨時可以藉由提高利率來撲滅那個威脅。另一方面，如果振興計畫太小，聯準會沒有方法可以彌補不足之處。所以在蕭條經濟當道時，審慎是愚蠢。

談這一切對短期未來的經濟政策有什麼意義？歐巴馬政府幾乎可以確定在上任後會面對一個比現在更惡化的經濟。的確，高盛（Goldman Sachs）預測，目前六．五％的失業率到明年底將達到八．五％。

所有跡象都顯示，新政府將提出一套重大的振興方案。我自己的粗略概算是，這套方案應該很龐大，大約為六千億美元。

所以問題變成是，歐巴馬的團隊敢不敢提議這種規模的方案？

讓我們希望這個問題的答案是肯定的，新政府確實有這麼大膽。因為我們現在的處境是，如果我們屈服於傳統的審慎觀念將極其危險。

投資－儲蓄／流動性－貨幣（IS-LMENTARY）

《紐約時報》部落格

二〇一一年十月九日

包括這個部落格和其他地方的一些讀者曾要求我解釋ＩＳ－ＬＭ究竟是什麼。好吧——這個部落格向來是內部人討論的空間，所以一般人讀來可能有點困惑（這也是我給我的貼文加上「學究味」標籤的原因）。

〔更新：ＩＳ－ＬＭ代表投資－儲蓄、流動性－貨幣，如果你繼續讀下去就會更了解其意。〕

所以，你需要知道的第一件事是，解釋ＩＳ－ＬＭ有許多正確的方法。那是因為它是幾個交互運作市場的模型，而你可以從許多方向進入，任何進入的方法都是有效的起點。

這些方法中我最偏愛的是把ＩＳ－ＬＭ想成一個調和的方法，調和兩個似乎不相容的決定利率觀點。一個觀點說，利率取決於儲蓄的供給和需求——「可貸資金」的方法。另一個說，利率取決於債券和貨幣的取捨；債券支付利息，而貨幣不支付利息，但你可以用來交易並因其流動性而有特殊的價值——這是「流動性偏好」的方法。（是的，一些類似貨幣的東西支付利息，但通常支付的利息比不流動的資產少。）

這兩個觀點怎麼可能都是正確的？因為我們至少是在談兩個變數，不是一個——GDP以及利率。而GDP的調整就是讓可貸資金和流動性偏好同時正確的原因。

先從可貸資金面說起。假設想要的儲蓄和想要的投資支出目前是相等，而一些事情導致利率下跌。它應不應該升回原本的水準？不一定。想要的投資超過想要的儲蓄可能導致經濟擴張，進而提高收入。而由於一些增加的收入將被儲蓄起來——而且假設投資需求的增加不會一樣多——GDP的提高大到足以在新利率下，讓想要的儲蓄和想要的投資恢復相同。

那表示可貸資金並未決定利率本身；它決定的是一組利率和GDP可能的組合，而較低的利率對應的是較高的GDP。那就是IS曲線。

另一方面，人們決定如何配置他們的財富則是貨幣和債券間的取捨。對貨幣的需求有一條向下的斜線——利率愈高，更多人將較不願意保有流動性，而偏好較高的報酬率。假設聯準會暫時保持貨幣供給固定；在這種情況下利率勢必也會保持固定，以匹配對貨幣的需求量。而聯準會可以藉由改變貨幣供給來移動利率：增加貨幣供給，利率勢必下跌以促使人們持有較大的貨幣量。

不過，在這時候也必須把GDP納入考慮：在其他條件不變下，較高的GDP將意謂更多交易，因此對貨幣的需求變大。所以較高的GDP意謂跟貨幣供給與需求匹配的利率勢必上升。這表示和可貸資金一樣，流動性偏好並未決定利率本身；它決定的是一組利率和GDP可能的組合——LM曲線。

而這就是IS-LM：

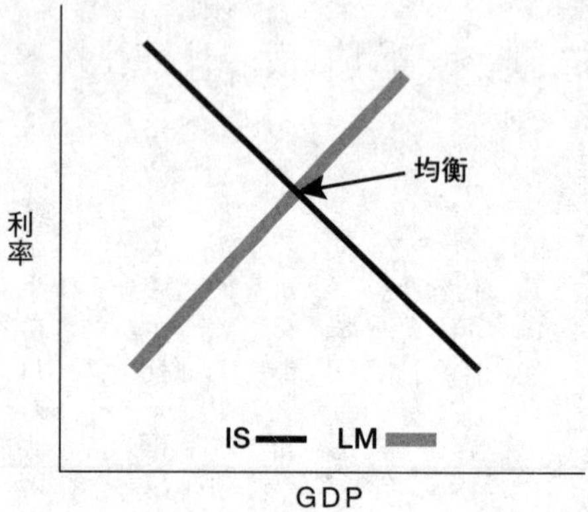

曲線交叉的點決定了GDP和利率，而在這個點，可貸資金和流動性偏好都有效。

這個框架有什麼用？首先，它幫助你避免謬誤，像是因為儲蓄必須等於投資，所以政府支出無法導致總支出增加的觀念——這立即讓我們超越了那些著名的芝加哥教授不知為什麼覺得很有說服力的辯論層次。而且它也讓你超越一些混淆的想法，像是政府赤字因為會推高利率，可能真的導致經濟收縮的觀念。

最驚人的是，IS-LM證明對思考像此時的極端情況十分有用，此時的私人需求已經跌到即使在零利率下，經濟仍然持續萎靡不振。這種情況的圖形看起來像這樣：

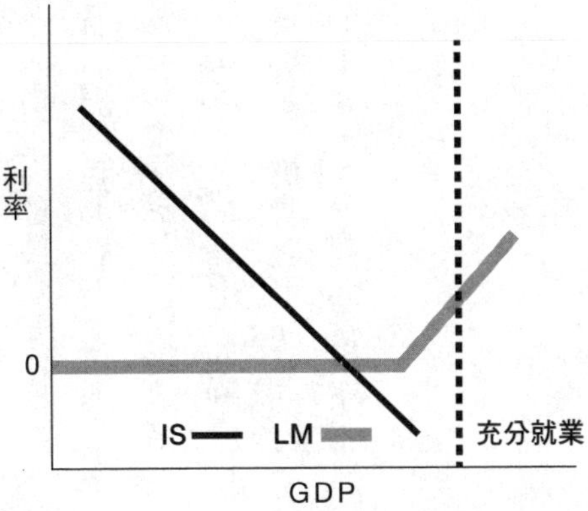

為什麼LM曲線在零時是平的？因為如果利率跌到零以下，人們就會抱著現金而不持有債券。然後在邊際，貨幣被持有只是用來儲存價值，而貨幣供給的改變不會產生效用。當然，這就是流動性陷阱。

而ＩＳ－ＬＭ對在流動性陷阱中會發生什麼事做了一些預測。財政赤字把ＩＳ移向右邊；在流動性陷阱中這對利率沒有效用。增加貨幣供給完全沒有作用。

這就是為什麼在二〇〇九年初《華爾街日報》、奧地利學派和其他慣犯，尖聲疾呼利率將飆升和通貨膨脹將失控時，了解ＩＳ－ＬＭ的人預測利率將保持低水準，貨幣基數即使增為三倍也不會推高通貨膨脹。就我所見，從當時以後的事件，始終為ＩＳ－ＬＭ支持者的看法提供強力辯護——除了一些由商品價格推升的整體通貨膨脹數字以外——並且證明利率和通膨飆升派錯得離譜。

沒錯，ＩＳ－ＬＭ把情況大幅簡化，而且不能被視為最終的判斷。但它做了良好的經濟模型該做的事：解釋我們所見的情況，並在預測非常情況下會發生什麼事時發揮很大效用。了解ＩＳ－ＬＭ的經濟學家在追蹤當前危機上的表現，比不了解的人好得多。

振興的算術（學究味但重要）

《紐約時報》部落格

二〇〇九年一月六日

我們正一點一點地聽到歐巴馬振興計畫的資訊，多到足夠開始對其影響做粗略的估計。結論是：我們可能正在看一個將在未來兩年降低平均失業率不到二個百分點的計畫，而且很可能比二個百分點少很多。這引來真正的關切，擔心即將上任的新政府是否降低它的計畫標準，嘗試取得跨黨派共識。

在以下的冗長敘述中，看看我怎麼計算。

這篇討論的起點是奧肯定律（Okun's Law），即實質GDP改變和失業率改變之間的關係。奧肯定律的係數估計範圍是從二到三。我將使用二，而這是為目前的目標做的樂觀估計：它是說你必須把原本的實質GDP提高二%，以便降低原本的失業率一個百分點。由於GDP大約是十五兆美元，這表示你必須一年提高GDP三千億美元，以便降低失業率一個百分點。

好，我們聽到的歐巴馬計畫是它要求兩年期間的金額為七千七百五十億美元，包括三千億美元減稅和其餘金額的支出。這等於一年一千五百億美元的減稅，和一年二千四百億美元的支出。

多少減稅和支出能提高多少GDP？被廣泛引用的economy.com的詹迪（Mark Zandi）估計顯示出一個約一．五倍的支出乘數，而減稅的估計則差異較大。減薪資稅占歐巴馬提案的約一半，乘數是相當高的一．二九倍；減企業稅占其餘約一半，效果則較小。

特別是讓企業根據目前的虧損獲得過去繳稅的退款，據報導是計畫的關鍵部分，但看起來像是很糟糕的一次性支付轉移，沒有誘因效應。

讓我們大方地假設減稅的整體乘數是一，那麼該計畫一年對GDP的效應是一五〇〇乘以一，加二四〇〇乘以一．五，等於五一〇〇億美元。由於要花三千億美元才能讓失業率下降一個百分點，所以計畫將可讓失業率比原本會有的水準下降一．七個百分點。

最後，以這個計算來比較經濟展望。「充分就業」顯然表示失業率接近五％——國會預算處說的非加速通貨膨脹失業率（NAIRU）為五．二％，在我看來似乎高了些。目前的失業率約七％，而且將升高許多；歐巴馬本人說，如果沒有振興方案，它可能升到雙位數比率。假設我們討論的經濟在沒有振興下，未來兩年的平均失業率將達到九％；這套計畫將把它降到七．三％，這雖然有幫助，但批評者可能輕易地貶抑為失敗。

這帶我們來到政治。這的確看起來像是一套比支持強力振興者所期待的還差很遠的計畫——而且看起來這麼做為的是贏得共和黨選票。即使計畫在參議院獲得期望的八十票——這可能有問題——但計畫如果被詆毀為失敗，責任將落在民主黨。

我預期會出現下述的情況：一套虛弱的振興計畫——也許比我們現在談論的還要虛弱——被擬訂出來，以贏得額外的共和黨票。這套計畫限制了失業率升高的幅度，但情況仍然很糟，失業率將攀升至大約九%的高峰，然後只會緩慢地下降。最後麥康諾會說：「看吧，政府支出不管用。」

讓我們希望我猜想錯了。

歐巴馬缺口

二〇〇九年一月八日

「我不相信改變方向已經太遲了，但如果我們不盡早採取激進的行動，那就真的會太遲。如果不採取行動，衰退將持續好多年。」

當選總統的歐巴馬週四這麼表示。他解釋為什麼美國政府需要對經濟不景氣採取極度積極的因應對策。他說的對。這是從大蕭條以來最危險的經濟危機，而且它可能輕易地轉變成長期的衰退。

但歐巴馬的處方沒有按照他自己的診斷。他提出的經濟計畫不夠強力，比不上他嘴巴上說的經濟威脅。事實上，它遠遠不及美國需要的計畫。

記住美國經濟的規模有多大。如果對其產出有足夠的需求，美國可以在未來兩年生產價值逾三十兆美元的產品和服務。但在消費者支出和企業投資大幅下滑的情況下，美國經濟的生產能力和銷售能力之間有一個巨大的缺口。

而歐巴馬的計畫遠不足以填補這個「產出缺口」。

本週稍早，國會預算處公布最新的財政和經濟展望分析。該處說，若沒有振興計畫，失業率到二〇一〇年初將升高到超過九％，並在其後數年居高不下。

附帶一提，雖然預測很悲觀，實際上比起一些獨立預測還樂觀。歐巴馬本人說，如果沒有振興計畫，失業率可能升高到雙位數。

不過，連國會預算處也說：「未來兩年的經濟產出平均將比它的潛力低六．八％。」這等於損失二兆一千億美元的產能。歐巴馬週四說：「我們的經濟可能比全部產能短少一兆美元。」嗯，事實上他還低報了數字。

要填補超過二兆美元——可能還更多，如果國會預算處的預測太過樂觀的話——的缺口，歐巴馬提出七千七百五十億美元的計畫。而那還不夠多。

好，財政振興有時候有「乘數」效應：例如，除了直接效應以外，投資需要的基礎設施可能有進一步的非直接效應，像是收入增加導致更多消費者支出。標準的估計是，一美元公共支出可提高GDP約一・五〇美元。

但歐巴馬的計畫只有約六〇%由公共支出組成。其餘的包括減稅——而許多經濟學家懷疑這些減稅實際上能增加多少支出，尤其是對企業的減稅。(有幾位民主黨參議員顯然也有類似的懷疑。) 無黨派稅務政策中心的格萊克曼 (Howard Gleckman) 在近日的部落格貼文標題做了總結：「雷聲大，雨點小。」

結論是，歐巴馬的計畫不太可能填補超過一半的產出缺口，且很可能只做到不及三分之一。

為什麼歐巴馬不嘗試多做一些？

這個計畫是不是因為害怕債務而受到限制？政府大規模舉債有一些相關的危險——而本週國會預算處的報告預測今年將出現一兆二千億美元的赤字。但比這個更危險的是救援經濟的力道太小。這位總統當選人週四以無礙的辯才精確地談論未採取行動的後果——我們將面臨經濟掉入一個長期、日本式通貨緊縮陷阱的重大風險——但未能採取足夠的行動也好不了多少。

這個計畫是因為缺少支出的機會而受到限制？現在只有少數幾個可以「立即動工」的公共投資計畫——意即可以很快展開的計畫，足以在近期內提振經濟。但還有其他形式的公共支出，特別是用於醫療保險，既可以做好事，又能在經濟需要時起協助的作用。

或者這個計畫是因為政治上的謹慎而受到限制？上個月的媒體報導顯示，歐巴馬的助理對讓計畫的金額保持在政治敏感的一兆美元大關以下感到焦慮。一些人也表示，計畫包括巨額的企業減稅是嘗試爭取國會裡的共和黨票，儘管企業減稅會提高計畫金額，卻對經濟幫助不大。

不管是哪一種解釋，歐巴馬的計畫看起來就是不敷經濟所需。雖然聊勝於無，但此刻我們似乎面臨兩個主要的經濟缺口：經濟的潛在表現及其可能表現之間的缺口，以及歐巴馬堅定的經濟修辭和他有點令人失望的經濟計畫之間的缺口。

振興法案的悲劇

二〇一四年二月二十日

從歐巴馬簽署美國復甦與再投資法案（American Recovery and Reinvestment Act）——即「振興法案」——成為立法以來已經五年。隨著時間過去，愈來愈清楚的是這項法案發揮了很大的作用。它協助結束了經濟的重挫；它創造或挽救數百萬個工作；它創造了一個公共和私人投資的重大成就。

它也是一個政治災難，而這個政治災難的後果——振興法案已經失敗的感覺——一直糾纏著此後的經濟政策。

讓我們先談談振興法案做了什麼好事。

國會通過振興法案的原因是當時我們正陷於嚴重的整體支出不足，而金融危機和房地產泡沫破滅對經濟的打擊是如此嚴重，所以通常採取降低短期利率對抗衰退的聯準會無法獨力解決衰退問題。因此，法案的目的是提供暫時的助力，一方面由政府直接增加支出，一方面藉由減稅和公共救濟來提高家庭所得，誘導私人增加支出。

振興法案的反對者激烈地議論，說赤字支出將使利率飆升，「排擠」私人支出。不過，支持者答辯道，排擠——在經濟接近充分就業時確實是問題——在深陷蕭條的經濟中不會發生，原因是產能過剩和儲蓄過剩。而振興法案的支持者是對的：利率不但沒有飆升，還降到歷史低點。

有哪些正向的證據可以證明振興法案的好處？這有點困難，因為要解開振興法案的效應與當時發生的其他事情的糾纏比較難。儘管如此，大多數細心的研究都發現，法案對就業和產出有強力的正向效應證據。

我會說，更重要的是，歐洲為大幅削減政府支出的效應，提供了大量的驗證。你知道，歐元區——使用歐洲共同貨幣的國家集團——的部分成員（但不是所有成員）被迫採取嚴苛的財政撙節措施，也就是負振興政策。如果振興法案的反對者對世界運作的方式看法正確，這些撙節計畫將不會有嚴重的負面經濟效應，因為削減政府支出將獲得私人支出增加的彌補。但事實上，撙節導致產出和就業惡化，在一些例子甚至帶來災難。而實施嚴厲撙節國家的私人支出不增反減，擴大了政府緊縮的直接效應。

所以，所有證據指向歐巴馬的振興法案帶來明顯的短期正面效應。當然它也帶來長期的益處：從綠能到電子病歷等重大投資。

那麼，為什麼每個人──或者更正確地說，除了認真研究這個問題的人以外的所有人──認為振興法案失敗了？因為實施振興法案以後，美國經濟表現持續疲弱──不是災難性的，而是欲振乏力。

原因並不神祕：美國正應付一個巨大房地產泡沫的貽害。即使到現在，房市只恢復一部分，消費者也還被他們在泡沫期間增加的龐大債務所箝制。而振興法案一方面規模太小，一方面太短期，所以無法克服那個重大的貽害。

當然，這並不是事後找藉口。長期關注的讀者知道我在二〇〇九年初有點聲嘶力竭，警告振興法案規模不夠──而因為振興規模太小，這項法案勢必導致振興的原意遭到懷疑。不幸被我言中。

歐巴馬政府當時可不可能做得更多，一直是冗長的辯論主題。讓傷害進一步擴大的是政府過度樂觀的預測，這些預測根據的是一旦對金融體系的信心恢復，經濟就會很快回升的虛假前提。

但這都是過去的事了。重點是，美國的財政政策從二〇一〇年後完全走向錯誤的方向。振興法案被認為失敗，創造就業幾乎從華府的討論中消失，取而代之的是過度擔心預算赤字。振興法案、食物券和失業救濟等安全網計畫所暫時提高的政府支出開始下滑，其中公共投資受到的打擊最重。而這種反振興的方向已經摧毀數百萬個工作。

換句話說，振興法案的整體過程就是一個悲劇。一個好、但是不夠好的政策，最後被認為失敗，並為一個破壞力強大的錯誤轉變鋪了路。

第六章

經濟學的危機

壞主意的成本

有關經濟學家無法達成一致見解，有許多笑話，這些笑話大多數是不公平的——理由之一是，我認為從眾行為（herd behavior），也就是因為每個人都接受某些事情就認為它們是合理的事情，通常是比意見不一致更嚴重的問題。但研究衰退、復甦、通貨膨脹和整體經濟事件這個次領域的總體經濟學，確實是一個意見高度分歧的領域。

正如我在上一章開頭的文章中解釋，有一種流派的總體經濟學——這個流派最早的源頭是來自凱因斯在一九三〇年代的文章——實際上在全球金融危機後的幾年間大為盛行。但還有另一種流派的觀念大不相同；而這些思想學派之間的歧見變得非常嘈雜，而且我認為在雷曼兄弟（Lehman Brothers）破產後的幾個月期間帶來了破壞。

在學術界，這些學派往往被稱為「鹹水」（saltwater）和「淡水」（freshwater），因為恰巧大多數凱因斯派經濟學家執教於沿海的美國大學，而反凱因斯學派則在內陸。〈經濟學家為什麼錯得如此離譜？〉這篇文章對這些學派的分歧著墨不少，所以在這裡我只說幾句話。

故事從大蕭條開始，這個大地震般的經濟事件讓許多思想家宣告資本主義是一個失敗的體制。但由凱因斯領導的一些經濟學家宣稱，這個失敗的原因比像馬克思主義者這些人宣稱的粗淺得多——它們的範圍相當狹窄，而且可以靠技術官僚的方案來解決。「我們碰上的是磁發電機的問題。」他堅稱，不是引擎故障。

他也宣稱，他對問題影響性的分析很「中庸保守」。適當的政府政策可以用來對抗蕭條：相對輕微的衰退時可以降低利率，較嚴重的衰退時靠赤字支出。在實施這些政策後，經濟的其餘部門大部分可以留給市場解決。這個立場——所謂的自由市場凱因斯主義——確實或多或少變成了美國經濟學家的標準觀點，特別是在一九四八年薩繆森（Paul Samuelson）出版開創性的教科書後。

不過，保守派對這個公式不滿意。他們視凱因斯經濟學為一種威脅的肇端：一旦接受政府在對抗衰退的角色，你可能對整體政府採取更擴大的觀點。在四○和五○年代，他們採取後衛戰術，嘗試在大學阻止教導凱因斯經濟學。

不過，最後他們發現一個心思更縝密的抗議者。傅利曼（Milton Friedman）接受凱因斯對大蕭條是需求不足問題的觀點。但他辯稱，可以用一個比凱因斯建議的更狹窄、更技術性的政策來解決：如果控制美國貨幣供給的聯準會，承諾保持貨幣供給以緩慢、穩定的速度成長，嚴重的不景氣就不會發生。

傅利曼也宣稱，雖然政策可以預防極高的失業率發生，卻無法讓失業率持續保持低水準——那會導致通貨膨脹加速。一九七○年代的停滯性通膨被普遍認為是他主張的證明。

但即使是這樣，對自由市場經濟學家來說還不夠。他們宣稱——在邏輯上是正確的——如果人是完全理性的，那麼連傅利曼經濟學也不管用：貨幣供給的改變即使是短期的，也對就業沒有影響，特別是降低通貨膨脹的努力不應該（像傅利曼所主張的）需要失業率暫時上升的條件。

然而，奇怪的是，事實拒絕與這種分析合作。正如我在〈那場八〇年代秀〉裡指出，一九八〇年代初的大通膨的緩和事實上伴隨了一次極嚴重的衰退——一九三〇年代以來最糟的衰退，並且直到二〇〇八年的危機才超越它。

然後發生一件很可笑的事。總體經濟學界有一半——鹹水那一半——把這視為證明：雖然凱因斯理論需要更新，它還有許多好用的見解。而另一半實際上卻說，如果事實不符合我們的理論，我們需要重新詮釋事實，盡一切可能扭曲思想以保留自由市場的信念。

這種思想的爭議有任何益處嗎？淡水經濟學對政策的直接影響極其微小。正如我在〈惡意、痛苦和共和黨經濟學〉中解釋，政治保守派寧可聽從打手的建議，而不願聆聽各個領域真正的研究人員。但淡水這一邊確實達到混淆視聽的效果。在政策制訂者需要明辨需要做什麼時，他們聽到的是嘈雜的聲音。

喔，本章還有最後一篇所謂「現代金融理論」（Modern Monetary Theory）的文章。這是一套奇怪的理論，充其量只是ＩＳ-ＬＭ（在前一章討論過）的一個特殊情況，加上幾個新的混淆。但它的支持者不知道；他們自認已得出一個深刻、激進的洞識。而且有幾個進步主義派的政治人物半信半疑；我試著讓他們醒悟。

神話般的七〇年代

《紐約時報》部落格

二〇一三年五月十九日

歐布利安（Matt O'Brien）可能說中了金斯利（Michael Kinsley）——還有不少其他人，其中有些人對政策有真正的影響力——的問題是他們仍然活在一九七〇年代。不過，我真的討厭聽到六十歲老人的這類評論……

但實際上問題比歐布利安說的還嚴重。這些人記憶中的一九七〇年代是一則警惕的故事，但與實際情況的一九七〇年代沒有一點相似之處。

在菁英的神話中，七〇年代危機的起源就像我們目前危機的假想起源一樣，問題出在過度：太多債務、太好的社會福利對那些懶惰的無產階級過度的寵溺。一九七九到八二年吃的苦是必要的代價。

這些都與真相差距甚遠。

當時沒有赤字問題：在七〇年代，政府債務占GDP比率很低，而且穩定持平或者下滑。升高的福利支出可能是一個重大的政治問題，但整體來看，福利國失控根本不是問題——想想看，今日抱怨「好吃懶做者之國」（a nation of takers）的右派人士往往以低扶養比的七〇年代為基準。

我們當時真正經歷的是一個薪資—價格的惡性循環：勞工要求大幅提高薪資（那個勞工真正能提出要求的時代已成過去），因為他們預期通貨膨脹會大幅攀升，公司因為成本升高而提高價格，這一切都因為石油震撼而進一步惡化。當時主要是一個自我實現預言的情況，而問題是如何打破那個循環。

所以，我們當時為什麼需要一場可怕的衰退？不是為過去的罪惡付出代價，而只是冷卻當時情況的一種方式。有人——我很確定是貝利（Martin Baily）——描述當時的通貨膨脹問題，就像足球賽時每個人都站起來想更清楚看到動作，結果是讓每個人都不舒服，而且沒有人真的看得更清楚。那場衰退實際上中止了足球賽，直到每個人再度坐下來。

當然，差別是，暫停的時間摧毀了數百萬個工作，浪費了數兆美元。

有沒有更好的方法？理論上，我們應該能讓所有利益攸關者聚集在一個房間裡，告訴他們應該停止這場通貨膨脹；勞工要降低對加薪的要求，企業應該取消提高價格，而政府應該停止印鈔票，讓一切結束。這樣就能恢復價格穩定，不必付出衰退的代價。在一些團結的小國家，這種方法似乎真的管用。（看看一九八五年以色列如何穩定下來。）但美國的情況不同，而做成的決定是採取困難、殘酷的方法。那不是一個政策勝利！而是某種承認絕望。

在通貨膨脹方面的情況是如此，雖然另一些神話也和一九七〇年代的神話一樣虛妄。不，美國並沒有恢復強健的生產力成長——而是直到一九九〇年代中期才恢復。六十歲的人應該記得，伏克爾通膨緩和十年後，我們仍然深陷在全國性的疑懼中；記得那個冷戰已結束，而日本贏了的老笑話嗎？

所以，如果我們今日根據七〇年代的教訓來制訂政策，那已經夠糟了；如果我們今日根據從來不存在的七〇年代神話來制訂政策，那就更糟糕了。

那場八〇年代秀

《紐約時報》部落格

二〇一四年五月十九日

我在麻州牛津這裡做過各種主題的演講和爐邊談話，我不斷談到的一件事就是一九八〇年代在經濟思想發展上扮演的關鍵角色。

那不是你經常聽到的事——七〇年代被拱成神話，且不斷被通膨憂慮者提起，而八〇年代在難得被談論時，卻不知何故被視為供給面經濟學真實性的證明。但八〇年代初真正發生的是盧卡斯總體經濟學（Lucasian macroeconomics）被徹底駁倒——雖然這個駁倒在許多地方遭到否認。

對那些不知道我在說什麼的人：在一九七〇年代，特別是以芝加哥大學的盧卡斯（Robert Lucas）為首的理性預期總體經濟學家，為反對任何形式的行動主義政策找到一個極度有影響力的論證。這個論證的主要命題是一項根據盧卡斯式模型的主張，即只有預料之外的貨幣政策改變才會產生真正的影響。例如，一旦人們了解央行設定一個較低的通貨膨脹目標，價格和薪資將隨之適應，而不必以持續的高失業率為條件。

不過，八〇年代實際發生的情況是，央行——最著名的是聯準會，但也包括柴契爾掌政下的英格蘭銀行和其他央行——嚴厲地緊縮貨幣政策以壓抑通貨膨脹。通膨確實降下來了——最終。但過程中伴隨的是經濟深陷衰退和失業率飆升，而且持續的時間長到無法以預料之外的金融震撼等動聽的理論來合理化。

這幾乎是對凱因斯式經濟觀點的辯白，而且八〇年代的標記確實是新凱因斯學派捲土重來。但許多經濟學家已經陷得太深，駁斥凱因斯派經濟學為無稽之談，宣稱它已死亡。他們無法後退，所以愈陷愈深，堅稱雖然看起來貨幣政策已沒有任何實質效果，但最重要的是技術性震撼。

但除了總體經濟學界的這一半以外，對其餘的我們這些人來說，八〇年代在確立對政策態度的重要性上不亞於七〇年代。可以這麼說，七〇年代呈現了政策的極限，但八〇年代呈現了那些極限也有其極限——貨幣政策（在某些情況下，和財政政策）仍然是穩定經濟的強力工具。而且這個見解已歷經時間的驗證。

經濟學家為什麼錯得如此離譜？

《紐約時報雜誌》

二〇〇九年九月二日

一、誤把美當成真理

此刻，我們很難相信是真的，但不久前經濟學家才歡慶自己所從事領域的成功。那些成功——或者他們認為的成功——既是理論、也是實務方面的，帶來了這個領域的黃金時代。在理論方面，他們認為自己已經解決了內部的爭議。因此，在一篇以〈總經現況〉（The State of Macro；「總經」即總體經濟學，研究像衰退這類大方向的問題）為題的論文中，目前擔任國際貨幣基金首席經濟學家的麻省理工學院布蘭夏（Olivier Blanchard）宣稱「總經現況良好」。他說，昨日的戰役已經結束，現在已經有一個「廣泛的願景交集」。而在真實世界，經濟學家相信他們已控制所有情況，芝加哥大學的盧卡斯在他的二〇〇三年對美國經濟協會（American Economic Association）的會長演講中宣稱，「預防蕭條的核心問題」已經解決。二〇〇四年，前普林斯頓教授、現任聯準會主席柏南克讚揚之前二十年經濟展現的大穩定（Great Moderation），並部分歸功於經濟決策的改善。

但去年一切開始分崩離析。

很少經濟學家預見我們目前的危機來臨，但這個預測的失敗是這個領域的問題中最不重要的。更重要的是這個專業對市場經濟有可能發生災難性失敗的盲目。在經濟大好時期，財政經濟學家變得相信市場天生就穩定——的確，股市和其他資產的訂價總是剛剛好。主流的模型絲毫未提到發生類似去年那種崩潰的可能性。與此同時，總體經濟學家的觀點分歧。但主要的爭議，發生在那些相信自由市場經濟永遠不會迷途的人，和那些相信經濟體偶爾會迷途、但任何嚴重背離繁榮之路的問題可以、且一定會由萬能的聯準會導正的人之間。兩方都沒有準備好面對儘管聯準會竭盡所能仍未能阻止的經濟脫軌。

而在危機發生後，經濟學專家間的斷層進一步擴大。盧卡斯說，歐巴馬政府的振興計畫是「劣質經濟學」，而他的芝加哥大學同僚科克倫（John Cochrane）也說，它們根據的是不可信的「童話故事」。加州大學柏克萊分校的德隆（Brad DeLong）在回應這兩位學者的文章中，駁斥為芝加哥學派的「思想崩潰」；而我自己也寫到，芝加哥學派經濟學家的那些言論是總體經濟學黑暗時代的產物，得來不易的知識已喪失殆盡。

經濟學專業發生了什麼事？它的未來何去何從？

以我所見，經濟學專業的迷途，是因為經濟學家集體誤把以炫目的數學包裝的美當成真理。在大蕭條前，大多數經濟學家懷抱著資本主義是完美或幾近完美系統的願景。那個願景在面對大量失業後已難以維繫，但隨著蕭條的記憶遠離，經濟學家重新愛上老舊的理想化願景，迷戀理性的個人在完美市場互動的經濟，只是這一次是用時髦的方程式加以美化。與理想化市場再度談戀愛的一部分原因是政治風向改變的反應，一部分是出於財務動機。雖然在胡佛研究所的休假進修和在華爾街的工作機會不容小覷，這個專業失敗的核心原因卻是渴望一個涵蓋一切的優雅方法，也讓經濟學家有機會炫耀他們的數學威力。

遺憾的是，這個浪漫化和消毒過的經濟願景，導致大多數經濟學家忽視所有可能出差錯的事物。他們視而不見經常造成泡沫和破滅的人類理性極限；體制失控帶來的問題；市場——尤其是金融市場——的不完美，可能導致經濟的運作體系發生突然且不可預測的崩潰；以及當監管者不相信法規時的危險。

經濟學專業將走向什麼方向是一個更難回答的問題。但幾乎可確定的是，經濟學家必須學習與混亂共處。換句話說，他們必須承認不理性且往往不可預測行為的重要，面對市場獨特的瑕疵，並接受涵蓋一切的優雅經濟理論仍遙不可及的東西。在實務中，這將轉換成更審慎的政策建議——和節制一廂情願地認為市場將解決所有問題、可以拆除經濟保護機制的想法。

二、從亞當．史密斯到凱因斯再回頭

經濟學作為一種學術的誕生，經常被歸功於一七七六年出版《國富論》（*The Wealth of Nations*）的亞當．史密斯（Adam Smith）。接下來的一百六十年，一套龐大的經濟理論發展出來，它們的核心訊息是：信任市場。是的，經濟學家承認，在一些情況下市場可能失靈，其中最重要的例子是「外部性」——人們在不支付價格的情況下施加於他人的成本，像是交通堵塞或汙染。但「新古典」經濟學（以十九世紀末的理論家，繼承前人的「古典」經濟學概念而精心建構的概念為名）的基本假設是，我們應該對市場系統有信心。

不過，這個信心遭到大蕭條粉碎。事實上，即使面對完全的崩潰，一些經濟學家堅稱不管發生什麼事，市場經濟必然是對的。熊彼得（Joseph Schumpeter）一九三四年（！）宣稱「蕭條不只是單純的邪惡」，他還說它們是「某種必須發生的事的形式」。但許多經濟學家——最後是大多數經濟學家——轉而相信凱因斯的見解，找到發生蕭條情況的解釋和未來的解決辦法。

不管你可能聽說什麼，凱因斯不希望由政府管理經濟。他在一九三六年的巨著《就業、利息和貨幣通論》（*The General Theory of Employment, Interest and Money*）中，描述他的分析很「中庸保守」。他想要矯正資本主義，不是取代它。但他確實挑戰自由市場經濟可以在沒有監管下運作的觀念，並特別表達對金融市場的輕蔑，認為它受到不注重基本面的短期投機支配。他主張政府應積極干預——印更多鈔票，必要時斥巨資在公共計畫——以便在不景氣期間對抗失業。

重要的是，凱因斯做的不止是提出大膽的主張。《就業、利息和貨幣通論》是一本根本、深入的分析——說服了許多當代最優秀的年輕經濟學家。但過去半世紀的經濟學歷史，大體上是一段從凱因斯學說撤退，並重返新古典主義的歷史。新古典主義的復活初期是由芝加哥大學的傅利曼所領導，他最早在一九五三年就主張，新古典經濟學的研究就足以描述經濟的實際運作方式，達到「極端豐富且值得對它抱持高度信心」的程度。但蕭條的問題呢？

傅利曼對凱因斯的反擊始於被稱為貨幣主義的理論。貨幣主義者大體上不反對市場經濟需要刻意穩定化的概念。傅利曼曾說「現在我們都是凱因斯學派了」，雖然他後來聲稱這句引言是斷章取義。不過，貨幣主義者主張，要避免蕭條只需要很有限、局部形式的政府干預——具體來說就是指示央行維持國家的貨幣供給，即流通中的現金和銀行存款總量以穩定的速度成長。傅利曼和他的協作者施瓦茨（Anna Schwartz）的名言之一是：如果聯準會做好它的工作，大蕭條就不會發生。後來傅利曼提出很吸引人的論證，反對政府刻意把失業率壓低到其「自然」水準的努力（目前被認為在美國大約是四．八%）：他預測，過度擴張的政策將導致通貨膨脹和高失業率的組合——一個以一九七〇年代停滯性通膨為證明的預測，大大地提高了反凱因斯運動的可信度。

不過，最後反凱因斯的反革命擴大到遠超過傅利曼的立場，使他的主張比起他的繼承者所說的相形溫和得多。在金融經濟學家中，凱因斯貶抑金融市場為「賭場」的看法被「效率市場」理論取代，後者主張金融市場只要有可得的資訊，就永遠能達成正確的資產價格。在此同時，許多總體經濟學家完全否定能用凱因斯的框架了解經濟不景氣。

其中一些回到熊彼得和其他為大蕭條辯護者的觀點，認為衰退是一件好事，是經濟適應變遷的一部分。即便是那些不願意做出如此極端主張的人也宣稱，任何對抗經濟不景氣的嘗試將弊多於利。

不是所有總體經濟學家都願意走上這條路：許多人變成自稱的新凱因斯學派，他們繼續相信政府應扮演積極的角色。然而即使是他們，大多數也接受投資人和消費者是理性的、且市場通常不會錯的觀念。

當然，這些趨勢也有例外：少數幾位經濟學家挑戰理性行為的假說，質疑金融市場可以被信任的信念，並指出金融危機帶來災難性經濟後果的悠久歷史。但他們是逆流而行，在對抗當時極為普遍但今日看來十分愚蠢的自滿上，無法有多少建樹。

三、潘格羅斯金融

在一九三〇年代，金融市場因為一些明顯的理由而未受到許多尊重。凱因斯比喻它們就像「那些報紙比賽的參加者，必須從一百張照片中選出六張最漂亮的臉孔，能選出最接近所有參加者平均偏好的參賽者可以獲獎；所以每個參賽者不是要挑選他本人認為最漂亮的臉孔，而是他認為最可能迎合其他參賽者喜好的臉孔」。

而凱因斯認為，讓投機者花時間追逐其他人喜好的這種市場左右重要的商業決策，不是很好的主意：「當一個國家的資本發展變成賭場活動的副產品時，這個工作不可能做得好。」

不過，到了一九七〇年左右，金融市場的研究似乎已被伏爾泰（Voltaire）小說的角色潘格羅斯博士（Dr. Pangloss）接管，這位博士堅稱我們生活在所有可能的世界中最好的一個。有關投資人非理性、泡沫、破壞性的投機這些討論，幾乎從學術界的論述裡消失。這個領域被芝加哥大學的法馬（Eugene Fama）提倡的「效率市場假說」支配，宣稱只要可獲得所有公開資訊，金融市場的價格就能精確地反映資產的內在價值。（例如，只要有公司盈餘、業務展望等資訊，公司股價永遠可以正確地反映公司的價值。）而到了一九八〇年代，金融經濟學家──其中最著名的是哈佛商學院的簡森（Michael Jensen）──主張，由於金融市場永遠可以得到正確的價格，企業領導人能做的最好的事就是最大化他們的股價，不只對自己好，也對經濟好。換句話說，金融經濟學家相信我們應該把國家的資本發展交到凱因斯形容的「賭場」手中。

不可諱言，這個專業的轉變是由一些事件促成的。的確，一九二九年的記憶已逐漸褪色，但我們仍繼續看到多頭市場帶來廣為流傳的過度投機故事，然後接續的是空頭市場。例如，在一九七三到七四年，股價下跌四八％。而一九八七年的股市崩盤中，道瓊指數一天內暴跌二三％，而且沒有明顯的原因，這些事件至少應該引發對市場理性的一些懷疑。

不過，這些會被凱因斯視為市場不可靠證據的事件，卻對一個美麗的想法毫髮無傷。

金融經濟學家從每個投資人都能夠理性平衡風險和報酬的假設發展出來的理論模型——所謂的資本資產定價模型（Capital Asset Pricing Model, CAPM）——既神奇又優雅。而且如果你接受它的前提，它也極為有用。資本資產定價模型不僅告訴你如何選擇投資組合，從金融業觀點來看更重要的是，它還能告訴你如何為衍生性金融商品定價。新理論的優雅和明顯的用途為創造者帶來一連串諾貝爾獎，而許多這套理論的專家也獲得世俗的獎賞：以他們的新模型和可畏的數學技巧為武器——更深奧的資本資產定價模型應用需要物理學家等級的運算——溫文儒雅的商學院教授可能、而且確實變成了華爾街火箭科學家，賺進華爾街的薪資。

公平地說，金融理論家不是只因為優雅、方便和有錢賺而接受效率市場假說，他們也製造大量乍看似乎能強力支持這個假說的統計證據。但這些證據只以一種出奇局限的形式呈現。金融經濟學家很少問一個似乎很明顯（雖然不容易回答）的問題，即資產價格是否合理反映盈餘等真實世界的基本面。他們只問資產價格比較其他資產的價格是否合理。現在擔任歐巴馬政府首席經濟顧問的桑默斯（Larry Summers），曾以一個有關「番茄醬經濟學家」的比喻嘲諷金融學教授，說他們「證明了兩夸脫裝的番茄醬賣的價格一定正好是一夸脫裝番茄醬的兩倍」，進而得出番茄醬市場有完美的效率。

但這個嘲諷或是像耶魯的席勒等經濟學家較客氣的批評，都沒有產生多少影響。金融理論家繼續相信，他們的模型基本上是對的，許多在真實世界做決策的人也是如此。

其中包括葛林斯潘，當時他擔任聯準會主席，也是鬆綁金融監管的長期支持者，他拒絕限制次級房貸或解決不斷膨脹的房地產泡沫的呼籲，主要是根據現代金融經濟學已能掌控一切的信念。二〇〇五年的一個關鍵時刻是一場讚揚葛林斯潘在聯準會任內貢獻的會議。一位勇敢的與會者拉姜（Raghuram Rajan，出人意料的出身自芝加哥大學）提出一篇論文，警告金融體系正承擔極高水平的風險。他被幾乎所有在場者嘲笑——順帶一提，包括桑默斯，他駁斥他的警告是「被誤導的」。

不過，到了去年十月，葛林斯潘承認他處在「驚訝不已」的狀態，因為「整個知識殿堂」已經「崩潰」。由於這個知識殿堂的崩潰也是真實世界市場的崩潰，其結果是一場嚴重的衰退——以多種指標來看都是大蕭條以來最糟的。政策制訂者該怎麼做？遺憾的是，應該清楚指引如何解決經濟不景氣的總體經濟學也亂成一團。

四、總體經濟學的問題

「我們讓自己陷入一個巨大的泥淖，在控制一架精細的機器時犯了大錯，因為我們不了解它的運作。其結果是我們獲得財富的機會可能浪費一段時間——也許很長一段時間。」這是凱因斯在一篇標題為〈一九三〇年大蕭條〉的文章中寫的，他在文中嘗試解釋當時那場傾覆世界的災難。而世界獲得財富的機會的確浪費了很長一段時間；一直到第二次世界大戰才完全結束大蕭條。

為什麼剛開始凱因斯把大蕭條診斷為一個「巨大的泥淖」時會那麼令人信服？還有為什麼經濟學界大約在一九七五年因為凱因斯觀點的價值而分裂為敵對的陣營？

我想以一則真實故事來解釋凱因斯經濟學的精華，這則故事也是一個比喻，一個也可以帶來經濟痛苦的縮小版泥淖。想想國會山莊的保母合作社的煩惱。

這家合作社的問題記述在一九七七年《貨幣、信貸和銀行期刊》（*The Journal of Money, Credit and Banking*）的一篇文章。這家合作社是由大約一百五十對年輕夫婦的合作組織，他們同意在有父母晚上外出時當彼此小孩的保母。為了確保每一對父母公平地分擔保母的工作，合作社使用一種憑證：用厚紙片製作抵用券，每一張抵用券讓持有者有權使用半小時的保母時間。加入的會員一開始可獲得二十張抵用券，並且必須在退出會員時返還同樣數量的抵用券。

遺憾的是，合作社的會員大都希望儲備二十張以上的抵用券，也許是為了以備他們想連續外出一段時間。結果是，較少人願意使用他們的抵用券外出，同時有較多人希望當保母，以便他們可以增加儲備券。但當保母的機會只有在有人晚上外出時才發生，這表示當保母的工作很難找到，並因而讓合作社的會員更不願意外出，造成保母工作更為稀缺……

簡而言之，這家合作社陷入衰退。

好，你對這則故事有什麼想法？可別視它為可笑或無關緊要：從亞當・史密斯在一家別針工廠看到經濟進步的根源以來，經濟學家常用小例子來說明大問題，而且這是正確的作法。問題是，這個衰退是需求不足的特定例子——對保母的需求不足以滿足每個想要保母工作的人——它是否抓住衰退的本質。

四十年前，大多數經濟學家會同意這個解釋。但此後總體經濟學分裂成兩大派系：「鹹水」經濟學家（主要來自沿岸的美國大學）多少同意凱因斯針對衰退的看法；以及「淡水」經濟學家（主要來自內陸大學），認為那個看法是無稽之談。

淡水經濟學家基本上是新古典學派純粹主義者，他們相信有價值的經濟分析始於人是理性和效率市場的前提，而保母合作社的故事違反這個前提。以他們所見，普遍的需求不足不可能發生，因為價格永遠隨著供給與需求的匹配而移動。如果人想要更多保母抵用券，這些抵用券的價格就會上漲，所以它們會值四十分鐘的保母時間而非三十分鐘——或者一個小時的保母時間會從兩張抵用券下跌到一．五張。而這樣就可以解決問題：流通中的抵用券的購買力會上漲，所以人們會覺得沒有必要囤積更多，如此就不會有衰退。

但衰退不正是看起來像沒有足夠的僱用需求，以使每個願意工作的人都有工作的一段時期嗎？淡水理論家說，外表可能騙人。在他們的觀點裡，正確的經濟學表明全面的需求不足不可能發生——而那表示它們沒有發生。芝加哥大學的科克倫說：「凱因斯經濟學已被『證明是錯的』。」

但衰退確實發生了。為什麼？在一九七〇年代，首要的淡水總體經濟學家、得到諾貝爾獎的盧卡斯宣稱，衰退是暫時的混淆造成的：勞工和公司無法區別價格水準因為通貨膨脹或通貨緊縮的全面改變、以及它們自身特定企業情況發生改變的差別。盧卡斯警告，任何對抗景氣循環的嘗試可能造成反效果；他說，行動主義政策只會增添混淆。

然而，到了一九八〇年代，即使這個極有限度的接受衰退是壞事的概念，也被許多淡水經濟學家拒絕。這個運動的新領導者，特別是當時任教於明尼蘇達大學——你可以了解淡水這個名稱的來源——的普雷史考特（Edward Prescott）宣稱，價格波動和需求改變實際上與景氣循環無關；景氣循環反映的是技術進步速度的波動，而技術進步則因勞工的理性反應而放大，因為在環境有利時，勞工自願做較多工作，反之，在不利時自願做較少工作。失業是勞工刻意減少工作時間的決定。

這麼露骨的說法讓這套理論顯得很蠢——大蕭條其實只是大渡假嗎？老實說，我認為它確實可笑。但普雷史考特的「真實的景氣循環」理論的基本前提，建立在精細建構的數學模型上，模型則是以複雜的統計技巧根據真實資料建構的，而這套理論也逐漸支配了許多大學學系裡的總體經濟學教學。在二〇〇四年，普雷史考特與卡內基美隆大學的基德蘭德（Finn Kydland）共同獲得諾貝爾獎，反映出這套理論的影響力。

在此同時，鹹水經濟學家寸步難行。淡水經濟學家是純粹主義者，鹹水經濟學家則是務實主義者。雖然像哈佛大學的曼奇（N. Gregory Mankiw）、麻省理工學院的布蘭夏和加州大學柏克萊分校的羅默（David Romer）等經濟學家承認，雖然凱因斯學派對衰退的需求面觀念很難與新古典理論調和，他們發現衰退實際上是需求造成的，其證據明顯到難以拒絕。因此他們願意脫離完美市場或完美理性，亦或兩者同時成立的假設，納入一些不完美性，以順應一個或多或少傾向凱因斯的衰退觀點。在鹹水經濟學家的觀點中，對抗衰退的積極政策仍然是可取的。

但自稱屬於新凱因斯派的經濟學家，對理性個人和完美市場的魅力並沒有免疫力。他們嘗試盡可能有限地背離新古典的正統，這表示在主流模型中沒有泡沫和銀行體系崩潰這類事情的空間。這類事情持續在真實世界中發生——一九九七到九八年亞洲大部分國家發生一場可怕的金融和總經危機，二〇〇二年在阿根廷發生一場蕭條級的不景氣——並沒有反映在新凱因斯學派的主流思維中。

即使如此，你可能以為淡水和鹹水經濟學家對世界的不同觀點，讓他們為經濟政策而僵持不下。但令人意外的是，從約一九八五年到二〇〇七年間，淡水和鹹水經濟學家之間的爭議主要是理論，不是行動。我相信原因是新凱因斯學派和初始的凱因斯學派不同，他們不認為必須藉由財政政策——政府支出或稅務的改變——對抗衰退。他們認為由聯準會的技術官僚掌管的貨幣政策，可以提供經濟所需的所有矯治。在傅利曼九十歲的慶祝會上，前普林斯頓大學或多或少屬於新凱因斯學派的教授柏南克（當時是聯準會理事）對大蕭條評論說：「你們說對了，是我們製造的。我們很抱歉，但多虧你們，它不會再發生了。」其中很明顯的訊息是，要避免蕭條只需要一個更聰明的聯準會。只要總經政策握在葛林斯潘大師手中，不會實施凱因斯式的振興計畫，淡水經濟學家就覺得沒有什麼好抱怨的。（他們不相信貨幣政策能做什麼好事，但他們也不相信它能造成什麼傷害。）

我們需要一場危機來揭露新凱因斯和凱因斯經濟學的共同點已多麼淡薄，以及新凱因斯已變得多麼潘格羅斯化。

五、沒有人預料得到……

在近日一些可悲的經濟討論中，有一句可以用在所有場合的笑話就是「沒有人能預料得到……」。你說這句話時，往往是談到一些災難原本是可以預料到、應該預料到，而且實際上被少數經濟學家預料到，只是他們的努力遭到別人的嘲笑。

以房價急劇上漲和快速下跌為例，一些經濟學家，其中最著名的是席勒發現泡沫並警告如果爆破將帶來的痛苦後果。但主要政策制訂者未能看到明顯的跡象。葛林斯潘在二〇〇四年駁斥房地產泡沫的說法，他宣稱：「全國性的嚴重價格扭曲不太可能發生。」柏南克在二〇〇五年說，房價上漲「大體上反映強勁的經濟基本面」。

他們怎麼會沒有看到泡沫？公平地說，利率非比尋常地低，這可能一部分解釋了房價上漲。也可能葛林斯潘和柏南克想頌揚聯準會成功地把經濟從二〇〇一年的衰退挽救回來；承認這個若是成功仰賴創造一個巨大的泡沫，將大大降低歡樂的感覺。

但這背後還有別的原因：大多數人相信泡沫並不會發生。當你重讀葛林斯潘的保證時，令人驚訝的是他並不是根據證據——而是根據之前他曾表示房地產泡沫就是不可能發生。而金融理論家對這一點還更堅持。在一份二〇〇七年的訪問中，效率市場假說之父法馬宣稱『泡沫』這個詞讓我發狂」，並解釋為什麼我們可以信任住宅市場：「房市的流動性較低，但人們買房子時非常小心。它通常是人們最重大的投資決定，所以他們很審慎地尋找並比較價格。出價的過程很仔細。」

的確，房屋買主通常很仔細比較價格——換句話說，他們比較潛在的購買與其他房屋的價格。但這與整體房市價格是否合理無關。同樣地，這是番茄醬經濟學：因為兩夸脫一瓶的番茄醬成本是一夸脫一瓶的兩倍，所以金融理論家宣稱番茄醬的價格一定是對的。

總之，金融市場有效率的信念導致許多、甚至大多數經濟學家對歷史上最大的金融泡沫視而不見。而效率市場理論從一開始也在膨脹這個泡沫中扮演重要的角色。

現在，那個沒有人診斷出來的泡沫已經爆破，原本安全的資產真正的風險已經揭露，而金融體系也展示出它的脆弱性。美國家庭承受了十三兆美元的財富損失。超過六百萬個工作流失，失業率似乎將攀往一九四〇年以來的最高水準，現代經濟學對我們目前的困境能提供什麼指引？而我們應該信任它嗎？

六、振興方案的爭論

一九八五年到二〇〇七年期間，總體經濟學這個領域呈現一片虛假的祥和。鹹水和淡水學派間的觀點沒有任何實質交集。但這段期間是大穩定的年代——在這段漫長的期間通貨膨脹微弱，衰退也相對溫和。鹹水經濟學家相信聯準會已控制住一切。淡水經濟學家不認為聯準會的行動實際上有益，但他們願意息事寧人。

但危機終結了假和平。突然間，雙方原本願意接受的狹隘技術官僚政策不再足夠——需要一套更廣泛的政策因應，而這引出了舊衝突，將它公開化並比以往更激烈。

為什麼那些狹隘技術官僚政策還不夠？答案只有一個字：零。

在正常的衰退期間，聯準會的因應對策是向銀行購買短期國庫券——短期公債。這會壓低政府債券的利率；尋求較高報酬率的投資人會移向其他資產，也壓低其他利率；而通常這些降低的利率最後會導致經濟回升。聯準會因應從一九九〇年開始的衰退時，把短期利率從九%壓低到三%。它因應始於二〇〇一年的衰退時，則把利率從六．五%降到一%。它因應目前的衰退時，嘗試把利率從五．二五%壓低到零。

不過，結果是零在這次的衰退仍不夠低。而聯準會無法把利率壓到低於零，因為幾近零的利率只會讓投資人囤積現金而不願出借它。所以到了二〇〇八年底，利率基本上已降到總體經濟學家所稱的「零利率下限」（zero lower bound），雖然衰退持續加深，而傳統貨幣政策已喪失任何功效。

那現在該怎麼辦？這是美國第二次來到零利率下限，上一次是在大蕭條。而正是因為看到利率有一個零下限，使得凱因斯倡導增加政府支出：當貨幣政策已經失效而私人部門無法被說服支出更多錢，公共部門就必須負責支持經濟。財政刺激是凱因斯對我們目前所處的蕭條式經濟的答案。

這種凱因斯學派的思維是歐巴馬政府經濟政策的根本——而淡水經濟學家感到怒不可遏。他們忍受聯準會管理經濟的努力長達約二十五年，但凱因斯經濟政策捲土重來是完全不同的兩碼事。當初在一九八〇年，芝加哥大學的盧卡斯寫道，凱因斯經濟學如此可笑，「在研究會上，人們已不再嚴肅看待凱因斯的理論；聽眾開始彼此交頭接耳，吃吃發笑」。公開承認凱因斯大體上是正確的竟變成是一件有失體面的事。

所以芝加哥大學的科克倫在聽到政府支出可能減輕目前的衰退時勃然大怒，宣稱：「從一九六〇年代以來就沒有任何人教導研究生這些東西：它們（凱因斯的觀念）是已被證明虛假的童話故事。在艱困的時候回味小時候的童話故事令人感到安慰，但假的終究是假的。」（這標記了鹹水和淡水的分歧有多深，科克倫不相信有「任何人」教導那些實際上在普林斯頓、麻省理工學院和哈佛等地方教導的觀念。）

另一方面，以總體經濟學大分歧正在縮小來自我安慰的鹹水經濟學家，在發現淡水經濟學家完全不聽他們說的話時大感震驚。猛烈抨擊振興政策的淡水經濟學家，聽起來不像思考過凱因斯的論證並發現它們不周密的學者，而像是完全不懂凱因斯經濟學是什麼的人，他們正重蹈一九三〇年以前的覆轍，卻深信他們說的是新的且深刻的理論。

然而似乎已被忘記的不只是凱因斯的理論。當加州大學柏克萊分校的德隆在惋嘆芝加哥學派的「智識崩潰」時也指出，該學派目前的立場已升級到全面拒絕傅利曼的概念。傅利曼相信應該用聯準會的政策穩定經濟，而非改變政府支出，但他從未聲稱增加政府支出在任何情況下都無法增進就業。事實上，重讀傅利曼一九七〇年在〈貨幣分析的理論架構〉摘要他自己的觀念，令人驚訝的竟與凱因斯的看法如此相近。

傅利曼當然從不相信大規模失業代表自願減少工作的概念，或者衰退實際上對經濟有利的想法。但目前這個世代的淡水經濟學家堅持這兩種觀點。因此芝加哥的墨里根（Casey Mulligan）表示，失業率如此高是因為許多勞工選擇不工作：「勞工面對鼓勵他們不工作的財務誘因……導致就業減少，其原因是勞動力供應（人們的工作意願）降低，多過於因為勞動力需求（僱主需要僱用的勞工數量）減少。」特別是墨里根認為，勞工選擇保持失業，因為可以增進他們獲得抵押貸款紓困的機會。而科克倫宣稱，高失業率實際上是好事：「我們應該有一場衰退。一輩子在內華達釘釘子的人需要做點別的事。」

我個人認為這是瘋狂的說法。為什麼需要全國性的大規模失業來讓木匠離開內華達？有人能嚴肅地宣稱我們損失六百七十萬個工作，是因為想工作的美國人減少了？但淡水經濟學家無可避免地將發現自己困在這條死路上：如果你從人是完全理性而市場是完全效率的假設出發，你必然得到失業是自願和衰退是好事的結論。

然而，如果危機把淡水經濟學家推向荒謬，它也在鹹水經濟學家間促成了許多自我檢討。他們的框架和芝加哥學派不同，容許非自願失業和思考衰退是壞事的可能性。但已支配了教育和研究界的新凱因斯派模型則假設，人是完全理性而金融市場是完全有效率的。為了把目前的衰退納入模型，新凱因斯派被迫引進某種含混的因素，稱這個不明原因的因素暫時地壓抑了私人支出。（我在自己的研究中也曾這麼做。）而如果我們目前處境的分析建立在這種含混的因素上，我們對這個模式預測的未來能有多少信心？

總而言之，總體經濟學界的現況並不好。那麼，這項專業將何去何從？

七、缺陷和摩擦

經濟學這個領域陷入困境，是因為經濟學家被一個完美、無摩擦的市場體系所誘惑。如果這個專業要救贖自己，它將必須調整自己到接受一個較不吸引人的觀點——市場經濟有許多優點，但它也充滿缺陷和摩擦。好消息是，我們不必從零開始。即使是在完美市場經濟學的全盛時期，有關實際經濟背離理論觀念的方式也有許多研究。現在很可能發生——事實上已經發生——的情況是，缺陷和摩擦經濟學必須從經濟分析的邊緣移到中心。

我想的那種經濟學已經有一個發展相當好的例子：被稱為行為金融學（behavioral

finance）的思想學派。這種方法的實踐者強調兩件事。第一，許多真實世界的投資人與效率市場理論的冷靜計算者毫無相似之處：投資人都太容易受制於從眾行為，對非理性的榮景和沒有根據的恐慌沒有抵抗力。第二，即使是那些嘗試根據冷靜計算做決定的人，往往發現他們辦不到，因為信任、可信度和有限的擔保等問題迫使他們與群眾一起奔跑。

就第一點來說：即使在效率市場假設的黃金時代，也很明顯可見真實世界的投資人不像主流模型假設的那般理性。桑默斯曾在一篇金融研究的論文開頭宣稱：「這世界上有許多白癡，看看你的四周。」但我們談的是哪一種白癡（事實上學術文獻偏好的用詞是「雜訊交易者」〔noise traders〕）？從所謂行為經濟學衍生的行為金融學嘗試回答這個問題，方法是把投資人明顯的非理性歸因於已知的人類認知偏誤，像是較關心小損失勝於小獲利，或者太容易從小樣本推論（例如，以為過去幾年房屋價格上漲，它們就會繼續上漲）。

在危機之前，像法馬這些效率市場倡導者駁斥行為金融學提出的證據為一堆「奇怪的東西」，沒有真實的重要性。如今在一個巨大的泡沫破滅並導致世界經濟崩潰後，要保持這個立場已經困難多了——這個泡沫曾被耶魯的席勒等行為經濟學家正確地診斷，他們把泡沫歸因於過去的幾次「非理性榮景」。

就第二點而言：假設真的有白癡。他們有多少影響？不多，傅利曼在一九五三年一篇重量級的論文中說：聰明的投資人會在白癡賣出時買進，並在白癡買進時賣出來賺錢，進而在這個過程中穩定市場。但行為金融學的另一派說傅利曼錯了，金融市場有時候很不穩定，而現在這個觀點似乎很難駁斥。

這個學派最有影響力的一篇論文，可能是哈佛大學施萊費爾（Andrei Shleifer）和芝加哥大學維什尼（Robert Vishny）一九九七年出版的，他們把一句老話「市場能保持非理性的時間，長過你可能保持不破產的時間」公式化。正如他們所指出，套利者——應該買低賣高的人——需要資金才能達成目的。但資產價格大幅下挫，即使無法以基本面來解釋，往往導致資金耗竭。因此，聰明的投資人被迫賣出退場，而價格可能呈螺旋式下跌。

目前這場金融危機蔓延幾乎就像是金融不穩定的實物教學。而金融不穩定基本模型的一般概念已證明與經濟政策有高度關聯：專注在金融機構耗竭的資金，協助指引了雷曼兄弟倒閉後的政策行動，而且看起來（老天保佑）好像成功地阻止了一場可能更大的金融崩潰。

在此同時，總體經濟學又如何？近日的事件已決定性地反駁了衰退是科技進步速度擺盪的最佳反應這個概念；一個類似凱因斯學派的觀點才是唯一說得通的解釋。但標準的新凱因斯學派模型沒有為類似我們現在遭遇的危機留任何空間，因為這些模型大體上接受了金融業的效率市場觀點。

但是也有一些例外。一個分支的研究正是由柏南克和紐約大學的格特勒（Mark

Gertler）合作開創的，強調缺少足夠擔保品阻礙企業籌資和追求投資機會的能力。另一個相關的研究分支主要由我的普林斯頓同僚清瀧信宏（Nobuhiro Kiyotaki）和倫敦經濟學院的約翰．摩爾（John Moore）建立，主張像房地產等資產的價格可能遭遇自我強化的大跌，進而傷害整體經濟。但直至今日金融運作失靈的影響，甚至還不是凱因斯經濟學的核心；這種情況顯然必須改變。

八、重新擁抱凱因斯

以下是我認為經濟學家必須做的事。第一，他們必須接受金融市場距離完美還很遙遠，它們受制於群眾極端的幻想和瘋狂這個不如人意的現實。第二，他們必須承認——這對訕笑凱因斯的人將很困難——凱因斯經濟學仍然是我們了解衰退和蕭條的最佳框架。第三，他們必須竭盡所能把金融的現實面納入總體經濟學。

許多經濟學家將發現這些改變讓人深感忐忑不安。對金融和總體經濟學採取更現實的新方法，會需要很長一段時間才能達到與新古典學派的方法一樣清晰、完整和充滿美感。對一些經濟學家來說，那將是仍舊緊抱新古典主義的理由，儘管它完全無法解釋三個世代以來發生的最大經濟危機。不過，現在似乎是回想孟肯（H. L. Mencken）的話最好的時機：「每個人類的問題總有一個簡單的解決方法——乾淨俐落、聽起來有道理，而且是錯誤的。」

談到衰退和蕭條這些人類經常碰上的問題，經濟學家必須放棄以人很理性和市場能完美運作為假設的這個乾淨俐落但錯誤的解決方法。當這個專業重新思考它的根基時，出現的願景可能不會那麼清晰；它肯定不會乾淨俐落；但我們可以期待它將具備至少一部分正確的優點。

惡意、痛苦和共和黨經濟學

二〇一八年十二月二十七日

隨著二〇一八年接近尾聲，我們看到許多談論經濟情況的文章。不過，我想談的是不同的東西——經濟學的情況，至少是與政治情況有關的部分。而這個情況並不好：惡意在每個層面上支配了保守派的政治操作，以至於也影響了右傾的經濟學家。

這不但可悲，而且可憐。因為即使是曾經備受尊敬的經濟學家也在面對川普主義時貶抑自己，共和黨愈來愈明顯表態不需要他們的服務，真正需要的只是打手。

在談論經濟學和政治時，你需要知道的是現代美國有三種經濟學家：自由派專業經濟學家、保守派專業經濟學家，和專業保守派經濟學家。

我所稱的「自由派專業經濟學家」指的是嘗試竭盡所能了解經濟的經濟學家，但因為是人，所以也有政治偏好，因而使他們被劃歸於美國政治頻譜的左邊，雖然通常只是略微中間偏左。保守派專業經濟學家則是與之對應的中間偏右派經濟學家。

專業保守派經濟學家則大不相同。他們是連中間偏右的專業經濟學家都認為是騙徒和怪胎的人；他們靠假裝做經濟學研究維生——通常能力低落——實際上只是宣傳員。不只如此，在左邊並沒有和他們相對應類別的經濟學家，部分原因是資助這種宣傳的億萬富豪屬於右邊的可能性遠大於左邊。

但讓我暫時不談純打手，先談那些至少過去嘗試想做真正經濟學研究的人。

經濟學家的政治偏好真的會塑造他們的研究嗎？政治偏好當然會影響主題的選擇：自由派較可能對不平等升高或氣候變遷經濟學比保守派感興趣。而人性使然，他們——好吧，我們——之中有些人會提出動機偏頗的論據，達成順應他們政治偏好的結論。

不過，以前我相信這類過失是例外而不是通則，而且我認識的自由派經濟學家都努力嘗試避免掉入那個陷阱，並在不慎掉入時會公開道歉。

但保守派經濟學家也會這麼做嗎？答案愈來愈明顯，不會；至少那些在公開論述中扮演重要角色的人不會。

即使是在歐巴馬的年代，讓人驚訝的是有這麼多著名的親共和黨經濟學家，在討論經濟政策時追隨黨的路線，甚至在黨的路線與非政治的專業共識衝突時也是如此。

因此，在民主黨主掌白宮時，共和黨政治人物反對任何可能減輕二〇〇八年金融危機及其後果的政策；而許多經濟學家也是如此。最為眾人周知的是，二〇一〇年，一位名人錄中的共和黨經濟學家譴責聯準會對抗失業的努力，警告它們將帶來「貨幣貶值和通貨膨脹」的危險。

這些經濟學家是懷著善意議論嗎？即使在當時，我們也有好理由懷疑他們是惡意的。理由之一是，那些可怕的、不負責任的聯準會行動正是傅利曼對經濟蕭條的處方。另一個理由是，一些聯準會的批評者發表川普式的陰謀論，指控聯準會印鈔票不是為了挽救經濟，而是為了「紓困財政政策」，換句話說，是為了幫助歐巴馬。

同樣明顯可見的是，那些錯誤地警告通貨膨脹即將升高的經濟學家，沒有一個願意在事實證明後承認他們的錯誤。

但真正的考驗發生在二〇一六年後。一個純粹的憤世嫉俗者可能早已料到，在民主黨主政下譴責預算赤字和貨幣寬鬆的經濟學家，到了共和黨總統當家時會突然改變立場。而這種純粹的憤世嫉俗得到印證。在對債務的邪惡歇斯底里多年後，許多有地位的共和黨經濟學家熱烈地為會使預算暴增的減稅案背書。在失業率大幅攀升時譴責貨幣寬鬆政策後，一些共和黨經濟學家呼應川普要求的低利率和把失業率降至四％以下——其餘的人則明顯地保持緘默。

什麼原因可以解釋這場惡意的瘟疫？一部分原因顯然是保守派經濟學家仍然期待高

官祿位的野心。我懷疑有一些人可能只是想留在當權者的圈內。

但這種專業者的自我貶抑令人感到可悲，因為中央偏右派經濟學家期待的回報沒有實現，而且永遠不會實現。

情況不只是川普組織了歷來最差勁、最不聰明的政府團隊，事實上是現代共和黨不想聽嚴肅的經濟學家提出的意見，不管他們的政治偏好如何。現代共和黨偏好吹噓者和騙徒，因為物以類聚。

所以我們過去兩年來學到的跟經濟學有關的事是，許多保守派經濟學家事實上願意為政治目的在專業倫理上妥協——而他們出賣自己的誠實正直卻什麼也沒得到。

功能性財政有什麼問題？（學究類文章）

二〇一九年二月十二日

現代貨幣理論（Modern Monetary Theory, MMT）背後的理論很聰明，但並不完全正確。看起來似乎未來兩年的政策辯論至少將受到現代貨幣理論的一些影響，而一些進步主義者似乎相信，現代貨幣理論意謂他們無需擔心如何償付他們的倡議。即使你把對現代貨幣理論分析的關切擺在一旁，這種想法也是個錯誤。但我認為我必須先談談有關現代貨幣理論有哪些想法是正確的，哪些是錯的。

遺憾的是，這是極其困難的辯論——現今的現代貨幣理論者以救世主自居，宣稱已證明即使是傳統的凱因斯學說也是錯的，他們往往說不清楚他們的觀點與傳統觀點的差異，而且有過度駁斥任何人嘗試理解他們在說什麼的習慣。好消息是，現代貨幣理論與勒那（Abba Lerner）一九四三年提出的「功能性財政」（functional finance）理論似乎是相同的東西。而勒那的理論清楚得令人讚嘆，讓人可以很容易了解他的論證有什麼重要的優點和問題。

所以我想在這篇文章中解釋的是，為什麼我不是勒那的功能性財政篤信者；我想這篇批評也適用於現代貨幣理論，雖然從過去的辯論可以猜想，我很快會被批評為我不了解、我是寡頭統治的貪腐工具等。

好，勒那：他的理論是，國家如果是（a）依賴它們控制的法幣，且（b）不以其他貨幣舉債，就不受債務上限束縛，因為它們永遠可以印鈔票來支應其債務。它們面對的是通貨膨脹的局限：太多財政刺激將導致經濟過熱。所以預算政策應該完全專注在創造適當的總需求：預算赤字應該大到足以製造充分就業，但不會大到製造通貨膨脹式的過熱。

這是很聰明的想法，而且在他寫作的時代——經歷過一九三〇年代，可以合理預期經濟在大戰結束後會重回長期的衰頹——這個想法比起傳統財政思維更適合作為政策的指導。它在今日的世界似乎也很能吸引人，因為我們再度面臨長期的需求不振，儘管利率已降至零，情況仍相當脆弱。的確，它聽起來比二〇一〇年代大半時候支配政策討論的「哎！我們就要變成希臘了！」的這種驚恐好得多。

那麼，問題出在哪裡？第一，勒那真的忽略了貨幣和財政政策的權衡取捨。第二，雖然他解決了潛在的債務滾雪球問題，他的對策都未完全解決不管是技術上或政治上對增稅和／或削減支出的限制。加入這些限制使得債務問題可能變成比他所認知的更嚴重。

從現代的觀點看，「功能性財政」在討論貨幣政策中顯得十分傲慢自大。勒那說，利率應設在能製造「最理想的投資」水準，然後財政政策的選擇應能在那個利率水準下達成充分就業。什麼是最理想的利率？他沒有說——也許是因為整個三〇年代的零利率下限讓討論這一點毫無意義。

總之，至少大部分時間真正發生的情況——但很重要的，不包括我們處於零利率下限時——或多或少是相反的情況：政治權衡決定稅和支出，而貨幣政策被用來調整利率以達成無通貨膨脹的充分就業。在這些情況下，預算赤字確實會排擠私人支出，因為減稅或增加支出會導致利率升高。而這表示沒有絕對正確的赤字支出水準；它取決於你如何權衡取捨價值。

那麼債務又如何？相當大的程度取決於利率比長期持續的經濟成長率高或低。如果利率低於成長率，也就是現在和過去大部分時候的情況，那麼債務水準就不是大問題。但如果利率高於成長率，債務雪球就可能出現：債務對ＧＤＰ比率愈高，在其他條件相同下，這個比率升高的速度就愈快。而債務無法無限擴大——它不能超過總財富，且事實上隨著債務愈來愈高，人們要求持有債務的報酬率也會愈來愈高。所以到某個時點，政府將被迫要有足夠大的基本（非利息）盈餘，以限制債務增加。

好，勒那基本上承認這一點。但他假設政府永遠有能力且願意執行財政盈餘。他駁斥其他人擔心高稅率的誘因效應；當然「很認真人士」往往誇大這種效應，但他們的擔心並非空穴來風。而且他完全未談到達成必要的盈餘在政治上的困難，雖然這種困難在債務達到極高水準時似乎是關鍵的問題。

舉幾個例子可能有助於說明。想像我們基於某些原因而讓債務升高到ＧＤＰ的三〇〇％，而利率比成長率高出一．五個百分點。於是要穩定債務占ＧＤＰ比率將需要有相當於ＧＤＰ的四．五％的基本盈餘。

這不是不可能的事：英國在滑鐵盧戰役後數十年的財政盈餘達到這麼高的水準。但現代國家能否做到大有疑義。我們準備削減聯邦醫保和社會安全計畫嗎？我們準備實施加值稅，不投入資金在新計畫，而只是償付債務嗎？這有可能，但你不禁會想，執行某種形式的金融抑制／債務重整／通貨膨脹的誘惑終究會勝出。重點是，投資人會這麼想，進而讓利率比成長率高出更多。

結論是，雖然功能性財政理論看似很有道理，但卻不是勒那——和我認為的當今現代貨幣理論家——想像的那種不證自明的真理論。赤字和債務可能成為問題，但不只是因為赤字支出對總需求的效應。

不過，我想這些反對意見對短期的未來進步主義者面對的預算問題，並不是那麼重要。你不需要是一個反對赤字者或憂心債務者才會認為，真正的進步主義大計畫將需要重大的新收入來源。

第七章

緊縮政策

很認真人士

我從布萊克（Duncan Black）借用「很認真人士」（very serious people）這個詞，他在部落格文章中使用阿特里奧斯（Atrios）的化名。我想，他之所以使用這個詞，指稱的是所有相當確信侵略伊拉克是個好主意的有影響力人士，因為那些有影響力人士當時就是這麼說的——而且「認真」聽起來像是一種很強悍的立場。但伊拉克不只是這種現象唯一的例子。

我在雷曼兄弟倒閉後大約一年開始頻繁使用這個詞。在全球金融危機的第一年，主要經濟體的經濟政策大體上朝正確的方向移動，雖然移動得還不夠。但在二〇〇九年底，我驚駭地看到愈來愈多公眾人物開始淡化大規模失業的問題，並對預算赤字的危險發表偏執的言論。

赤字在世界陷入經濟危機時飆升是事實。這很自然：經濟重挫導致政府收入銳減，而一些類型的支出如失業救濟自動會增加。赤字增加也是一件好事。當全世界每個人嘗試支出比他們的收入少時，結果是一個惡性的收縮——因為我的支出就是你的收入，而你的支出是我的收入。要限制這種傷害，你必須讓一些人願意支出比他們的收入多。而政府就得扮演這個關鍵角色。

的確，政府占經濟的比例比一九三〇年還大，政府赤字因此在全球不景氣中大幅增加，而這可能是大衰退沒有演變成大蕭條歷史重演的最主要原因。此外，預算赤字並沒有導致任何可見的經濟問題。利率仍然很低，意謂投資人不擔心債務，而且政府舉債並未「排擠」私人投資。

但擔心預算赤字和呼籲犧牲以降低赤字——當然是其他人的犧牲——聽起來很認真且冷靜。此外，希臘在二〇〇九年底發生真正的財政危機，給了赤字恐懼販子有用的例子，雖然希臘的情況完全不像美國、英國或大多數其他先進經濟體面對的情況。

所以很認真人士集體決定，現在是從對抗失業轉向財政緊縮——主要是削減支出——的時候了。轉向緊縮帶來相當嚴重的後果：它延遲了美國和英國的復甦，使得歐洲再度跌回衰退，並因為削減支出而直接帶來許多人的痛苦。這些經濟後果反過來為後來的政治災難鋪路，包括英國脫歐和川普。

那麼，經濟學家在所有這些發展中扮演什麼角色？遺憾的是，幾乎永遠會有一些經濟學家，甚至是過去做扎實研究的經濟學家，會告訴很認真人士任何他們想聽的話。而這些經濟學家說的話會被放大到極其離譜的程度，遠超過他們說法的證據或專業根據。

舉例來說，一篇由經濟學家阿萊西那（Alberto Alesina）和雅達格納（Silvia Ardagna）寫的論文，宣稱發現證據顯示削減政府支出可以鼓勵私人部門的信心，致使整體支出實際上會達到增加的程度。我在〈緊縮的神話〉中嘲諷這種說法是相信「信心仙女」。仔細檢驗那些證據，然後比較緊縮措施的實務經驗就能看到，「擴張性緊縮」的理論完全錯誤。但當權的政策制訂者卻緊抱這種理論。

另一方面，萊因哈特（Carmen Reinhart）和羅格夫（Ken Rogoff）——他們過去做了很好的研究——發表一篇相當鬆散的論文，聲稱當經濟體的債務超過GDP九〇%的神奇門檻後，就會發生可怕的事。這項研究也在檢驗下分崩離析，但它已然成為歐洲許多國家實施破壞性政策的藉口。

最後，到大約二〇一三年，很認真人士發現值得擔心的新事情。他們非但沒有看到失業率居高不下的肇因是支出太少——事實上，主因是他們一致同意的緊縮政策造成的結果——反而認定美國人找不到工作的原因是他們缺少必要的技術。有好一陣子每個有分量的人士都只知道「技術缺口」代表失業率永遠不會降回危機前的水準。

奇怪的是，我寫本文時失業率低於四%，而技術缺口已不見蹤影。

緊縮的神話

二〇一〇年七月一日

我年輕尚且還很天真時，相信那些重要人士是在審慎考慮選項後，才決定採取立場。

現在我學聰明了。很多認真人士相信的東西大多是根據偏見，不是分析。而這些偏見則受制於流行和風尚。

這引我來到今日這篇專欄的主題。在過去幾個月，我和其他人都以驚訝和恐怖的心情觀察，政策圈形成一個立即採用財政緊縮政策的共識。換句話說，不知道什麼原因，現在就是削減支出的好時機已成為主流的看法，儘管世界主要經濟體仍然深陷不景氣。

這種主流思想不是根據證據或仔細分析，而是建立在我們可以委婉地稱為純粹臆測的基礎，或者不委婉地稱為對決策菁英想像力的揣測——特別是讓我想到像是看不見的債券義勇軍（bond vigilante）和信心仙女等想法。

債券義勇軍是停止購買政府債券的投資人，因為他們認為政府將無法或不願意償付債務。毫無疑問地，現在有一些國家可能面臨信心危機（例如希臘因為債務引發的信心危機）。但緊縮的支持者宣稱的是（a）債券義勇軍即將攻擊美國，和（b）任何增加振興措施的支出都將觸發他們的攻擊。

我們有什麼理由相信這些說法有哪一個是真的？是的，美國有長期的財政問題，但我們未來幾年實施的振興措施幾乎完全與因應這些長期問題的能力無關。正如國會預算處處長艾門多夫（Douglas Elmendorf）近日表示：「在今日高失業率和許多工廠與辦公室閒置的情況下提供額外的財政刺激，和幾年後在生產和就業可能接近其潛力時實施財政緊縮，兩者之間並沒有必然的矛盾。」

儘管如此，每隔幾個月我們就會聽到債券義勇軍已經到來，而我們現在就必須實施緊縮才能平息他們。三個月前，長期利率小幅上揚引起幾近歇斯底里的反應：「債務憂慮推升利率上揚」是《華爾街日報》的標題，雖然這種憂慮沒有事實根據；而葛林斯潘斷言這種利率上揚是「礦坑裡的金絲雀」。

後來長期利率再度大跌。投資人非但沒有逃離美國政府債券，反而明顯地視它們是經濟頹勢中最安全的資產。然而緊縮的擁護者仍然信誓旦旦地說，如果我們不立即削減支出，債券義勇軍隨時可能進攻。

但請別擔心：削減支出可能很痛，但信心仙女將會帶走痛苦。「緊縮措施可能引發停滯的概念是不正確的。」歐洲央行總裁特里謝（Jean-Claude Trichet）在近日的訪問上說。為什麼？因為「激勵信心的政策將助長而非阻礙經濟復甦」。

財政收縮實際上具有擴張性進而能提振信心的信念有何證據？（順便一提，這正好是一九三二年胡佛〔Herbert Hoover〕主張的理論。）好吧，歷史上曾有削減支出和增稅後，經濟反而成長的例子。但就我所知，這些例子在深入檢驗下，每一個都是緊縮的負面效應被其他因素抵銷的例子，而這些因素都不可能與今日有關。例如，愛爾蘭一九八〇年代緊縮後成長的時期，是因為貿易逆差轉變成貿易順差，那不是一種所有國家皆可同時追求的策略。

而目前的緊縮例子更是很難讓人感到鼓舞。愛爾蘭在這場危機中是強悍的鬥士，冷酷地實施野蠻的削減支出。它的回報是一場蕭條級的不景氣——以及金融市場持續視它為嚴重的違約風險。其他強悍的戰士如拉脫維亞和愛沙尼亞的表現還更糟——信不信由你，這三個國家的生產和就業不景氣都比冰島糟，冰島因為金融危機規模太大而被迫採用較不正統的政策。

所以下次你聽到說話很認真的人解釋必須採取財政緊縮時，嘗試解析他們的論證。幾乎可以確定你會發現，聽起來似乎很冷靜的現實主義實際上建立在幻想的基礎之上，建立在相信如果我們不聽話，看不見的義勇軍將懲罰我們；如果我們乖乖聽話，信心仙女將獎賞我們。而真實世界的政策——將打擊數百萬勞工家庭生活的政策——就奠基在那樣的基礎上。

Excel帶來的蕭條

二〇一三年四月十八日

在資訊時代，數學錯誤可能導致災難。美國太空總署（NASA）的火星軌道探測器因為工程師忘記轉換公制度量系統而墜毀；摩根大通（JPMorgan Chase）的「倫敦鯨」

（London Whale）投資失利，部分原因是模型以總數而非平均數作為公式的除數。那麼，一個Excel的程式錯誤可能毀掉西方世界的經濟體嗎？

截至目前的發展是：在二〇一〇年初，兩位哈佛經濟學家萊因哈特和羅格夫發表一篇論文〈債務時代中的成長〉，聲稱已確認政府負債的一個關鍵「門檻」或臨界點。他們指出，一旦債務超過國內生產毛額（GDP）的九〇％，經濟成長將大幅滑落。

萊因哈特女士和羅格夫先生信譽卓著，這要歸功於之前他們寫了一本談論金融危機史的書備受讚揚，而且他們把握的時機恰到好處。這篇論文發表時正好在希臘陷入危機時刻，正值許多官員企望從振興政策「轉向」緊縮。結果是，這篇論文立即聲名大噪；它當時肯定是、現在也是近幾年來影響力最大的經濟分析文章。

事實上，萊因哈特和羅格夫很快在自稱的財政負責守衛者間達到近乎神聖的地位；他們的臨界點說法不是被視為有爭議的假說，而是不容置疑的事實。例如，今年稍早《華盛頓郵報》一篇社論警告在赤字戰線上不容有一絲鬆懈，因為我們正「危險地接近經濟學家視為永續經濟成長威脅的九〇％界線」。注意這裡的用語：「經濟學家」，而不是「部分經濟學家」，當然更不是「引起同樣信譽卓著的其他經濟學家激烈爭辯的部分經濟學家」，而這句話是事實。

事實是，萊因哈特和羅格夫從一開始就備受批評，而且這個爭議愈演愈烈。那篇論文發表後，許多經濟學家立即指出債務和經濟表現的負向關聯，不一定表示高債務會導致低成長。它的結果很可能正好相反，低落的經濟表現導致高債務。日本確實就是明顯的例子，日本在一九九〇年代初期成長大幅下滑後，才深陷債務泥淖。

長期來看，另一個問題開始浮現：其他研究人員使用看起來可比較的債務與成長資料，卻無法複製萊因哈特和羅格夫的結論。他們往往發現高債務和低成長間有一些關聯性——但這些關聯性都與九〇%的臨界點無關，甚至與任何債務水準無關。

最後，萊因哈特女士和羅格夫先生允許麻州大學的研究人員檢視他們的原始試算表——於是這個無法複製結果的謎終於解決了。第一，他們省略掉一些資料；第二，他們使用不尋常且高度可疑的統計程序；最後，是的，他們的 Excel 程式出了一個差錯。矯正這些特異之處和錯誤後，得到的結果就是其他研究人員的發現：高債務和低成長有一些關聯性，但沒有證據顯示何者導致何者，而且完全沒有九〇%「門檻」的跡象。

萊因哈特女士和羅格夫在回應中承認程式錯誤，但為其他結論辯護，並表示他們從未聲稱債務必然導致低成長。這有點不坦誠，因為他們屢次暗示那個結論，雖然避免直接這麼說。但不管如何，真正重要的不是他們的本意，而是他們的研究如何被解讀：緊縮的熱烈支持者把這個假想的九〇%臨界點，視為一個已經經過證實的事實，和一個削減政府支出的理由，即使我們面對了大規模的失業。

所以萊因哈特和羅格夫的慘敗必須處在更廣大的緊縮狂熱背景下看待：西方世界的政策制訂者、政治人物和名嘴顯然強烈地想要背棄失業的大眾，並以經濟危機做為削減社會計畫的藉口。

萊因哈特和羅格夫事件顯示的是，緊縮被以虛假的證據推銷的程度。過去三年來的轉向緊縮不是以一個選項被提出，而是被視為必要。緊縮擁護者堅稱，緊縮的研究顯示一旦債務超過GDP的九〇%，壞事就會發生。但「經濟研究」並未證明如此；兩位經濟學家提出那項主張，但許多其他經濟學家不同意。政策制訂者背棄失業者而轉向緊縮，是因為他們想要這麼做，而不是他們必須這麼做。

那麼，推翻萊因哈特和羅格夫的主張會改變任何事嗎？我寧願相信會。但我預測那些慣犯會繼續尋找其他可疑的經濟分析並將它神聖化，而蕭條將沒完沒了。

工作、技術和殭屍

二〇一四年三月三十日

幾個月前，摩根大通執行長戴蒙（Jamie Dimon）和未來工作（Jobs for the Future）執行長塞爾澤（Marlene Seltzer），在《政客》（*Politico*）發表一篇文章，標題為〈填補技術缺口〉。他們以不祥的語氣說：「今日有近一千一百萬美國人失業，但在此同時，有四百萬個工作找不到人做」——這應該是表示「目前求職者擁有的技術與僱主需要的技術間存在著鴻溝」。

事實上，在不斷改變的經濟體系中，總是有一些職務懸缺，同時卻有一些勞工失業，而目前的職缺對失業者的比率遠低於正常水準。另一方面，許多慎重的研究發現，沒有證據證明勞工技術不足是高失業率主因的說法。

但美國有嚴重「技術缺口」的信念，這是每一個重要人士必須知道的事實之一，因為他們認識的每一個人都說那是事實。這是一個殭屍想法的基本例子——一個應該已被證據殺死、但拒絕死去的想法。

而它造成的傷害很大。不過，在我們談它之前，我們究竟對技術和工作了解多少？想想如果真的有技術短缺，我們預期會看到什麼。最重要的是，我們應該會看到有正確技術的勞工將如魚得水，同時只有那些沒有技術的勞工處處碰壁。可是我們並沒看到這樣的結果。

是的，受過較多正式教育的勞工失業率低於受較少教育的勞工，但這在任何情況下都是存在的事實，不管景氣好壞。重點在於所有教育程度的勞工的失業率，仍然高於金融危機前的水準。所有行業的情況也是如此：每一個主要類別的勞工情況，都比二〇〇七年時更糟。

一些僱主確實抱怨他們難以找到具備他們所需技術的勞工。那就把錢拿出來：如果僱主真的迫切需要某些技術，他們應該願意提供更高的薪資以吸引擁有那些技術的勞工。不過，現實情況是很難找到某一類勞工獲得大幅加薪，而且你能找到的例子完全不符合一般看法。例如，懂得操作縫紉機的勞工薪資大幅上漲是好事，但我很懷疑那會是很多人抱怨的那種技術缺口。

而且駁斥技術缺口說法的不只是失業和薪資的證據。針對僱主的審慎調查——例如近日由麻省理工學院和波士頓顧問集團（Boston Consulting Group）做的調查——都發現（該顧問集團宣稱）「技術缺口危機的憂慮被過度誇大」。

你可能用來支持技術缺口說法的一項證據，是長期失業率大幅攀升，說那可能是許多勞工不具備僱主想要的技術的證據。但實際上那不是。到現在，我們已知道長期失業者的情況，而且這些人的技術與被裁員但很快找到工作的勞工具備的技術很難區分。那麼他們的問題是什麼？問題正好是他們的失業讓僱主連考慮他們的資歷都不願意。

既然如此，為什麼技術缺口的神話還繼續存在，而且仍然是「每個人都知道的事」之一？去年秋季就有這個過程的一個好例子，當時一些新聞媒體報導九二%的高層主管說，技術缺口確實存在。這種看法的理由何在？一項電話調查詢問主管：「下列敘述哪一個你認為最能描述美國勞工技術缺口中的『缺口』？」接著是一串選項。在這個有既定立場的問題下，令人驚訝的是有八%的回應者回答沒有缺口。

重點是有影響力人士以迂迴的方式不斷重複述說技術缺口的故事——或者更正確地

說，在像《政客》這種媒體上寫技術缺口——已成為認真胸章，一種部落認同的主張。所以殭屍繼續蹣跚前進。

遺憾的是，技術缺口神話——和債務危機迫近神話一樣——對真實世界的政策造成可怕的影響。重要人士不但沒有注意到頑固的財政政策帶來的災難，和聯準會的措施不夠強力已削弱經濟，進而要求採取行動，他們還假裝擔心美國勞工的苦難。

此外，藉由怪罪勞工的苦難是自己的問題，技術缺口神話在就業和薪資停滯的情況下，把注意力從驚人的獲利與紅利激增轉移開來。當然，那可能是企業主管那麼喜歡這個神話的另一個理由。

所以如果可能，我們必須殺死這個殭屍，並停止為這個懲罰勞工的經濟找藉口。

結構性哄騙

《紐約時報》部落格

二〇一三年八月三日

好吧，這實在令人沮喪。公共電視網（PBS）的《新聞時間》（*Newshour*）不是經常能看到最佳分析的地方，但它是了解華盛頓主流意見脈動的絕佳地方——正如貝克（Dean Baker）指出，主流意見已明顯擺盪到我們的高失業率是「結構性」的，不是可以單純靠提振需求來解決的問題。

問題是，這個主流到底是從哪冒出來的？

正如貝克也說，專業的共識已大體上轉往另一個方向；你已比幾年前少聽到實際研究資料的經濟學家談論結構性因素。甚至這個問題也沒有多少黨派分歧；像拉澤（Eddie Lazear）這類死忠的共和黨人說出這樣的話：

二〇〇七到〇九年的衰退出現遲遲無法下降的高失業率。這導致許多人下結論說，勞動市場已發生結構性改變，經濟將無法回到不久前常見的低失業率。這是真的嗎？這個問題很重要，因為央行可能有辦法降低景氣循環性的失業率，但對結構性失業無計可施。分析勞動市場資料顯示，沒有結構性的改變可以解釋近幾年來的失業率波動。產業或人口結構的轉變，或技術與職缺不匹配等因素，都不是造成失業率上升的原因。儘管在衰退期間不匹配的情況增加了，它也以同樣的速率下降。觀察到的模式與失業率由景氣循環現象造成的一致，而這種現象在目前的衰退比前幾波衰退更顯著。

的確，證明這個問題「不是」結構性的有一個強力的指標，就是當經濟已（部分）復甦時，復甦最快的正是當初受到打擊最嚴重的區域和職業。高盛公司調查房地產泡沫最大的「沙州」（sand states）與美國其餘各州失業的情況，發現它的失業率上升幅度比其他州大，但從二〇一〇年以來下降的速度也更快。

因此遭到最嚴重打擊的州已呈現的復甦比美國其他州快，這也是景氣循環中可預期的現象，而不是結構性的改變。

我做了一個快速、簡陋的各職業失業情況的比較，檢視從二〇〇七年景氣循環高峰，到二〇〇九年到一〇年失業率高峰和隨後下滑的失業率改變，它看起來如下圖：

它和地理區的情況一樣：遭受打擊最

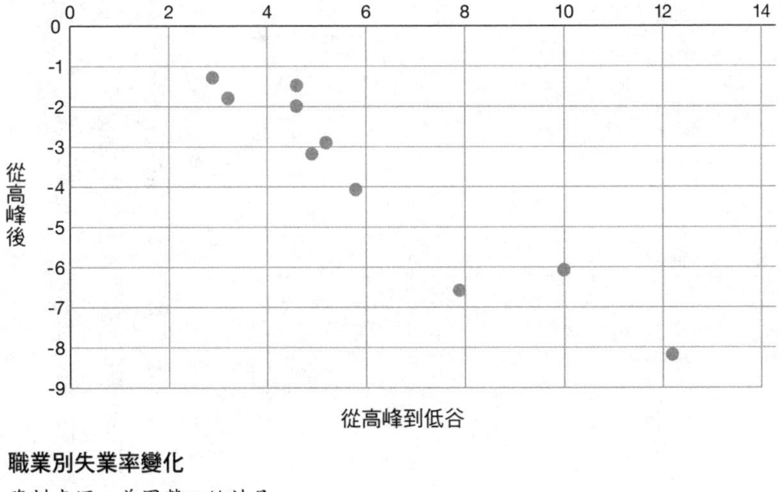

職業別失業率變化

資料來源：美國勞工統計局

嚴重的職業，復甦力道也最強勁。

簡而言之，資料強烈指向一個景氣循環性、而非結構性的情況——而且很難得的是，經濟學家間對這一點有廣泛的共識。但不知怎麼地，華盛頓特區的集體思維顯然已達成相反的結論——甚至讓這個問題的實際經濟共識未能在《新聞時間》上被討論。

正如我所言，這真的相當令人沮喪。

第八章
歐元

奪橋遺恨

第二次世界大戰後的歐洲復興，是人類歷史上最快樂、最鼓舞人心的故事。西歐國家實際上是從一場可怕戰爭的廢墟中，不僅重建繁榮與和平，而且打造了人類史上最美好的社會。確實沒錯，我把美國列入這個比較：我愛我的國家，我仍然認為我們提供了一個沒有其他國家堪與比擬的個人可能性，但我們在照顧需要協助的人這方面，做的遠比地中海以北和舊鐵幕以西幾乎任何地方都差。

歐洲能夠做得這麼好的主要基礎，是大家有時候稱呼的「歐洲計畫」。這個計畫背後的構想，是藉由讓國家團結起來以結束歐洲大陸恐怖的戰爭歷史，不是透過戲劇性的政治聯盟，而是愈來愈緊密的經濟聯結、以及管理這些聯結的共同機構。

首先創立的是一九五二年的歐洲煤鋼共同體，其構想是整合法國和德國的重工業，以使未來幾乎不可能發生戰爭。然後是一九五九年的共同市場，它取消成員國間的所有關稅——同時要求它們針對其他國家採取共同的貿易政策，因為你不能讓法國和德國對像是加拿大小麥課徵不同的關稅。接著採取的是像協調法規、人員自由移動、對落後地區的共同發展援助，以及更名為歐洲聯盟等措施。

這個過程並非一切盡如人意。設在布魯塞爾、管理跨歐洲事務的官僚機構，比起大多數國家的公務機關還更遠離一般民眾的生活，其對未來的前瞻還更閉門造車。我常開玩笑說，與歐盟官僚談話需要字幕才能了解他們真正在說什麼，即使他們能說流利的英語：一段有關「放寬相對於加深」的冗長、使用簡略語的談話，實際上可翻譯成「我們早知道就不該讓希臘加入」。

國家之間的角力也未消失。大約在一九九〇年時有一篇笑話備忘錄，據信是來自歐盟執委會，內容有關採用一種共同的歐洲語言。備忘錄上宣稱，就實用來說，應該使用英語，但加上一些改進。例如，由於你無法知道應該用軟或硬的方式來發「c」的音，所以硬「c」將以「k」取代，以確保正確的（korrekt）的發音。「還有為了了解增進，所有動詞放在每個句子的最後應該」。諸如此類。結果，這份備忘錄看起來像用德語寫的。

儘管如此，整體來看歐洲計畫仍然大獲成功，不只是改善數億人的生活，而且證明可怕的歷史貽害可以靠人的善意來克服。

然後歐元上場了。

作為一種政治象徵，歐洲單一貨幣似乎是歐洲計畫自然的下一步。歐洲已變成一個和平、開放邊界、人員自由移動、從交通號誌到消費者安全要求等許多事宜都採用共同標準的地方。為什麼不藉由使用共同貨幣來讓做生意更容易，進一步強化認同感？

遺憾的是，貨幣經濟學的內容超過政治象徵。與鄰國共用一種貨幣確實有一些重大的好處——我可不想每次越過哈德遜河就必須用紐約元兌換紐澤西元。但它也有重大的缺點。

經濟學家長期以來就知道，當一個國家與鄰國鎖定使用一種共同貨幣時，就會減損其因應「不對稱衝擊」（asymmetric shock）的能力——一個醜陋但有用的術語。假設你是芬蘭，經濟建立在兩大出口產品上：愛立信（Ericsson）製造的手機，和用來造紙的紙漿。然後發生了打擊愛立信市場占有率，同時減少辦公室使用紙的技術變遷。你會怎麼做？

你需要新的出口產品；但要達到這個目的，你必須給企業一些製造新東西的誘因，通常是降低相對於其他國家的薪資和價格。如果你有自己的貨幣，這通常很容易辦到：薪資一般是以那種貨幣計算，所以只要讓貨幣在世界市場貶值，製造立即的競爭力提升。事實上，那正是芬蘭在一九九〇年代初的做法，當時蘇聯解體和國內銀行危機共同製造了一場惡劣的經濟不景氣。

但當芬蘭在二〇〇八年的情況惡化時，該國已不再有自己的貨幣。像本章第一篇文章中討論的西班牙情況也一樣。所以它們唯一的對策是在高失業率下，進行一場漫長、痛苦的強迫降低薪資。

共同貨幣的方便和發生問題時的不利之間，存在一個困難的經濟利弊取捨，它還有另一個醜陋但有用的名稱，就是「最適貨幣區」（optimum currency areas）理論。當創立歐元的提議首度浮現時，許多美國的經濟學家提出這套理論，並認為從現實狀況看，歐元是個壞主意。但歐洲人過度迷戀自己的願景——我可能會說太浪漫了——以至於充耳不聞。

創設歐元之路的條約一九九二年在荷蘭馬斯翠（Maastricht）簽訂。我記得當時我開玩笑說他們選錯了荷蘭的城市；他們應該選阿納姆（Arnhem），即電影《奪橋遺恨》（*A Bridge Too Far*）描寫的著名軍事慘敗地點。不幸的是，歐元的陣痛已證實這些憂慮，還有一些新問題——像是有共同貨幣卻沒有共同的銀行安全網——也同時併發。

本書談到的大多數政治和經濟問題的故事，基本上是壞人做的壞事。歐元有些不同：在這個例子中，地獄之路確實是以善意鋪成的。遺憾的是，它還是通向地獄。

西班牙囚犯

二〇一〇年十一月二十八日

此時愛爾蘭人最好的一件事是他們的人數已經這麼少了。光是愛爾蘭無法對歐洲的展望造成多大的傷害。同樣的話可以用在希臘和葡萄牙上，這兩國被普遍認為是接下來可能倒下的骨牌。

但是還有西班牙。其他國家是小菜；西班牙是主菜。

從一個美國人的觀點，西班牙令人驚奇的是它的經濟故事跟我們的很像。和美國一樣，西班牙經歷巨大的房地產泡沫，伴隨著私人部門債務大幅增加。如同美國，當泡沫爆破時，西班牙陷入衰退，並經歷失業率飆升。與美國如出一轍，西班牙出現膨脹的預算赤字，原因是收入劇減和與衰退有關的成本。

但不同於美國，西班牙正瀕臨債務危機邊緣。美國在融資其赤字上沒有問題，聯邦債務的長期利率不到三％。對照之下，西班牙近來的舉債成本急遽升高，反映外界擔心未來可能發生違約。

為什麼西班牙深陷危機？簡單的說，是因為歐元。

回顧一九九九年歐元問世時，西班牙是最熱中採用歐元的國家之一。有一陣子情況似乎很順利：歐洲的資金源源流入西班牙，私人部門支出激增，西班牙經濟呈現快速成長。

順便一提，在榮景期間，西班牙政府似乎是財政和財務責任的楷模：和希臘不同，西班牙的財政有盈餘；也和愛爾蘭不同，西班牙努力嘗試（雖然只獲得部分成功）規範其銀行業。到二〇〇七年底，西班牙的公共債務占經濟的比率只有德國的一半，而且即使到現在，西班牙的銀行業也不像愛爾蘭的情況那樣糟糕。

但問題是在表面之下發展。榮景期間，西班牙的物價和薪資上漲比歐洲其他國家快，導致貿易逆差擴大。當泡沫爆破時，西班牙產業的成本升高，以至於喪失與其他國家的競爭力。

現在怎麼辦？如果西班牙仍然有自己的貨幣，就像美國那樣——或像英國，英國和西班牙有類似的情況——它可以讓貨幣貶值，使產業再度具有競爭力。但西班牙使用歐元，所以這個選項不可得。西班牙必須達成「內部貶值」：它必須降低薪資和物價，直到它的成本與鄰國一致。

而內部貶值是一件醜陋的事情。首先，它很慢：通常要經歷幾年的高失業率來降低薪資。此外，薪資下降意謂收入減少，而債務卻不變。所以內部貶值惡化了私人部門的債務問題。

這一切對西班牙的影響，是未來數年極為黯淡的經濟展望。美國的復甦一向令人失望，特別是在就業方面——但至少我們有一些成長，實質GDP多多少少回到了危機前的高峰，而且我們可以合理地預期未來的成長將協助我們控制赤字。然而西班牙至今完全沒有復甦。而沒有復甦連帶引來對西班牙財政前景的憂慮。

西班牙應不應該嘗試藉離開歐元區並重建自己的貨幣來擺脫這個陷阱？它會這麼做嗎？這兩個問題的答案是，可能不會。西班牙如果從未採用歐元，現在會好過一些——但嘗試離開歐元將創造一個巨大的銀行危機，因為存款人會馬上把錢移到別的地方。除非出現災難性的銀行危機——這對希臘似乎有可能，而愛爾蘭的可能性也愈來愈高，但西班牙雖絕非不可能卻不太像會發生——否則將很難看到西班牙政府冒險「去歐元化」。

所以西班牙實際上是歐元的囚犯，它沒有更好的選項。

美國的好消息是，我們沒有卡在那種陷阱裡：我們仍然有自己的貨幣，以及它提供的彈性。順帶一提，英國也一樣，英國的赤字和債務與西班牙相當，但投資人不認為英國有違約風險。

美國的壞消息是，一個影響巨大的政治黨派嘗試束縛聯準會，實際上可能去除掉我們比苦難的西班牙人擁有的一大優勢。共和黨人對聯準會的攻擊——要求它停止提振經濟復甦，轉而維持強勢美元和對抗想像中的通貨膨脹風險——已升高到要求我們自願把自己關進西班牙監獄。

讓我們拭目以待聯準會不會聽話。美國的情況很糟，但未來有可能更糟。而如果這個由政治獻金塑造的黨派得逞，情況勢必糟上加糟。

熊蜂的墜落

二〇一二年七月二十九日

上週歐洲央行總裁德拉基（Mario Draghi）宣稱，歐洲央行「已準備竭盡所能以保住歐元」——市場為之歡欣鼓舞。特別是西班牙債券的利率大幅下跌，所有股市都暴漲。

但歐元真的救得了嗎？這個問題仍大有疑問。

首先，歐洲單一貨幣是一個深藏缺陷的結構。公允地說，德拉基實際上也承認這一點。他說：「歐元就像熊蜂。這是大自然的謎，因為牠不應該能飛，但實際上卻能。所以歐元是一隻熊蜂，幾年來一直飛得很好。」但現在牠已經飛不動。有什麼辦法可想？他表示，答案是「進化成一隻真正的蜜蜂」。

先別管讓人一頭霧水的生物學，我們聽懂意思了。長期來看，歐元要能行得通，歐盟必須變成更像一個統一的國家。

舉例來說，拿西班牙和佛羅里達來做比較。兩者都有巨大的房地產泡沫，也都出現戲劇性的崩盤。但西班牙陷入危機而佛羅里達沒有。為什麼？因為當衰退來臨時，佛羅里達可以仰仗華盛頓繼續支付社會安全和聯邦醫保，保證銀行的償付，提供緊急援助給失業者等。西班牙沒有這種安全網，長期來看，這個問題必須矯正。

但創建一個歐洲合眾國短期內不會發生，未來更難說，但歐元的危機就在此時此刻。所以要如何才能挽救歐元？

好，為什麼這隻熊蜂能飛一陣子？為什麼歐元在頭八年左右似乎行得通？因為結構的缺陷被南歐的經濟榮景所粉飾。歐元的創建讓投資人相信借錢給像希臘和西班牙這些過去被視為高風險的國家很安全，所以錢源源湧入這些國家——順便一提，除了希臘是例外，這些錢主要用於融資私人借貸，而非公共借貸。

曾有好一陣子每個人都很快樂。在南歐，巨大的房地產泡沫導致營建僱用激增，雖然製造業變得愈來愈沒有競爭力。與此同時，陷於停滯的德國經濟得以加速，這要歸功於出口到南歐這些泡沫經濟體的產品快速增加。看起來歐元似乎很管用。

然後泡沫爆破。營建業的工作消失，南歐的失業率飆升；目前在西班牙和希臘都遠超過二〇％。另一方面，收入劇減；大致說來，高預算赤字是危機的結果，而不是原因。儘管如此，投資人逃離，推升借貸成本上揚。為了紓困金融市場，受影響的國家實施嚴厲的緊縮措施，導致不景氣加深。而歐元整體來看則搖搖欲墜。

如何才能扭轉這個危險的情況？答案相當清楚：政策制訂者將必須：（a）設法引導南歐的借貸成本下降，和（b）給歐洲債務人某種把它們的麻煩出口到其他國家的機會，就像德國在榮景時期獲得的機會那樣——換句話說，在德國創造一個榮景，類似一九九九年到二〇〇七年南歐出現的榮景。（是的，這意謂德國的通貨膨脹會暫時上升。）問題是，歐洲政策制訂者似乎不情願做（a），而且完全不願意做（b）。

德拉基在他的發言中——我懷疑這一切他都心知肚明——基本上提出了央行收購大量南歐債券以引導借貸成本下降的構想。但過去兩天德國官員似乎針對這個構想澆冷水。原則上德拉基可以否決德國的反對，但他真的願意這麼做？

收購債券是容易的部分。除非德國也願意接受未來幾年的通貨膨脹大幅上揚，否則歐元將無法挽救——而截至目前，我甚至看不出德國官員有任何願意討論這個問題的跡象，更遑論接受那是必要的做法。他們故步自封，雖然一再失敗——記得愛爾蘭原本正在快速復甦的道路上嗎？——他們仍然堅稱只要債務人堅守緊縮計畫，一切就會沒事。

所以，歐元有救嗎？是的，可能有救。歐元應該救嗎？是的，雖然創立歐元現在看來像是一個巨大的錯誤。因為歐元如果失敗將不只導致經濟體破壞；它可能嚴重打擊更廣泛的歐洲計畫，而歐洲計畫則為曾經多災多難的歐洲大陸帶來了和平與民主。

但歐元實際上會不會得救？儘管德拉基先生展現了決心，但正如我說過的，這個問題很值得懷疑。

歐洲不可能的夢想

二〇一五年七月二十日

來自歐洲的新聞最近安靜了一些，但根本的情況仍然和之前一樣糟。希臘正經歷一場比大蕭條更惡劣的不景氣，截至目前沒有能提供復甦希望的跡象。西班牙被讚譽為一則成功的故事，因為它的經濟終於開始成長——雖然它的失業率仍高達二二％。而在歐洲大陸北方各國也呈現一片停滯：芬蘭正經歷與南歐不相上下的蕭條，丹麥和荷蘭的情況也極其惡劣。

為什麼情況如此糟糕？答案是，當自我沉溺的政治人物忽略算術和歷史教訓時就會發生這種事。而且我說的不是希臘或其他地方的左派分子；我說的是柏林、巴黎和布魯塞爾備受尊敬的人物，他們已花了四分之一世紀的時間，嘗試根據幻想經濟學來治理歐洲。

對了解經濟學不深，或選擇忽略尷尬問題的人來說，建立統一的歐洲貨幣聽起來像是個很棒的主意。它可以讓跨越國界做生意變得更容易，同時當作團結一致的強力象徵。誰能料到歐元最後會引發這般嚴重的問題？

事實上，有很多人料到。二〇一〇年一月，有兩位歐洲經濟學家發表一篇標題為〈它不可能發生，它是壞主意，它無法持久〉的文章，嘲笑曾警告歐元會釀成大問題的美國經濟學家。結果這篇文章變成一篇意外的經典之作：就在它寫作的同時，所有可怕的警告都處在被證明為真的過程。而這篇文章原本列出的恥辱榜——它引述並斥為死腦筋悲觀主義的長串經濟學家——反而登上某種榮譽榜，記錄他們或多或少看法正確的名人錄。

歐元懷疑論者唯一犯的錯誤是，低估了單一貨幣可能造成多大的傷害。

重點是，沒有政治聯盟的貨幣聯盟是一個很值得懷疑的計畫，這一點從剛開始就不難看出。那麼，為什麼歐洲一意孤行？

我認為，主要是因為歐元的構想聽起來很完美。換句話說，它聽起來很前瞻、很歐洲式思考，正好是那種在達沃斯發表演說的人喜歡的那種構想。這種人不希望書呆子經濟學家告訴他們，他們迷人的願景是個壞主意。

的確，很快地在歐洲的菁英圈中，要對貨幣計畫提出反對意見變得非常困難。我很清楚記得一九九〇年代初的氛圍：任何質疑歐元好處的人都被摒除在討論外。此外，如果你是個會表達疑問的美國人，你無一例外地就被指控有隱藏的動機——對歐洲懷有敵意，或想維護美元「過度的特權」。

於是歐元誕生了。在它問世之後的十年間，一個巨大的金融泡沫遮掩了其根本的問題。但正如我前述，現在所有懷疑者擔心的事都已被證實。

這個故事並未到此結束。當已被預測和可預測的歐元壓力出現時，歐洲的政策反應是對債務國施加嚴苛的緊縮要求——並且否認簡單的邏輯和歷史證據顯示這類政策將造成可怕的經濟傷害，同時無法達成承諾的債務減少。

即使現在想起來都會令人感到驚駭，歐洲高層官員竟如此輕鬆地駁斥削減政府支出和提高稅賦可能導致的嚴重衰退，以及他們如此堅持一切都會沒事，因為財政紀律將激勵信心。（但它並未激勵信心。）事實是，嘗試單憑緊縮政策來因應龐大債務——特別是同時追求強勢貨幣政策——從未奏效。它在第一次世界大戰後的英國沒有奏效，儘管做了極大的犧牲，那麼為什麼有人期待在希臘就能奏效？

歐洲現在該怎麼做？這個問題沒有好答案——但沒有好答案的原因是歐洲已變成一個蟑螂屋，一個很難逃脫的陷阱。如果希臘還有自己的貨幣，貶值貨幣以提升其競爭力和終結通貨緊縮的選項將勢在必行。

希臘已沒有自己的貨幣，它將不得不重新創造新貨幣的事實，大大提高了它的風險。我猜想脫離歐元將證明是必要之舉。而不管如何，希臘都必須注銷其大部分債務。

但我們並沒有清楚地討論過這些選項，因為歐洲的討論仍然被歐陸菁英希望是事實、但並非由事實的想法所支配。而歐洲正在為這種畸形的自我沉溺付出可怕的代價。

歐洲到底怎麼回事？

二〇一八年五月二十一日

如果你必須指出有一個地方和時代是人道主義夢想——社會提供所有成員有尊嚴生活的願景——近乎實現，那個地方和時代無疑將是第二次世界大戰後六十年間的西歐。它是歷史的奇蹟之一：一個曾慘遭獨裁統治、種族滅絕和戰爭蹂躪的大陸，轉變成一個民主和普遍共享繁榮的典範。

的確，到了本世紀初期，歐洲人在許多方面的生活過得比美國人好。不像我們，他們有保證醫療，和隨之而來的較高預期壽命；他們有極低的貧窮率；他們在主要工作年齡時期比較可能被以較好的薪資僱用。

但現在歐洲正陷入大麻煩。當然，我們也是。特別是，雖然民主在大西洋兩岸都遭到圍攻，但如果自由的崩潰到來，美國可能先發生。但此時很值得我們把自己的川普夢魘暫時擱下，看看歐洲有一些、但不是全部與我們類似的苦難。

許多歐洲的問題來自一個世代前採用單一貨幣的災難性決定。創設歐元帶來一波短暫的陶醉，大量資金流入像西班牙和希臘這些國家；然後泡沫爆破。在像冰島等保留自己貨幣的國家，得以藉貶值貨幣很快恢復競爭力的同時，歐元區國家卻被迫陷於延長的蕭條，失業率極度飆高，同時難以壓低它們的成本。

這場蕭條因為菁英違反證據而形成的一項共識而惡化，即歐洲問題的根源不是成本的不一致，而是財政的揮霍無度，以及解決方法是導致蕭條更加深的嚴厲緊縮。

一些歐元危機的受害者如西班牙，最後終於設法慢慢重振競爭力。不過，其他國家未能如此。希臘仍然是災區——而歐盟僅剩的三大經濟體之一義大利，現在仍在失落二十年的苦難中：人均 GDP 仍未超過二〇〇〇年的水準。

因此，當義大利三月舉行大選，最大贏家是反歐盟的黨派——民粹主義的五星運動（Five Star Movement）和極右派聯盟黨（League）——時，真的不令人意外。事實上，意外的是這沒有發生得更早。

這些黨派現在正準備組成政府。雖然這個政府的政策現在還不完全明朗，他們肯定會在許多方面與歐洲其他國家脫鉤：反財政緊縮的努力最後可能導致脫離歐元，再加上鎮壓移民和難民。

沒有人知道最終會是如何，但歐洲其他地方的發展提供一些可怕的前例。匈牙利實際上已變成一個一黨獨裁政權，由族裔民族主義意識形態統治。波蘭似乎已走上相同的道路。

那麼「歐洲計畫」——邁向和平、民主和繁榮的道路，以日益緊密的經濟與政治整合為基礎的長期努力——到底出了什麼差錯？正如我說過，歐元這個巨大的錯誤扮演一個重要角色。但從未加入歐元的波蘭，雖然幾乎毫髮無傷地度過了經濟危機，該國的民主還是正在逐漸崩解。

不過，我認為這其中還有更深的故事。歐洲內部（就像在美國這裡一樣）向來有一些黑暗勢力。當柏林圍牆倒塌時，我認識的一位政治科學家開玩笑說：「現在東歐已從外來的共產主義意識形態解放，它可以回到它真正的道路：法西斯主義。」我們都知道他說的有點道理。

讓這些黑暗勢力不敢蠢動的是，備受尊崇的歐洲菁英相信民主價值。但這種尊崇已被錯誤的管理揮霍殆盡——其傷害則因不情願面對發生的情況而加劇。匈牙利政府已放棄歐洲代表的一切——但仍接受來自布魯塞爾的大規模援助。

在我看來，這就是我們看到與美國的發展情況類似的地方。

沒錯，我們沒有受到歐元式災難的苦。（我們有一種整個大陸通用的貨幣，但我們有聯邦化的財政和銀行機構讓這種貨幣有效運作。）但我們的「中間派」菁英不及格的判斷力與歐洲菁英不相上下。記得在二〇一〇到一一年，美國仍然飽受大規模失業荼毒時，華盛頓大多數「很認真人士」卻執迷於……權益改革。

另一方面，我們的中間派，以及許多新聞媒體，浪費幾年時間在否認共和黨的激進化，並從事幾近病態的假平衡報導。而現在美國發現自己被一個毫不尊重民主原則或法治的政黨統治，有如匈牙利的青年民主黨（Fidesz）。

重點是，從更深層的意義看，歐洲出的差錯與美國出的差錯相同。然而不管是歐洲或美國，救贖的道路將非常、非常難走。

第九章

財政騙子

赤字咒罵者真好騙

「電視明星有艾美獎，運動員有年度卓越運動獎（ESPYS），現在預算學究也有一項他們說屬於自己的大獎。」二〇一一年聯邦預算責任委員會（Committee for a Responsible Federal Budget, CRFB）發表一篇文情並茂的文章，描述一項頒發「財政獎」（Fiscy Awards）給幾位政治人物的儀式，以上就是文章的開頭。

CRFB是一群「財政責任」組織之一，它們大約二〇一〇年開始在華盛頓聲名大噪。這類組織的激增有一部分是幻覺，因為其中有甚多是由相同的人士資助，特別是億萬富豪彼得森（Pete Peterson）。但它們的影響力是真實的；CRFB描述那場儀式「眾星雲集」並不誇張，至少就政治版的明星來說確實如此。

但有關財政獎的活動有兩件好笑的事，一件是它舉行的時候，美國的失業率還超過九%——有一千四百多萬人找不到工作，其中有超過六百萬人失業至少六個月以上。另一方面，有很好的理由認為預算赤字減少的速度太快。美國復甦與再投資法案——「歐巴馬振興法案」——的大部分條款在二〇一〇年底到期，而振興政策快速退場是失業率在整個二〇一一年居高不下的原因之一。

那麼，為什麼有一場儀式來表揚那些據稱努力讓赤字下降的人，卻沒有儀式表揚嘗試創造就業的人？

但即使把這些都擺在一邊，為什麼三個財政獎之一是頒給後來當上眾議院議長的眾議員萊恩？即使你接受在二〇一一年一月當赤字鷹派（deficit hawk）是好事，萊恩實際上並非赤字鷹派；他只是個冒牌貨。他自詡為降低赤字的計畫——這個計畫讓他獲獎——說穿了是一場騙局。它的假設之一是政府將能藉由關閉漏洞而獲得一兆美元的額外收入——但萊恩拒絕說明哪些漏洞。

可想而知，當二〇一七年機會出現時，萊恩強行通過一項將為國家債務增添約二兆美元的減稅，但沒有關閉任何漏洞。

我原本可以告訴那些頒獎人萊恩是冒牌貨。事實上，我也確實告訴那些人了，是透過頒獎前幾個月在本章的第一篇專欄文章〈金光黨〉說的。儘管如此，萊恩繼續提出計畫，而且這個金光黨變得愈來愈明目張膽——華盛頓許多人也繼續以上賓對待他。

但大眾輕易受騙導致萊恩得以位居高位，本身就是一種更普遍的現象。一些對赤字大驚小怪的人——我相信我是從某個人剽竊「赤字咒罵者」（deficit scold）這個詞，但我不知道是誰——一再被證明是傻瓜，因為那些騙子實際上感興趣的事與政府債務無關，而完全只是與右派的政治目標有關。正如我在〈被劫持的委員會〉中寫到，「一個意在解決真實問題的程序，被一個意識形態的目標劫持」。這其中有多少是天真，多少是赤字咒罵者真正的動機，是一個有趣的問題。

總之，這整件事的來龍去脈是什麼？在二〇一九年，一位我們的時代最具影響力（而且相對而言不涉入政治）的經濟學家之一布蘭夏，以一篇論文引起軒然大波，文中用許多證據宣稱整個債務問題被過度誇大。我說類似的話已經許多年，但布蘭夏真正說中了重點。而這個重點已變得攸關大局，特別是民主黨在二〇一八年期中選舉大勝，並開始思考如果他們在二〇二〇年收復白宮，他們將如何——更關鍵的是要不要——履行這個目標。

金光黨

二〇一〇年八月五日

美國政治令人沮喪的一個面向是，政治人物和媒體很容易上騙子的當。根據過往的經驗，你可能以為華府圈內人會小心提防提出宏偉計畫的保守派人士。但事實並非如此：只要有右派人士宣稱有大膽的新提議，他就被稱許是創新的思想家。而沒有人會檢驗他的根據。

這讓我想到今日的創新思想家：威斯康辛州眾議員萊恩。萊恩已變成共和黨新思想的模範，而這要歸功於他的「美國未來的路線圖」（Roadmap for America's Future），一項大幅改革聯邦支出和稅務的計畫。新聞媒體的報導一面倒地給予好評：《華盛頓郵報》週一以頭版為萊恩做了一篇文情並茂的特寫，描寫他是共和黨的財政良心。他經常被以「睿智而大膽」這類詞句來描述。

但那是愚者的大膽。萊恩先生沒有提出思想的新鮮食物；他端出的是一九九〇年代的剩菜，浸泡著金光黨的醬汁。

萊恩的計畫呼籲大幅削減支出和減稅。他讓你以為這兩者結合的效果，將是大幅下降的預算赤字，而且根據《華盛頓郵報》的報導，他「以啟示錄的用語」談論赤字。《華盛頓郵報》也告訴我們，他的計畫的確能降低赤字：「國會預算處估計，萊恩眾議員的計畫到二〇二〇年將使預算赤字減少一半。」

但國會預算處並沒有做這種估計。在萊恩的要求下，國會預算處為他提議的削減支出估計對預算的效果——就只是如此。它未提到他的減稅會減少的收入。

不過，無黨派的稅務政策中心填補了這個缺憾。它的數字顯示萊恩的計畫將使未來十年的收入減少近四兆美元。如果你把減少的收入加上《華盛頓郵報》引述的數字，你會得到二〇二〇年時更大的赤字，大約是一兆三千億美元。

而這大約和國會預算處估計歐巴馬政府的計畫到二〇二〇年時的赤字差不多。換句話說，萊恩可能以啟示錄的用語談論赤字，但即使你相信他提議的削減支出可行——雖然你不應該相信——這幅路線圖將不會降低赤字。它會做的是削減中產階級的福利，同時大砍富人的稅率。

我說的是大砍。稅務政策中心發現，萊恩的計畫將削減最富裕的一%人口一半的稅，讓他們享受計畫總減稅金額的一一七%。這不是印刷錯誤。在大砍金字塔頂端富人的稅後，這項計畫將提高九五%人口的稅。

最後，讓我們談談那些削減的支出。在計畫的頭十年，萊恩宣稱的節約有大部分來自假設國內的自由裁量支出成長將是零，這類支出包括從能源政策、教育，到法院系統的支出。在調整通貨膨脹和人口成長後，這將意謂這些支出削減了二五%。這麼大幅度的削減怎麼達成？哪些特定的計畫將削減？萊恩沒有說。

過了二〇二〇年後，萊恩宣稱的節省主要將來自大幅削減聯邦醫保，藉由拆解我們所知的聯邦醫保來達成，取代的作法是給老年人消費券，並叫他們自己買保險。這聽起來很熟悉吧？應該熟悉。那是一九九五年金瑞契嘗試推銷的計畫。

而我們從聯邦醫保優勢計畫（Medicare Advantage program）的經驗已經知道，消費券制度的花費將比目前的制度更高，而非更低。萊恩的計畫唯一能省錢的方法是，讓那些消費券減少到付不起足夠的保險。富裕的老年美國人將有能力補足消費券，得到他們需要的醫療；其餘的每個人將被忽視。

在實務上，這種情況可能不會發生：老年美國人將會很憤怒——而且他們會投票。但這表示萊恩計畫宣稱的預算節省是一個騙局。

那麼為什麼華盛頓有這麼多人，特別是新聞媒體人士，會被這種金光黨欺騙？那不只是沒有能力做算術，雖然那是其中之一。還有就是那些自稱的中間派人士不願意面對現代共和黨的真相；他們想在一面倒的證據前，假裝共和黨裡仍然有明理的人。最後但並非最不重要的原因是順從權力——共和黨是一股反叛的政治力量，所以我們不應該指出它的思想英雄沒有穿衣服。

但他們真的沒有穿衣服。萊恩的計畫是個騙局，對美國的財政前途辯論沒有任何有用的貢獻。

被劫持的委員會

二〇一〇年十一月十一日

把我算進那些一直相信歐巴馬總統在創立國家財政責任和改革委員會（National Commission on Fiscal Responsibility and Reform, NCFRR）——一個原本應該是跨黨派的專家小組，負責為美國長期的財政問題研擬對策——時犯了大錯的人之一。不難想見的是，當這個委員會的成員宣布後，「跨黨派」這個詞很快就變成在華盛頓慣常的意思：中間偏右和強硬右派之間的妥協。

我的憂慮隨著我們愈來愈看清楚這個委員會的共同主席而加深。這似乎已經愈來愈明顯：民主黨的共同主席鮑爾斯（Erskine Bowles）有一個很像共和黨的小政府目標。另一方面，共和黨的共同主席辛普森（Alan Simpson）藉由寄出一封辱罵的電子郵件給全國老年婦女聯盟（National Older Women's League）執行董事，而展現出他是哪一種誠實經紀人（honest broker）：他在信中描述社會安全制度好像「一頭有三億一千萬個乳頭的乳牛」。

我們已經知道很久，這個委員會不會提出什麼好事。但在週三，當兩位共同主席以PowerPoint公布他們的提案大綱時，它甚至比心存懷疑者的預期還糟。

這個提案以說明「我們的指導原則和價值觀」開頭，其中包括「限制收入在GDP的二一%或以下」。這是指導原則嗎？為什麼一個負責尋找每一種可能方法以平衡預算的委員會，要設定收入的上限（而非下限）？

當看到稅務改革的章節時，情況已經很明朗。依照鮑爾斯和辛普森的看法，改革的目標以七個要點呈現。「較低的稅率」是第一點；「削減赤字」是第七點。

為什麼一個赤字削減委員會，竟然變成以降低稅率為第一要務、削減赤字反而被列為最後一項？

不過，實際上兩位共同主席提議的是一套減稅和增稅的混合——為富人減稅，和為中產階級增稅。他們建議取消對中產階級美國人很重要的稅務優惠（不管你對它們有什麼看法）——醫療保險和抵押貸款利息的可扣除額——以及把因此獲得的稅收，大部分用來讓最高邊際稅率和企業稅得以大幅降低，而不是用來降低赤字。

要在這裡分析數字得花一點時間，但這項提議顯然代表一個龐大的所得向上轉移，從中產階級轉移到少數富裕的美國人。還有，這些和降低赤字有任何關係嗎？

讓我們繼續看社會安全部分。之前就有傳聞說這個委員會將建議提高退休年齡，果不其然，鮑爾斯和辛普森就提出這項建議。他們希望可以享有社會安全的年齡隨著平均預期壽命提高。這是合理的嗎？

答案是不合理，有幾個理由——包括工作直到六十九歲，對坐辦公桌的人聽起來可能可行，但對許多仍然從事勞力工作的美國人卻困難得多。

除此之外，這個提議似乎忽略了一個重點：雖然平均預期壽命確實正在上升，但主要發生在高所得者，正好是最不需要社會安全的人。所得分布底層一半的人預期壽命在過去三十年只微幅提高。所以鮑爾斯和辛普森的提議基本上是說，因為今日的企業律師可以活到高齡，所以大廈工友應該被迫工作到更老。

儘管如此，我們能不能說這些都只是小瑕疵，鮑爾斯和辛普森的提議是因應國家長期財政問題的認真努力？不，我們不能。

那段 PowerPoint 的確包含漂亮的圖表，顯示出赤字下降和債務水準趨於穩定。但你只要花一點時間試著想想這是怎麼一回事就會恍然大悟，那些漂亮圖表的主要根據是醫療保險成本增長率將大幅減緩的假設。而這要怎麼達成？藉由「建立一套定期評估成本增長的程序」，和「必要時採取額外措施」。這是什麼意思？我完全不知道。

這個赤字委員會發生什麼事並不是個謎：正如在現代華盛頓經常發生的事一樣，一個原本該解決真實問題的程序已經被一個意識形態目標所劫持。在面對我們財政問題的偽裝下，鮑爾斯和辛普森嘗試挾帶老掉牙的東西闖關——為富人減稅和侵蝕社會安全網。

我們能從這場出軌意外挽救什麼嗎？我很懷疑。該是時候有人告訴這個赤字委員會早早收攤，快快消失了。

萊恩的計畫有什麼？

《紐約時報》部落格

二〇一二年八月十六日

有幾位評論者要求我摘錄萊恩的計畫裡究竟有什麼內容。所以這是一篇參考用的貼文。

首先你應該知道的是，這個計畫裡有兩個舊內容，但內容做了一些修改，但整體並沒有新意。就我的判斷，最好的無黨派分析是國會預算處對第一個舊內容的報告；正如我說的，內容修改了，但整體概念還是相同。

那麼，計畫裡有什麼？你必須區別第一個十年，即逐漸廢除之前我們所知的聯邦醫保，以及後來的階段。

第一個十年

在第一個十年，重點是（一）把聯邦醫補轉變成一個整筆補助金計畫，提供的經費遠少於今日法條預測的金額，和（二）大幅削減金字塔頂端所得者的稅率和企業稅。

這是一個削減赤字計畫嗎？從外表看不是：它基本上是以減少對貧民的補助，來交換對富人降低稅率的計畫，其具體提議的淨影響是增加赤字，而非減少。但萊恩宣稱將透過兩大「神奇的星號」（magic asterisk）大幅削減赤字。第一，他堅稱降低稅率不會減少稅收，因為它們將由不具體的「稅基擴大」（base-broadening）彌補。以下是國會預算處的解釋：「稅收占GDP比率的趨勢由萊恩主席的幕僚提供詳細資料。這個趨勢從二〇一〇年占GDP比率一五%，將穩定上升到二〇二八年的一九%，且此後將維持在這個水準。資料中沒有明確創造該趨勢的特定稅收條款。」

稅務政策中心的格萊克曼稱呼這些未具體說明的稅收來源為「神祕的肉」，並強烈暗示這類事情實際上都不會出現。

第二，計畫將大幅降低目前政策的自由裁量支出水準——同樣地，國會預算處說：「計畫中說明，其他強制性和自由裁量性支出將從二〇一〇年的占GDP一二%，下降到二〇二一年的六%，然後從二〇二二年起，將與GDP物價平減指數同步增減，並因此使占GDP比率進一步降低。沒有明確的提案說明要如何創造該趨勢。」

所以，每次你聽到有人談論萊恩的赤字削減計畫時，別忘了在第一個十年，所有被宣稱的赤字降低，均來自被簡略斷言的稅收和支出數字，而不是「計畫」中實際描述的任何政策的結果。

第一個十年之後

第一個十年後，聯邦醫保逐漸轉變成一套消費券計畫，消費券的價值遠遠低於預測的醫療成本。不過，即使如此，假想的削減赤字不是來自聯邦醫保，而是進一步降低自由裁量支出占GDP的比率，最終降到占GDP的三．五%。同樣地，沒有具體說明將如何達成；記住這個數字包括國防，而目前的國防支出約占GDP的四%。

這是一項計畫嗎？

萊恩基本上提議三件事：削減聯邦醫補、降低企業和高所得者的稅率，以及用經費大幅減少的消費券制度取代聯邦醫保。這些具體提議加起來實際上將使第一個十年和十年以後的赤字增加。

因此，所有主張的大幅削減赤字將倚賴神奇的星號。在這層意義上，這完全不是一項計畫，而是一組主張。

融化的雪球和債務冬天

二〇一九年一月九日

你記得債務冬天嗎？

在二〇一〇年底和二〇一一年初，美國經濟才剛開始從二〇〇八年的金融危機復甦。約九%的勞動力仍然沒有工作；長期失業尤其嚴重，有六百萬美國人已經失業超過六個月。你可能預期持續的失業危機將是大多數經濟政策討論的焦點。

但不是：華盛頓執迷於債務。辛普森—鮑爾斯報告（Simpson-Bowles report）是最熱門的話題。萊恩慷慨激昂（當然還有虛偽）地譴責聯邦債務，為他贏得媒體的諂媚和獎項。而在首都的債務執迷、共和黨接管眾議院，和州政府轉向強硬右派等情況下，美國似乎將展開一段史無前例的在高失業率中削減政府支出的時期。

我們之中有些人激烈抗議這種政策轉向，疾呼大規模失業期間不是實施財政緊縮的時機。而我們的理由大多數是正確的。為什麼只說「大多數」？因為財政緊縮有沒有正確的時機，已變成愈來愈值得懷疑的事。執迷於債務即使在充分就業的時期似乎也很愚蠢。

這是我從布蘭夏對美國經濟協會的會長演說得到的訊息。公平地說，布蘭夏——世界頂尖的總體經濟學家，曾擔任影響力極大的國際貨幣基金首席經濟學家——在他的談話中很審慎，而且絕對沒有完全偏袒現代貨幣理論或是說債務一點也不重要。但他的分析仍然讓人感覺到削減債務的執迷（是的，你還是感覺得到）似乎愈來愈嚴重。

布蘭夏先談到政府債務的利率仍然很低的一般觀察，這意謂對債務的憂慮被過度誇大。但他更具體地談到一點：債務的平均利率低於經濟的成長率（利率小於成長率）。此外，這不是短暫的異常現象：利率低於成長率實際上是常態，只有在一九八〇年代曾在很短的期間被打破。

為什麼這一點很重要？低利率實際上有兩個不同、但相關的意義。第一是，對債務增加會惡性失控的憂慮只是杞人憂天。第二，提高私人投資不應該是重大的優先要務。

就第一點來說：對債務的誹謗，往往來自長期以來對債務可能像滾雪球般擴大的警告。換句話說，高債務意謂高利息支出，進而推升赤字，造成更多債務，以及更高的利息，不斷循環。

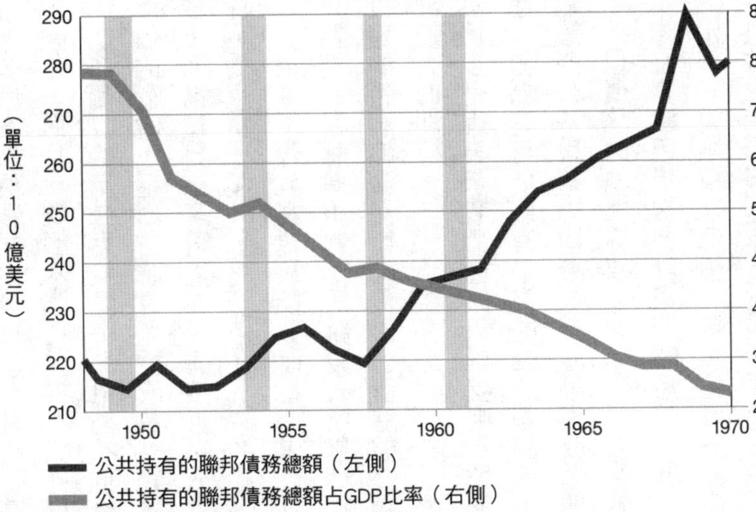

圖一、資料來源：美國經濟分析局、經濟顧問委員會

但政府有沒有能力償債，重要的不是債務的絕對水準，而是債務相對於稅基的水準，而稅基則基本上與經濟的規模有關。GDP的美元金額通常隨著時間增加，原因是經濟成長和通貨膨脹。在其他條件相同下，這會逐漸融化雪球：即使以美元計算的債務增加，如果赤字不是太大，債務占GDP的比率將縮小。

典型的例子是來自第二次世界大戰的美國債務後來怎麼了？我們什麼時候和如何還清它？答案是我們從未還清它。但正如圖一所示，儘管美元債務增加，到一九七〇年時成長和通貨膨脹已把債務降到較容易處理的GDP占比。

而如果利率低於GDP成長率，

這種效應意謂債務傾向於自己會融化：高債務水準意謂較高的利息支出，同時也意謂更多融化，而且後者的效應占優勢。一個自我強化的債務死亡螺旋就是不會發生。

布蘭夏的第二點較隱晦、但仍然重要。整體而言，債務咒罵者不但警告政府將無法償債的危險，還斷言將會影響成長，聲稱高公共債務是犧牲未來的投資以換取目前的消費。而高債務確實可能在經濟接近充分就業時，會有這種效應（但二〇一〇年到一一年時，更多赤字支出原本可以帶來更多、而非減少私人投資）。

但為了釋放資源給投資而壓抑消費有多重要？布蘭夏指出的是，低利率是私人部門認為投資報酬率相當低的跡象，所以轉移資源到私人投資對成長沒有多大助益。的確，投資的報酬率當然比像美國公債這類安全資產的利率高，但布蘭夏認為還不夠高到符合許多人的期待。

這是否表示我們應該只管吃喝玩樂而忘掉未來的煩惱？不──但私人投資不是大問題，因為它可能沒有很高的投資報酬率。布蘭夏沒有這麼說，但我們應該擔心的是基礎建設的公共投資，因為它們一直被忽略而呈現明顯的不足。

但債務的執迷導致更少、而非更多公共投資。圖二顯示公共營建支出占GDP的比率。它在歐巴馬振興計畫期間短暫上升（部分原因是GDP減少），然後劇跌到歷史最低水準，並維持在低檔。雖然這麼多人高談為未來的世代著想，債務咒罵者幾乎可以確定只會對未來的展望帶來傷害而非福祉。

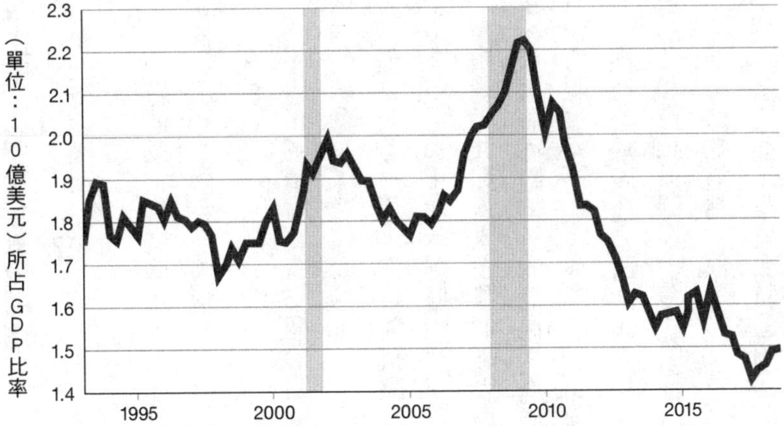

圖二、資料來源：美國經濟分析局、美國人口普查局

順便一提，請注意我甚至還沒有談到與景氣循環有關的停止對債務執迷的理由。一個持續低利率的環境引發長期停滯的憂慮——經濟可能有反覆陷於頑強不景氣的傾向，因為聯準會沒有足夠的彈藥對抗它們。而這種不景氣也可能削弱長期的成長：從二〇〇八年以來的經驗顯示會有嚴重的遲滯(hysteresis)，看似短期的衰退結果卻降低了長期的經濟潛力。

但即使沒有這些隱憂，債務看起來仍像被極度誇大的問題，而在二〇一〇到一一年，從債務取代失業成為公共辯論核心問題的情況看起來，確實愈來愈惡化。

民主黨、債務和雙重標準

二〇一九年二月十一日

川普的國情咨文演說，大部分內容用於描述他宣稱美國面對的威脅——主要是棕色人種（brown people）的威脅，但也包括社會主義的威脅。而媒體也有許多有關他談到這些主題的討論。

不過，國情咨文有一個最明顯的主題卻很少媒體報導：川普對美國歷史上龐大政府債務的威脅說了些什麼。

但是，等一等，你可能抗議——他沒有說到任何有關債務的事，他的確沒有——完全沒有。但那正是我說最明顯的原因。

畢竟，共和黨人在整個歐巴馬政府期間不斷抨擊債務的危險，警告除非大幅削減赤字，美國將面臨迫近的危機。不過，現在他們已掌控權力——而且拜大幅為企業和富人減稅所賜，赤字正急遽飆升——他們卻完全不提這個主題。

根據美國廣播公司（ABC）新聞台，川普的幕僚長馬瓦尼（Mick Mulvaney）對國會的共和黨議員解釋，為什麼國情咨文中完全沒有提到債務：「沒有人在乎。」

而且你知道嗎？他說的有點道理。突然間不在乎債務的不只是共和黨人。多年來赤字咒罵者支配了華盛頓特區內部的論述；大多數新聞媒體認為財政緊縮的迫切性是無庸置疑的事實，它們放棄中立報導的一般原則，公然地投入支持財政緊縮。但從川普當選後，那些聲音奇怪地變沉默了。

所以，我們看到的情況，確認了我們之中有些人從一開始就嘗試告訴你的話：所有那些有關債務的哀號都是假的。

共和黨人實際上從來就不在乎債務；他們只是假扮成赤字鷹派，以便阻撓歐巴馬總統的目標。而許多中間派事實上有雙重標準，只在民主黨掌權期間對債務問題表達強烈的關切。

雖然對債務的態度大轉變，正如我說的透露出許多事，但還有兩個大問題。第一，我們對債務「應該」多在乎？第二，雙重標準會不會繼續流行？換句話說，如果民主黨再度掌權，赤字咒罵者會不會突然再度大肆抨擊？

就第一個問題來說：有關在大約二〇一一年達到最高峰的債務執迷，令人驚奇的事情之一是，它從未有扎實的經濟分析基礎。相反地，我們所知的財政政策都說，當失業率很高和利率很低時，專注於削減赤字是錯的，而赤字咒罵者聲浪最大時就是這種情況。

在目前低失業率的情況下，擔心債務似乎更有理由。但以歷史標準看，利率仍然很低——調整通貨膨脹後不到一%。利率低到我們不需要擔心債務會有雪球效應，即利息支出會讓赤字爆破。這種情況也暗示我們遭遇私人投資需求長期疲弱的問題（順便提到，二〇一七年的減稅似乎完全未能提振私人投資需求）。

因此過去幾個月有幾位著名的經濟學家——包括前國際貨幣基金首席經濟學家，和來自歐巴馬政府的頂尖經濟學教授——發表分析報告說，即使是在目前失業率相當低的情況下，債務問題也比過去認為的更輕微。

沒有好理由而增加舉債仍然不是好事——例如，提供稅務優惠給企業，企業卻只用來買回自家股票，而這當然就是共和黨所做的事。但在超低利率下借錢來支應對未來的投資——當然包括基礎建設，但也包括對將成為明日勞工的年輕一代，提供營養和醫療保險等福利——是很值得支持的。

這帶我們來到雙重標準的問題。

你不必完全同意「綠色新政」（Green New Deal）提議的一切，才承認它大體上是一個投資計畫，而不只是施捨。所以很令人失望的是，看到有這麼多對這些提議的評論，要求民主黨立即詳細解釋如何支付他們的構想，或駁斥這整件事不切實際。對共和黨的減稅有同樣嚴厲的反對聲浪嗎？沒有。

我們已再三看到這種現象——從一九八〇年來有三次。當共和黨失去政權時，他們疾呼反對預算赤字，一旦他們再度當權可以減稅時，卻拋棄所有的憂慮並讓赤字大幅飆升。然後再輪到民主黨當家時，他們卻得削減共和黨人留下的債務，而非解決自己的優先目標。這已經夠了。

我不是說民主黨應該完全忽視他們的行為對財政的影響。真正的大支出計畫，尤其是如果它們不是明確地與投資有關——例如，大幅擴張聯邦醫療支出——將必須以新稅來支付。但如果民主黨有機會制訂政策，他們應該有雄圖大略，而不要被赤字咒罵者驚嚇到變得短視近利。

談如何支應進步主義目標

二〇一九年二月十九日

不管誰爭取到民主黨提名，他的競選將一部分靠增加政府支出的提議。而你知道那將代表什麼：有人將要求候選人解釋這些政府支出將如何支應。許多這類要求將出於惡意，來自那些對減稅從不問相同問題的人。但進步主義的目標在財政上確實有一些該問的真實問題。

好，我對這方面有一些想法，其中部分想法是受到華倫（Elizabeth Warren）對稅和支出方面的提議所激勵。我不知道華倫會不會、甚至應不應該被提名，但她是個重要的思想家，而且正推動她的黨朝著嚴肅的政策討論的方向前進，而且不管她個人的前途如何，這將發揮巨大的影響。

特別是華倫最近對兒童照顧的提議——和立即引來那些慣犯的反對——促使我思考我們需要一套粗略的支出提議類型學，按照它們可能如何支付來分類。具體來說，我想建議三大類別的進步主義支出：投資、加強福利，以及重要制度改革，它們需要從財政的觀點以不同的方式思考。

首先，投資——通常是支出在基礎建設或研究，但也許有一些邊際餘裕可以支出在包括兒童發展等類別的項目。這個大類的主要特性是，支出將提升社會未來的生產力。我們應該如何支付這個類別的經費？

答案是，我們不應該。想想那些說政府的管理應該像企業的人。事實上，政府不應該如此，但這兩種機構確實有一個共同點：如果你可以便宜地籌措資金，並把錢花在高報酬的計畫，你應該借錢去做。而聯邦舉債成本極低——調整通膨後不到一％——同時我們迫切需要公共投資，亦即這有高社會報酬。因此我們應該直接做，不必尋找支應的來源。

看起來綠色新政大部分提議屬於這類類別。從它是一項公共投資計畫來看，要求綠色新政的支持者說明他們將如何支應它，顯示出批評者不了解經濟學，超過不了解綠色新政的邏輯。

我的第二個類別有點難定義，但我想的是那些擴大既有公共計畫，或利用補貼來為擴大某種社會想要的私人活動創造誘因——兩種情況都牽涉大量但不是極龐大的金額，例如一%GDP的微小部分。

平價醫療法案屬於這個類別。它擴大聯邦醫補，同時利用法規和補貼，來讓超過新聯邦醫補上限的家庭更能負擔得起私人保險。華倫的兒童照顧計畫據稱將需要一%GDP的三分之一，它也應該屬於這類。一個讓民眾加入政府保險的「全民聯邦醫保」、而非免費提供這項保險的計畫，也屬於這個類別。

要為這類提議舉債尋找合理性，比為投資舉債難。的確，在低利率和需求疲弱的情況下，堅持赤字預算有其道理，但還有很多投資需求可以利用那個經費額度。你希望有支應的資金來源，但所需預算的總額小到可以藉相當小範圍的課稅來籌措——特別是只有高所得美國人受影響的稅。

事實上，這就是歐記健保的經費來源：這些稅收幾乎完全來自對高所得者課稅（當時還有一些像對曬膚沙龍等業者課稅的小項目）。而華倫實際上已提議對富人課徵新稅——她提議對擁有超過五千萬美元財富者課徵的稅，將帶來她的兒童照顧提議所需經費約四倍的稅收。

我認為，提高福利可以靠對高所得者和巨富課稅來支應，而不必向中產階級課稅。

最後，我的第三個類別是重大制度改革，其樣板是以由稅收支應的公共計畫來取代僱主支付的私人醫療保險——純粹版的全民聯邦醫保。真正的大幅度擴張社會安全可能也屬於這個類別，但較小的擴充不應算在內。

這個類別的提議實際上比提升福利昂貴一個數量等級：目前私人醫療保險金額相當於六%的GDP。因此，要實施這類提議需要多很多的收入，那將必須來自對中產階級課徵像是薪資稅和／或加值稅等稅收。

你可以宣稱大多數中產階級家庭的生活最終可以獲得改善，額外的福利將超過提高的稅負。而且你可能說的對。但這將是一個遠為困難的政治挑戰。你不需要是一個新自由主義者，才會懷疑重大制度改革是否應該是民主黨此時的政綱，雖然那是許多進步主義者渴望的目標。

不過，我現在的重點是，當人們揶揄進步主義提案為可笑和無法負擔時，他們基本上是透露出自己的偏見和無知。投資可以且應該靠舉債來支應；提高福利可以大部分由向高所得者課稅支應。舒茲（Howard Schultz）[1]不會喜歡這種提議，但那是他的問題。

1 舒茲曾擔任星巴克執行董事長和執行長。在一九九八年創立了Maveron投資集團。

第十章 減稅

終極的殭屍

雷根在一九八一年八月簽署一項大減稅法案。當時美國正要進入一段衰退期——許多人所稱的一九七九到八二年「二度衰退」的第二階段，使美國失業率飆升到大蕭條以來的最高水準。不過，到一九八二年底，經濟開始復甦，先經歷兩年的極快速成長，然後回到較正常的步調。

正如你可能注意到，一九八一年是很久以前的事。IBM才剛推出它的第一台桌上型個人電腦，所有操作的指令都還必須用鍵盤輸入。智慧型手機是數十年後的事。從現代的標準看，當時的社會態度有天壤之別；例如，只有三分之一的美國白人能接受跨種族婚姻。

但今日的保守派緊抓著那兩年的成長，認為它證明了為富人減稅的神奇力量。實際上，他們連一九八二到八四年發生什麼事也不清楚。一九八〇年代初期的衰退或多或少是聯準會刻意創造的結果，聯準會大幅提高利率以壓抑極高的通貨膨脹率。到了一九八二年，聯準會轉趨溫和，急速降低利率，而一九八二到八四年的榮景最主要的原因就是這波貨幣寬鬆，而非雷根減稅。

但即使把錯誤解釋擺一邊，為什麼右派繼續叨絮這個古老的事件，來為它偏好的政策合理化？為什麼不說一些較晚近的成功例子？

因為晚近沒有任何成功例子。

對富人課徵低稅率是繁榮的祕訣，這套理論從一九八〇年代以來已被反覆測試。它在一九九三年柯林頓提高稅率時被測試，當時保守派預測會是災難，相反地，他揭開一段經濟快速擴張的序幕。它在減稅的小布希時代再度被測試，而其支持者許諾將帶來榮景；但實際上得到的是軟弱無力的成長，繼之以金融崩潰。它在二〇一三年接受考驗，當時歐巴馬讓小布希減稅的一部分到期，同時提高其他項目的稅率以支應歐記健保；結果美國經濟繼續向前邁進。

最後，川普再度測試它，他在二〇一七年通過一項大減稅，承諾將帶來另一次經濟奇蹟；即使直到二〇一九年初，川普減稅看起來仍像一場大失敗。

這套理論在州級也歷經檢驗。二〇一一年加州和堪薩斯州採取相反的路線，加州採取右派宣稱為「經濟自殺」的增稅，而堪薩斯州減稅並承諾經濟將大好。其結果是，加州表現良好，堪薩斯州最後陷入一場預算危機，並由共和黨議員投票取消許多減稅項目。

總之，很少經濟理論像對富人課低稅率可以為每個人帶來好處的理論，這樣被徹底檢驗、並被徹底駁倒。但這套理論繼續存在。事實上，它已增強對共和黨的掌控，達到幾乎黨內沒有人敢表達懷疑的程度。

我第一次看到「殭屍想法」是在一篇主要談論加拿大醫療保險的文章，文中把它用來比喻龐大數量的加拿大人經常跨境到美國尋求醫療的虛假說法。那篇文章指出，這種說法已被駁倒許多次，應該已被消滅，不能繼續作為一種反對加拿大醫療體系的論據。然而，它仍舊死而不僵，繼續吃人們的大腦。

所以，為富人減稅具有神奇力量的信念，就是終極的殭屍。事實上，不難看出為什麼它已證明不可能被殺死。畢竟，想想向富人課徵低稅率是好棒的事這種想法持續存在的最大獲利者是誰。只需要幾個億萬富豪願意花他們財富的一小部分，來支持願意散播減稅病毒的政客、智庫——實際上是「智力」崩毀（tanks）——和派系媒體，就能輕易讓殭屍繼續蹣跚前進。

本章的一些文章代表又一次從頭部射殺這些殭屍的努力。畢竟，我們必須繼續嘗試。

但還有一件事：社會大眾從未相信減稅的說法。民意調查不斷顯示，選民希望富人繳納更多稅，而不是更少。尤其是從二〇一八年期中選舉以來，一些民主黨人勇氣可嘉，再度願意提議對高所得者和極富者課稅以支應優先的社會項目。在本章的最後部分，我將談到其中的一些構想。

閃爍其詞的宣言

二〇一二年十一月十八日

Twinkie早在一九三〇年就已問市。不過，在我們的記憶裡，這種明星級的點心永遠讓人聯想到一九五〇年代，當時Hostess公司因為贊助《好迪杜迪秀》（*The Howdy Doody Show*）兒童節目而使這個品牌大受歡迎。後來Hostess倒閉讓許多嬰兒潮世代對那個似乎較純真的年代緬懷不已。

不用說，那個時代未必純真。但五〇年代——Twinkie的年代——的確提供直到二十一世紀仍然很重要的教訓。特別是戰後美國經濟的成功顯示，與今日的保守派正統說法相反，你可以不必靠貶抑勞工和嬌寵富人來讓經濟繁榮。

想想對富人課徵的稅率問題。現代的美國右派和許多自稱的中間派，對必須降低金字塔頂端所得者稅率才能使經濟成長的概念執迷不已。記得鮑爾斯和辛普森負責一項抑制赤字的計畫，但最後他們把「降低稅率」列為「指導原則」之一。

但在一九五〇年代，金字塔頂層所得級距的邊際稅率高達九一%，沒錯，就是九一%，而當時的企業獲利占國民所得的比率則是近幾年的兩倍。根據最可信的估計，一九六〇年時，金字塔頂層〇．〇一%的美國所得者繳納的有效聯邦稅率超過七〇%，是今日的兩倍。

高稅率不是當時富裕企業人士唯一必須承受的負擔，他們也面對今日難以想像的擁有極強大談判權的勞動力。在一九五五年，約三分之一的美國勞工是工會成員。在最大的公司裡，管理階層和勞工以公平的地位談判，公平到人們經常談論企業要為眾多的「利害關係人」服務，而非只為股東服務。

在高稅率和有強大權力的勞工夾擊下，企業主管以之前或之後世代的標準來看都相對貧窮。一九五五年《財星》雜誌刊登一篇標題為〈高層企業主管生活〉的文章，強調他們的生活方式與昔日相較顯得十分寒酸。一九二〇年代的巨大豪宅、僕役成群和大遊艇已不復可見；《財星》宣稱，到了一九五五年，一般主管都住在郊區的小房子，僱用兼職的幫傭，自己駕駛相對很小的船。

資料證實《財星》的描述。一九二〇年代到五〇年代間，最富裕的美國人實質所得大幅下降，不只是與中產階級比較，而且絕對所得也是如此。根據經濟學家皮凱提（Thomas Piketty）和賽斯（Emmanuel Saez）估計，一九五五年金字塔頂層〇．〇一％美國人的實質所得只有一九二〇年代末期的一半不到，他們占總所得的比率下降了四分之三。

當然，今日那些豪宅、僕役成群和遊艇都已回來，比以往更多——而且任何可能阻礙富豪統治階級的政府都會遭遇「社會主義」的抨擊。的確，整個羅姆尼運動根據的假設，就是歐巴馬總統威脅要小幅提高金字塔頂層所得者的稅率，加上他魯莽地暗示一些銀行家的錯誤行為，導致經濟受害。當然，對富豪統治階級極不友善的一九五〇年代一定是一場經濟災難，對吧？

事實上，當時有一些人是這麼想的。萊恩和許多現代保守派人士是蘭德（Ayn Rand）的熱愛者。沒錯，她在一九五七年出版的《阿特拉斯聳聳肩》（*Atlas Shrugged*）描繪的正在崩潰、乞丐為患的國家，基本上就是艾森豪治理下的美國。

不過，奇怪的是，《財星》一九五五年描繪的受壓迫企業主管並沒有學高爾特（Galt）拒絕把才能貢獻給國家。相反地，如果《財星》的報導可信，他們工作得比以往更努力。而第二次世界大戰後幾十年的高稅率、強大的工會，事實上標記著驚人、普遍共享的經濟成長：過去和以後的時代都未再出現過從一九四七年到七三年間，中位數家庭所得翻一倍的成就。

這把我們帶回那些令人緬懷的事物。

讓我們坦誠地說，在我們的政治生活中，有一些人渴望重回少數族群和女性知道自己的位置、同性戀關在壁櫃，和國會議員問「你現在是，或者過去曾經是？」的日子。不過，其他人很高興那些日子已經遠去。在道德上，我們是一個遠比過去好的國家。還有，食物也比過去改善許多。

不過，在這個過程中，我們已忘記一件重要的事——具體地說，就是經濟正義和經濟成長並非不相容。一九五〇年代的美國讓富人繳納公平的稅；它賦予勞工談判像樣的薪資和福利的權力；但與當時和現在右派的宣傳相反，美國一片欣欣向榮。而我們可以再一次辦到。

史上最大的稅務騙局

二〇一七年十一月二十七日

川普喜歡宣稱他任內發生的每一件好事——就業成長、股價上漲，不管是什麼——都是歷來最大、最棒的。然後事實檢驗者很快就發現他說的是假話。

但參議院現在發生的事真正值得川普這樣誇大其詞。共和黨領袖本週嘗試不經聽證會、甚至不給時間對可能造成的經濟影響做基本分析而強行通過的法案，就是史上最大的稅務騙局。這個騙局如此之大，甚至於沒有人清楚要騙的是誰——中產階級納稅人、關心預算赤字的人，或者兩者都是。

不過，有一件事是清楚的：不管騙誰，這項法案將傷害大多數美國人。唯一的大贏家將是富人——特別是那些主要從他們的資產獲得收入、而非以工作維生的人——以及可以想盡辦法利用這項立法製造的許多漏洞的稅務律師和會計師。

法案的核心是把來自中低所得家庭的鉅額所得，重新分配給公司和企業主。企業稅率大幅下降，而一般家庭則被一系列的稅則改變搜刮許多小錢，每一項的錢本身都不多，但加起來等於對將近三分之二中產階級納稅人的大增稅。

另一方面，這項法案將部分廢除歐記健保，其整體效果是大幅削減對低收入家庭的輔助，和提高許多中產階級的保險費。

你可能想，這種法案怎麼可能在參議院通過。但那就是騙局開始的地方。

雖然這項法案的基本結構牽涉對中產階級增稅，但也包括數項暫時性的稅務優惠，在初期會抵銷這些增稅。其結果是，在頭幾年大多數中產階級家庭會享受到小幅的減稅。但這裡的關鍵詞是「暫時性的」。所有這些稅務優惠經過一段時間就會縮小，或者到某個時候就會到期；正如我說過，到二〇二七年該法案將對中產階級增稅，用以支付主要是富人受益的減稅。

為什麼有人會草擬一項大多數條款在一段時間後就蒸發的法案？它的背後沒有任何經濟或政策的邏輯。相反地，它的主要目的是嘗試兩邊討好，製造一個政治上含糊其詞的安全空間。

以下就是它的作用方式：如果你指出該法案大幅偏袒富人而犧牲一般家庭，共和黨人會把焦點轉向未來幾年，以暫時性的稅務優惠來模糊該法案的階級鬥爭特性——並宣稱不管法律的語言怎麼說，那些稅務優惠實際上會被後來的國會議員修改成永久性。

但如果你指出該法案沒有負起財政責任，他們會說它在未來十年「只」增加一兆五千億美元赤字，十年後則完全未增加赤字——因為，注意了，那些稅務優惠到二〇二七年將到期，所以稅負提高將增加許多稅收。附帶說明，宣稱中產階級的稅會增加是通過這項法案的關鍵：只有十年後不會增加赤字的法案才能繞過議事杯葛，以參議院的單純多數通過頒布實施。

當然，重點是這些宣稱不可能兩邊都是真的。一邊的法案是對中產階級大增稅，一邊是將使得赤字大幅提高。哪一邊才對？沒有人真正清楚；也許連草擬這項怪物法案的人都不清楚。但有人狠狠地被騙了。

噢，別理會對公司減稅會刺激經濟成長和自動償付成本的說法。芝加哥大學針對共和黨稅務計畫的影響性，調查四十二位意識形態分歧的經濟學家，其中只有一位同意它將導致經濟大幅成長，而且沒有人不同意該法案將大幅增加美國債務。

所以它是一場大騙局。雖然這個騙局真正的目的可能還不清楚，但不管如何，一般美國家庭最後將是受害者。

因為假設那些暫時性稅務優惠最後果真修改成永久性，那麼預算赤字將長期地大幅上升。然後呢？你知道答案是什麼：共和黨人將突然轉向假裝他們是赤字鷹派，並要求「權益改革」——意思是削減聯邦醫保、聯邦醫補、社會安全等一般家庭仰賴的計畫。事實上，他們已經在談論那些削減——他們在還沒有讓傻瓜上鉤前就已經開始轉向了。

那麼，他們的這樁騙局最後會不會得逞？他們之所以不舉行任何聽證會、不經過國會自己的官方把關者做完整的評估，就急於把議案送進參議院審議，正是因為他們希望可以在人們想通他們的目的前通過它。

問題是，有原則的、相信政策不應該用謊言來推銷，因而願意阻止這場鬧劇的共和黨參議員夠不夠多。

川普減稅騙局第二階段

二〇一八年十月十八日

當川普減稅即將實施前，我稱它為「史上最大的稅務騙局」，並做了一個預測：赤字將飆升，而在它們果真飆升時，共和黨人將再度假裝關心債務，並要求削減聯邦醫保、聯邦醫補和社會安全。

不出所料，赤字正在攀升。而本週參議院多數黨領袖麥康諾在宣稱赤字飆升「很令人困擾」後，呼籲（你猜猜）削減「聯邦醫保、社會安全和聯邦醫補」。他也暗示如果共和黨在期中選舉獲得勝利，他們可能廢除平價醫療法案——拿掉數千萬美國人的醫療保險。

任何沒有預料到這種事即將發生的政治分析師，應該換個職業。畢竟，「餓死野獸」（starve the beast）——為富人減稅，然後利用造成的赤字作為消滅安全網的藉口——數十年來一直是共和黨的策略。

喔，要是有人問為什麼共和黨人相信減稅的成本會自動抵銷，問的人是太過天真。不管共和黨人怎麼說，他們從未真正相信減稅會是赤字中立的（deficit-neutral）；他們推動減稅是因為那是捐獻的富人想要的事，也因為他們假扮赤字鷹派向來是個騙局。他們並不真正相信經濟學那套廢話；更正確地說，應該是經濟學廢話相信他們。

儘管如此，連我都對有關共和黨預算誘導轉向法（bait-and-switch）的兩件事感到驚訝。一件是時機：我預期麥康諾會保持緘默直到期中選舉後。另一件是說謊：我知道川普和他的盟友會不誠實，但我沒料到他們會如此公然撒謊。

他們說了什麼謊？首先，有關赤字飆升的原因，他們宣稱是支出增加的結果，不是損失稅收。川普的預算局長馬瓦尼甚至嘗試說，赤字增加是因為颶風賑災的成本。

這類宣稱的理由很薄弱，是因為去年以美元計算的聯邦稅收比前一年小幅增加，而支出則比前一年增加約三%。

但這是一個垃圾理由，而且大家都知道。稅收和支出通常逐年增加，那是因為通貨膨脹、人口成長和其他因素。歐巴馬第二任期間的稅收一年增加超過七%。赤字激增的原因是以我們偏離正常增加水準多少來衡量，而答案是一切都與減稅有關。

不過，對赤字原因的不誠實或多或少是共和黨的標準伎倆。新鮮的是共和黨人對預算——以及公平地說，對幾乎每一項重大政策議題——的立場都如此含糊其詞。

我說的含糊其詞是什麼意思？想想當麥康諾怪罪「權益」（意思是聯邦醫保和社會安全）造成赤字，並（虛假地）宣稱特別是聯邦醫保將「無法長久持續」，萊恩的超級政治行動委員會卻一直刊登廣告指控民主黨想削減聯邦醫保。這其中的諷刺確實驚人。

但是，最諷刺的莫過於像海勒、霍利（Josh Hawley），甚至克魯茲等共和黨人的行為，他們投票支持廢除保護已有疾病的美國人的平價醫療法案，或支持透過訴訟去除法案中的這項保護，但他們現在卻在競選中聲稱他們想要……保護有疾病者。

重點是我們在當前的政治競選中，有一方宣稱對每一項重大政策議題的立場，是與它的真正立場完全相反。共和黨人已做出他們無法在這些議題的辯論中獲勝的結論，但他們不改變自己的政策，反而放出煙幕彈並希望選民猜不透他們真正的立場。

為什麼他們認為這麼做可以得逞？主要的答案是他們顯然蔑視自己的支持者，因為有許多支持者從福斯（Fox）和其他像奴隸般跟隨黨路線的宣傳媒體收看新聞。甚至在面對仰賴其他消息來源的支持者時，共和黨人相信他們可以藉由假稱自己的立場，來緩和他們真正政策的極度不得人心，並藉玩弄種族主義和恐懼來獲勝。

但讓我們弄清楚：共和黨的犬儒主義也牽涉對主流新聞媒體的許多蔑視。從歷史看，新聞媒體向來明顯地不願意拆穿謊言；媒體想安全地扮演「他說和她說」報導角色的本能，讓共和黨占盡優勢，因為事實是現代共和黨人說謊比民主黨人多得多。即使是最厚顏無恥的假話，往往在被報導時配上「民主黨說它是假話」的標題，而不說它實際上是假話。

總之，此時此刻共和黨人正在宣告，戰爭即和平，自由即奴隸，無知即力量，以及這個不斷嘗試消滅聯邦醫保的黨是這個計畫最大的擁護者。

一個這麼不誠實的競選活動真的能贏嗎？我們在不到三週後就會知道。

為什麼川普減稅是一場失敗？

二〇一八年十一月十五日

上週的藍色浪潮（blue wave）意謂川普將帶著唯一一項重大立法成就進入二〇二〇年的大選：為企業和富人大幅減稅。儘管如此，那項減稅立法理應帶來重大貢獻。共和黨人原本認為它將使他們的選情為之大振，而且他們預測經濟將獲得出乎意料的助益。不過，他們得到的卻是一場大失敗。

當然，減稅的政治收益從未出現，而經濟效益始終令人失望。沒錯，我們有過兩季相當快的經濟成長，但這種成長衝刺十分尋常——二〇一四年有一次更猛的衝刺，但幾乎沒有人注意到。而這次成長的主要推手是消費者支出，和沒有人料到的政府支出，雖然減稅的共和黨並未承諾增加政府支出。

另一方面，支持減稅法案者承諾的龐大投資卻沒消沒息。企業主要利用減稅的收入在買回自家股票上，而非用來增加工作和擴張產能。

但為什麼減稅的影響如此微小？暫且不談充滿瑕疵的個人稅項修改（那會讓會計師忙上好幾年），法案的核心是大幅降低企業稅。為什麼這個項目對增加投資沒有發揮更大作用？

我認為，答案是企業決策對財務誘因——包括降低稅率——的敏感度要比保守派宣稱的低得多。而這個事實不僅推翻了川普減稅的理由，而且推翻整個共和黨的經濟理論。

在企業決策方面：利率改變影響經濟，主要透過它對房市和美元國際價值的影響（美元匯率影響美國產品在世界市場的競爭力），這是貨幣分析不可告人的小祕密。任何對企業投資的直接效應都小到難以在資料上顯示。推動這類投資的因素是對市場需求的感覺。

為什麼是這個因素？主要原因之一是，企業投資只有相當短暫的生命期。如果你考慮要不要申請抵押貸款，去買一棟會屹立幾十年的房子，貸款利率就很重要。但如果你考慮貸款去購買幾年後可能故障或過時的辦公室電腦，貸款的利率將是決定是否購買的次要考慮。

同樣的邏輯適用於稅率：沒有多少潛在的企業投資，值得因為川普把獲利稅從減稅前的三五％降到目前的二一％而做。

此外，企業獲利的一大部分真正代表的是壟斷力的報償，而非投資報酬——對壟斷性獲利減稅是純粹的贈送，不會提供投資或僱用的誘因。

減稅的支持者，包括川普自己的經濟學家，大肆炒作我們現在擁有全球性的資本市場，資金會流向獲得最高稅後報酬率的地方。他們還指出有低企業稅率的國家如愛爾蘭，似乎吸引了大量外國投資。

不過，這裡的關鍵字是「似乎」。企業確實有做假帳——抱歉，是管理內部定價——的強烈誘因，因此報告的獲利會憑空在低稅率管轄地出現，進而帶來在帳面上的巨額海外投資。

但這些投資比表面看起來的要少得多。例如，那些看似在愛爾蘭大量投資的企業，實際上只為愛爾蘭創造相當少的就業，和相當少的收入——因為在愛爾蘭的龐大投資大部分只是一個會計假象。

現在你知道為什麼美國公司說，減稅後移動回國的資金沒有反映在就業、薪資和投資了：因為沒有錢真正被移動了。海外子公司轉移一些資產回到它們的母公司，但這只是會計操作，幾乎沒有任何實質影響。

所以對企業減稅的基本結果是，公司繳納的稅減少了——僅止於此。這引領我談到保守派經濟理論的問題。

這套理論就只是我們必須給已經占優勢的人誘因，讓他們願意為其他人做一些好事。右派說，我們必須為富人減稅，以誘導他們努力工作；我們也必須為企業減稅，以誘導他們在美國投資。

但這套理論不斷在實務中失敗。小布希總統的減稅並未創造出經濟榮景；歐巴馬的增稅沒有導致蕭條。堪薩斯州減稅沒有刺激該州的經濟；加州增稅沒有因而成長減緩。

而在川普的減稅中，這套理論再度失敗。遺憾的是，當政治人物的選舉獻金仰賴他們所不了解的某件事時，要讓他們了解可就難了。

川普減稅：比你聽過的還惡劣

二〇一九年一月一日

二〇一七年的減稅得到媒體相當差的評價，而且理應如此。減稅的擁護者承諾投資和薪資將大幅增加，並向所有人保證減稅的效益將足以彌補其成本；這些承諾完全未兌現。

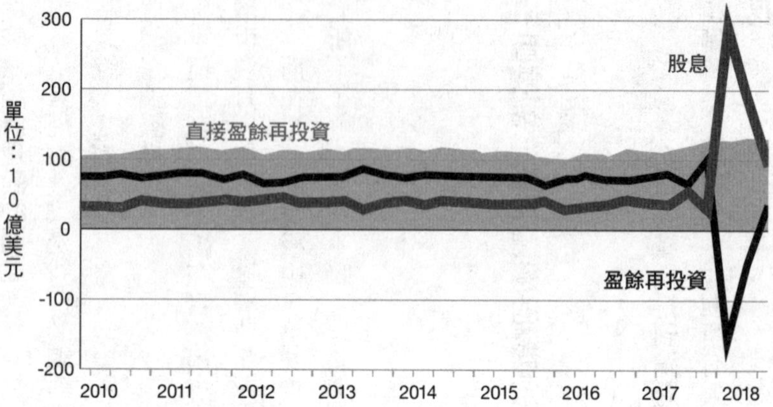

圖一：直接盈餘再投資和各成分

資料來源：美國經濟分析局

但媒體報導實際上還不夠負面。你讀到的報導大多這樣寫：減稅促使企業把一些錢匯回國內，但它們用來買回股票而非提高薪資，所以提振的成長很有限。這聽起來不怎麼好，但仍然比實情好：事實上，沒有錢匯回國內，而且減稅可能使國民所得減少。的確，至少九〇%的美國人最後會因為這次減稅而變窮。

讓我一一解釋每一點。

第一，當人們說美國企業「把錢匯回國內」時，他們指的是海外子公司的股息已支付給它們的母公司。這些股息確實在二〇一八年短暫激增，因為稅法的規定讓從這些子公司的帳冊轉移一些資產到母公司變得有利；這些轉移也以母公司在子公司的投資減少呈現，換句話說，就是負直接投資（圖一）。

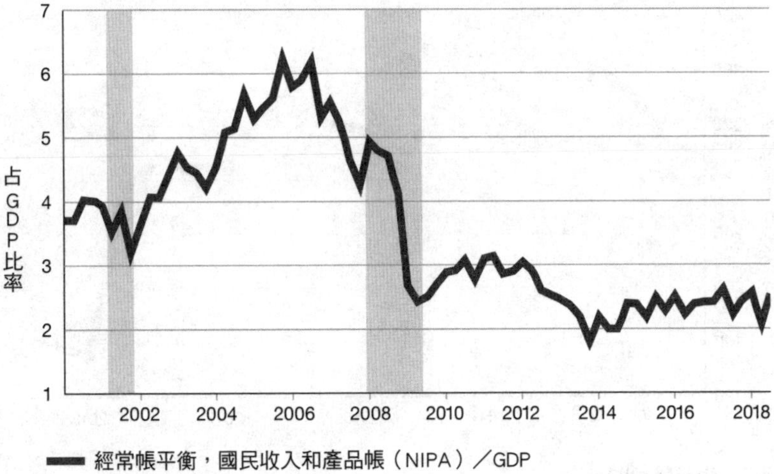

圖二、資料來源：美國經濟分析局

但這些轉移純粹只是公司會計為稅務目的而做的重新安排；它們未必與任何實質轉移有關。假設 Multinational Megacorp USA 公司決定要它的子公司 Multinational Mega Ireland 轉移一些資產回母公司，這將製造出圖一所示的股息和直接投資同時往反向移動。但公司的整體資產負債表——這個表永遠包括 MM Ireland 的資產——完全沒有改變。沒有任何真實的資源被轉移：MMUSA 沒有增加或減少在國內投資的能力。

如果你想知道可投資的資金是否真的被轉移到美國，你需要看金融帳的整體平衡——或者意義一樣（而且更精確計算）的經常帳（current account）平衡的反面。圖二顯示這項平衡占 GDP 的比率——而你可以看到，基本上沒有任何變化。

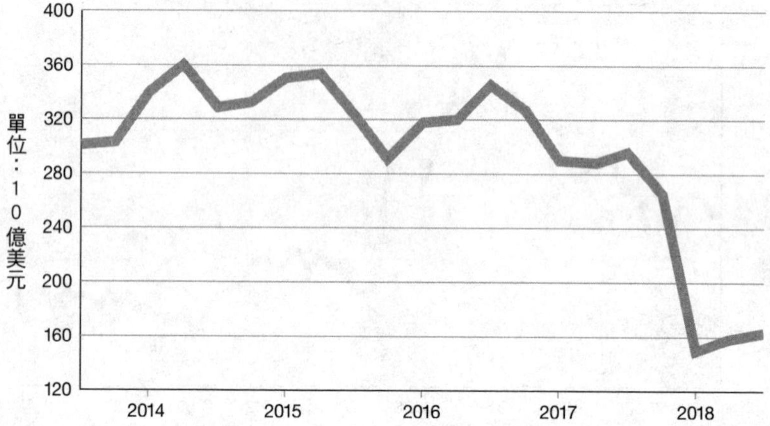

圖三、企業稅稅收。

資料來源：美國經濟分析局

所以，減稅促使企業進行一些會計操作，但對促進資金回流美國毫無影響。不過，減稅確實產生一個重要的國際效應：我們現在支付更多錢給外國人。記住，減稅造成一個明確、一面倒的結果，就是對企業的大減稅：聯邦來自企業獲利的稅收大減（圖三）。

要明白的重點是，在今日的全球化企業體系中，包括美國在內的大多數國家的企業界有許多公司實際上是由外國人所擁有，不管是直接擁有如外國公司的子公司，或間接的持有美國股票的外國人。的確，約三分之一的美國企業獲利基本上會流向外國人——這意謂減稅的三分之一會流向海外，而非留在國內。這可能超過任何GDP成長的正面效應。所以減稅可能讓美國變窮，而非變富。

而且它肯定讓大多數美國人變窮。雖然三分之二的企業減稅由美國居民享受，但八四%的股票由一〇%最富裕的人口持有。其餘的每個人幾乎未獲得任何好處。

另一方面，由於減稅無法靠自己彌補成本，它終究必須以其他方式彌補——不管是增加別的稅，或藉由削減民眾需要的計畫支出。這類增加或削減的成本落在頂層一〇%富人的比例，將遠不如減稅由富人享有好處的比例。因此我們幾乎可以肯定，絕大多數美國人的生活將變窮，而這要歸功於川普唯一的重大立法成就。

正如我所言，即使是基本上負面的報導，也沒有如實傳達這整件事竟然如此不划算。

對富人課重稅的經濟學

二〇一九年一月五日

我不知道奧卡西奧—科爾特斯（Alexandria Ocasio-Cortez，簡稱ＡＯＣ）就任國會議員後表現會有多好，但她的當選已達成一項寶貴的目的。你知道，光想到有一個年輕、辯才無礙、上相的非白人女性當選，就會讓許多右派抓狂——而在他們抓狂時，他們就會不經意地現出他們的真面目。

有一些真面目是文化面的：因為AOC在校園跳舞的影片而歇斯底里，就不言而喻了，不是有關她，而是有關那種歇斯底里。但從某些方面來看，更重要的真面目是思想上的：右派譴責AOC的政策構想很「瘋狂」，就是實際上誰才瘋狂的證明。

目前的爭議牽涉AOC倡議對每個高所得者課徵七〇%到八〇%稅率，這顯然很瘋狂，對不對？我是說，誰會認為這很合理？只有無知的人，像是諾貝爾經濟獎得主戴蒙德（Peter Diamond），據說他是世界上首屈一指的公共金融專家。（雖然共和黨人杯葛他進入聯準會理事會的任命，宣稱他不符資格。真的。）而且這是一個從來沒有一個國家實施的政策……除了美國以外，在第二次世界大戰後的三十五年間——其中包括美國歷史上經濟成長最蓬勃的時期。

更具體地說，戴蒙德與美國最頂尖的不平等專家賽斯合作，估計最適當的最高稅率是七三%。有人認為應該更高：歐巴馬任內的經濟顧問委員會前主席、也是總體經濟學家的克莉絲汀娜．羅默（Christina Romer）估計應該超過八〇%。

這些數字來自哪裡？戴蒙德和賽斯的分析根據兩個前提：邊際效用遞減原則和競爭市場。

邊際效用遞減是一個常識概念，即對極高所得者來說，增加一美元收入獲得的滿足遠低於低所得者。假設一個年所得二萬美元的家庭增加一千美元收入，他們的生活將改善很多。但給賺一百萬美元的人額外的一千美元，他可能完全沒感覺。

這對經濟政策的意義是，我們不應該在乎一項政策對極富者的收入有什麼影響。一項讓富人稍微變窮一些的政策，將只影響極少數人，而且幾乎不影響他們的生活滿意度，因為他們仍然可以買任何想要的東西。

那麼為什麼不課徵他們一〇〇%的稅？答案是，那將消滅他們做任何事來賺那麼多錢的誘因，進而對經濟有害。換句話說，對富人課稅的政策本身應該與富人的利益無關，而應該只關心誘因效應如何改變富人的行為，以及這將如何影響其餘的人口。

但這就是牽涉競爭市場的地方。在完全競爭的經濟，沒有壟斷力或其他扭曲因素——就是保守派希望我們相信我們擁有的那種經濟——每個人都可以他的邊際產品獲得酬勞。換句話說，如果你的薪酬是每小時一千美元，那是因為你增加一個小時的工作就對經濟產出增添一千美元的價值。

不過，在這種情況下，為什麼我們要在乎富人多麼地辛苦工作？如果一個富人工作多一個小時，為經濟增添一千美元，並為他的努力獲得一千美元酬勞，其餘所有人的總收入並不會改變，對不對？不，它會改變——因為他為那額外的一千美元繳稅。所以從高所得個人略微辛苦工作得到的社會利益，就是從那個額外的努力產生的稅收——相反地，他們工作減少的社會成本，就是他們繳稅減少的部分。

或者簡潔一點來說，在向富人課稅時，我們只應該在乎我們獲得多少稅收。對極高所得者的最佳稅率就是能課徵最多可能稅收的稅率。

而這是我們可以估計的東西，只要知道富人的稅前所得對稅率有什麼反應。正如我說的，戴蒙德和賽斯算出來的最佳稅率是七三％，羅默的是超過八〇％——後者與AOC的提議一致。

附帶談談：如果我們把市場不是完全競爭的現實和有許多壟斷力考慮進去，那會是如何？答案是，這幾乎可以確定將為更高的稅率提供理由，因為高所得者理論上會獲得許多這種壟斷租金。

所以呢，AOC非但沒有瘋狂，反而完全合乎嚴肅的經濟研究（我聽說她和一些很優秀的經濟學家討論過）。另一方面，她的批評者確實有很瘋狂的政策構想——而且這種瘋狂的核心是稅務政策。

你知道，共和黨人幾乎無一例外地贊成對富人課低稅率，他們的根據是對頂層富人減稅將為經濟帶來龐大的利益。這種說法根據的是誰的研究……沒有人。沒有一個做嚴謹研究的人支持共和黨的稅務構想，因為證據一面倒地反對那些想法。

看看左頁圖中的最高邊際所得稅（左），比較實質人均GDP成長率（右，十年期的平均數值，以緩和短期波動）。

我們看到的是，過去美國的富人被課以很高的稅率——甚至超過AOC所提議的比率——而且經濟表現良好。後來稅率大幅下降，但經濟表現反而變差。

為什麼共和黨人贊成一套沒有無黨派經濟學家支持，且違背所有可得資料的稅務理

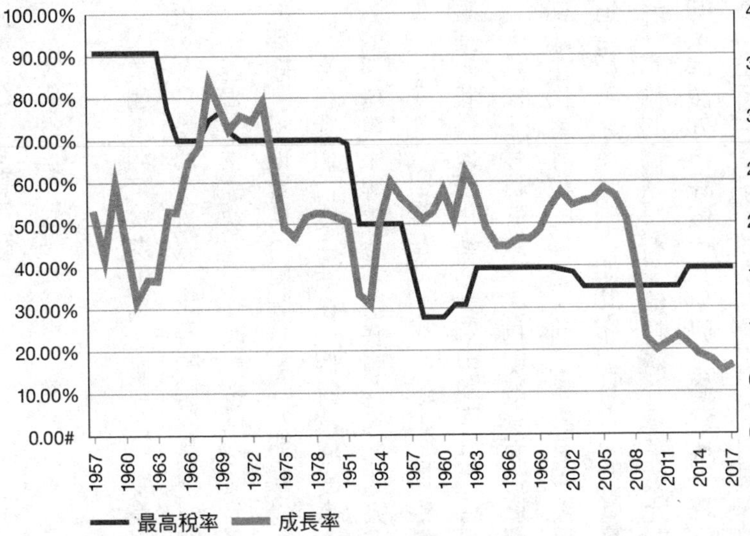

最高稅率和成長率。資料來源：城市布魯金斯稅務政策中心、美國經濟分析局

論？問問誰從向富人課徵低稅率中獲利，答案就很明顯了。

而且因為黨的資金來源要求支持無厘頭的經濟學，這個黨偏好明顯說假話且連有效假造數字都辦不到的「經濟學家」。

這帶我回到AOC以及共和黨不斷嘗試抹黑她淺薄和無知的話題。在稅務問題上，她說的只是優秀經濟學家說過的話；而且她知道的經濟學絕對比幾乎每一個共和黨核心成員多，尤其是因為她不「知道」那些不真實的東西。

華倫效法老羅斯福

二〇一九年一月二十八日

美國發明了累進稅制，而且有一度美國的政治領袖自豪地宣稱他們很樂於向富人課稅，不只是為了稅收，也為限制經濟權力的過度集中。

「這是很重要的事，」西奧多．羅斯福在一九〇六年說，「要解決與蓄積龐大財富有關的問題」；他宣稱，這些財富有一部分「膨脹到超越所有有益的限度」。

今日我們再度生活在一個財富極度集中於少數人手中的時代，〇．一％最富有美國人的淨值幾乎等於金字塔底層九〇％的人合起來的財富。而且這種財富集中的現象與日俱增；正如皮凱提在他的書《二十一世紀資本論》（*Capital in the 21st Century*）中著名的論述，我們似乎正邁向一個由龐大且往往是繼承來的財富所支配的社會。

那麼，今日的政治人物能挺身面對這個挑戰嗎？華倫已公布一項令人印象深刻的向極端富裕者課稅的提議，而不管她是否被民主黨提名為總統候選人，這已證明她的黨有值得稱許之處，因為如此聰明且大膽的計畫能成為討論的議題已屬難能可貴。

華倫的提議將對淨值超過五千萬美元的家庭一年課徵二％的稅，淨值超過十億美元的家庭額外再課徵一％。與這個建議同時公布的是由加州大學柏克萊分校的賽斯和祖克曼（Gabriel Zucman）做的分析，他們兩人是世界首屈一指的不平等專家。

賽斯和祖克曼發現，這項課稅將只影響少數極富有的人——約七萬五千個家庭。但由於這些家庭非常富有，它在未來十年將徵得大約二兆七千五百萬美元的巨額稅收。

別小看它：這是一項很激進的計畫。

我問賽斯，該計畫將使經濟菁英繳納的稅占他們所得（不同於他們的財富）的比率提高多少。他估計它將使金字塔頂層〇・一%所得者的平均稅率從三六%提高到四八%，並使金字塔頂層〇・〇一%的富人平均稅率提高到五七%。這些數字確實高，但它們和一九五〇年代的平均稅率差不多。

這樣的計畫可行嗎？那些富人會不會設法規避它？賽斯和祖克曼認為，根據過去曾課徵極高財富稅的丹麥和瑞典的經驗，如果這項稅率適用於所有資產且徹底執行，它將不會造成大規模逃稅。

它會傷害誘因嗎？也許不會有多大的影響。想一想：如果創業家的好點子能實現，必須在累積「第二筆」五千萬美元財富後繳納額外的稅，他們會因而打消創業的念頭嗎？

華倫的計畫確實會限制已經非常有錢的人讓他們的財富繼續擴增，和把財富留給他們子嗣的能力。但減緩或反轉我們慢慢邁向由寡頭王朝統治的社會是正確的目標，不是錯誤。

我曾對像巴徹爾德（Lily Batchelder）和卡敏（David Kamin）等稅務專家的反應感到驚訝；雖然他們不見得會為華倫的計畫背書，但顯然他們認為這個提議很嚴肅且值得考慮。卡敏寫道，該提議「嘗試解決一個真實的問題」，而且「敢於提出應有的大計畫」。《紐約時報》說，華倫提出一個「書呆子的想法」；嗯，書呆子們覺得刮目相看。

但這麼大膽的構想在二十一世紀的美國政壇有機會實現嗎？想當然耳，那些慣犯已經開始把華倫比喻成馬杜洛（Nicolás Maduro），甚至史達林，雖然事實上她更像老羅斯福，或者更像艾森豪。更重要的是，我感覺許多傳統的政治觀念仍然認為，對富人課徵高稅率對美國選民來說太左派了。

但民意調查顯示，絕大多數人支持對富人加稅。一項近日的民意調查甚至發現，四五%自稱的共和黨人支持AOC建議的七〇%最高稅率。

附帶一提，民意調查也顯示，絕大多數大眾支持增加而非減少聯邦醫保和社會安全的支出。不過，奇怪的是，我們很少聽到要求「權益改革」的政治人物駁斥它太右派而不值得嚴肅看待。

而且不只是民意調查顯示，對經濟不平等的大膽攻擊可能在政治上行得通。研究億萬富豪行為的政治科學家發現，雖然他們之中有許多人致力於推動降低稅率，但他們或多或少是私下進行，因為他們發現自己所處的境地實際上有多不受歡迎。順便提到，這種「隱形政治」是億萬富豪可能外表上比實際上更自由派的原因之一——只有他們之中少數的自由派會公開表達立場。

結論是，大膽的進步主義目標實現的機會，可能比大多數政治專家夢想的大得多。

而華倫已經跨出朝向那個目標的一大步，她推動她的黨敢於提出大計畫。讓我們希望她的競選對手——其中有些人也相當令人印象深刻——跟隨她起的頭。

第十一章
貿易戰

全球化的謬論和反彈

在我展開專業生涯之初是做國際貿易研究。我對此一主題和經濟地理學——貿易與國內和國際間的生產地點——的研究，是我在Google學術搜尋被引用最多的內容，也讓我在瑞典因而獲獎。

所以我有資格告訴你一個骯髒的小祕密：國際貿易和國際貿易政策不像人們認為的那麼重要。

我不是說它們不重要。事實上，它們對許多國家非常重要——例如，要是孟加拉在世界市場喪失銷售以成衣為主的勞力密集產品的能力，這個國家真的可能面對大規模飢荒。但對像美國這種大國，我們在貿易方面的作為不管對或錯，重要性要比我們做得那麼糟的醫療保險小得多。

但國際貿易在經濟和政治討論上占有一個特殊位置，而且有幾個原因。經濟學家喜歡談論國際貿易的利益，因為它是經濟學真的可以讓你了解大多數人所不了解的領域之一。

對許多人來說，有許多似乎是常識的觀念，例如，一個國家有貿易順差就是勝利，也就是它賣的東西比買的東西多；一個國家的生產力要是比貿易夥伴低就無法競爭；如果一個國家有辦法靠低薪資而非高生產力來銷售產品，它必然會拉低其他國家的生活水準。

經濟學家喜歡解釋為什麼這些觀念都不正確。貿易整體來說對交易的雙方都有利，不管你出現逆差或順差（雖然它未必讓每個國家內部的每個人受益）。即使是低生產力國家也可以藉專注於它們做得相對較好的事而受益（我舉的孟加拉例子因此有其意義）。這種低生產力國家必然給它們的勞工低薪資，但這並不會傷害較富裕國家，因為這種低薪資讓富裕國家可以用低價購買勞力密集產品，同時生產其他產品。

所以經濟學家經常談論貿易——可能超過這個主題值得的比例——因為這是他們可以在思想上自我感覺良好的地方。

經常思考國際關係的人也喜歡談論貿易，因為目前的世界貿易體系是國際外交的成就之一。在二次大戰前，各國可以任意用關稅（對進口產品課稅）和配額來限制進口，通常宣稱基於國家利益，但也為國內特殊利益者服務。不過，二戰之後，世界各國紛紛加入一套規則基礎系統，國家彼此協商關稅稅率，最後建立標準管轄程序以解決國家相互指控違反規則的爭議。

這套系統的創造是基於它可以讓世界變得更富裕的信念。但還不只如此：它的用意之一是促進和平。創造現代世界貿易體系的美國政治家——最著名的是長期擔任小羅斯福國務卿的赫爾（Cordell Hull）——相信商務有助於確保和平與繁榮。因此世界貿易體系是整套戰後機構如北大西洋公約組織（NATO）和聯合國的一部分，而且它們似乎真的有助於世界避免大規模的戰爭。

而在此同時，這套貿易體系逐漸創造出一個不是完全自由貿易、但是對大多數製造業產品課徵低關稅的世界。

最後，國際貿易的討論——事實上，幾乎包含所有有關「國際」這個詞的事務——就像磁石那樣吸引人們投入「全球化謬論」（globaloney），夸夸其談這個大題目。

當然，任何刺激經濟學家、國際關係專家和全球化謬論者熱烈反應的事物，也會刺激反彈。多年來這股反彈主要來自左派——來自勞工團體，他們有部分正當性地宣稱日增的貿易壓低了藍領階級的薪資；以及來自較激進的團體，他們視貿易為資本主義氾濫的某種加強版。

但對貿易的反彈還有一種相當不同的來源，而且與關切社會正義沒有關係。它來自某些不願意承認他們對貿易的本能觀念全盤錯誤、並且反而更加堅持己見的企業，他們非但拒絕貿易帶來利益的說法，而且妖魔化它。有些人可能還記得佩羅（Ross Perot），他曾警告與墨西哥的自由貿易將使美國南遷的產業發出「巨大的吸入聲」（great sucking sound）。

而在二〇一六年，某個帶有這種反智、「我的直覺比所謂專家的理智聰明」的人變成美國總統。你有時候看到有人嘗試辯稱川普比外表看起來更成熟，說他並不真的相信每次我們出現貿易赤字就代表有人偷吸美國寶貴的體液，但所有可行的證據顯示這正是他相信的。

重點是：美國不但是全球經濟的重量級參與者，我們國內貿易法的設計就是為了節制國會內的特殊利益政治——並且藉由賦予總統極大的自由裁量權來達成它。所以川普的地位足以在世界貿易體系造成相當大的傷害。本章的內文將闡述一些這種大破壞。

噢，川普的貿易戰真猛！

二〇一八年三月八日

經濟學家和企業領袖間有幾近一致的共識，認為川普課徵鋼鐵和鋁關稅是個壞主意，還有這些關稅可能觸發的更廣泛的貿易戰將極具破壞力。但避免這個政策災難的機會很小，因為這就是川普的典型例子。

事實上，這些關稅可能是川普歷來所做的事中最川普的事。

畢竟，貿易（和種族歧視一樣）是川普多年來最言行一致的一個問題。他數十年來一直在抱怨其他國家利用我們相對開放的市場來傷害美國。而如果他的觀點根據的是對問題、甚至是對基本事實的完全不了解，那麼川普主義就只不過是好鬥的無知，無論是對什麼問題。

且讓我們暫停一下，事實不只如此。我們會有國際貿易協定有一個原因，而那並非為了保護我們免於其他國家的不公平作法。相反地，其真正的目的是為保護我們免於自己的破壞：限制特殊利益政治和用來宰制貿易政策的公然貪腐。

不過，川普體制不認為貪腐和特殊利益統治是問題。你可以說，大體而言世界貿易體系是專為避免像川普這種太有影響力的人而設計。他當然想破壞它。

提供一些背景訊息：與一些人的信念似乎相反，經濟學教科書並沒有說自由貿易能讓所有人都成為贏家。相反地，貿易政策牽涉很真實的利益衝突，但這些利益衝突絕大多數發生在每個國家內部，而非國家之間。例如，針對歐盟的貿易戰會讓整體美國變窮，即便是在歐盟不報復的情況（而歐盟勢必報復）。但是它將使一些剛好面對強大歐洲競爭的產業獲利。

重點是：從保護主義獲利的小群體往往比受傷害的較大群體，擁有較大的政治影響力。這是國會過去常通過具有破壞力的貿易法案，並以一九三〇年惡名昭彰的斯姆特－霍利關稅法案（Smoot-Hawley Tariff Act）達到最高點的原因：國會有夠多的議員被以各種方式買通，並通過幾乎所有人都知道對整體國家不利的法案。

不過，一九三四年小羅斯福對貿易政策採取一種新策略：與其他國家達成互惠協議，相互降低彼此產品的關稅。這個方法引進一系列新的特殊利益者、出口商，它們能提供制衡特殊利益者尋求保護的力量。

小羅斯福的互惠協議方法帶來斯姆特—霍利關稅法案迅速廢除，並在戰後演進成一系列的全球貿易協議，創造出一個今日由世界貿易組織（WTO）監管的世界貿易體系。事實上，美國以其自己的形象重新打造了世界貿易政策。而且它行得通：互惠關稅方法衍生出的全球協議，大幅降低了世界各國的關稅稅率，同時設置了限制各國毀棄承諾的規則。

世界貿易體系演進的整體效應向來是利多於弊。關稅政策在美國和其他國家過去是政治中最骯髒和最貪腐的一部分，現在已變得相當乾淨（雖然還不完美）。

而我還要補充一點：全球貿易協定是有效的國際合作中，驚人且令人鼓舞的例子，在這層意義上，它們對民主治理和世界和平做出了真實、雖然難以衡量的貢獻。

但這時候川普來了！

根據與美國國際協議一貫的原則所擬訂的美國貿易法，總統可以在若干狹窄定義的條件下課徵關稅。但鋼鐵和鋁關稅是以明顯的假國家安全理由為藉口課徵的，顯然無法通過檢視。

因此川普實際上既違反美國法律，又破壞世界貿易體系。而如果這件事升高成全面的貿易戰，我們將重回糟糕的舊年代。關稅政策將再度由兜售影響力和賄賂來決定，國家利益將被犧牲。

但川普不以為意。畢竟，我們現在的基本問題是，有一個代表汙染者利益的環境保護署，一個由想掠奪聯邦土地的人管理的內政部，和一個由營利的學校產業掌管的教育部，不一而足。憑什麼貿易政策就會不一樣？

確實有許多大企業和自由市場理論家原本認為川普支持他們，現在卻對他在貿易方面的動作大感驚駭。但他們在期待些什麼？從來就沒有好理由認為貿易政策可以免於川普的掠奪。

一本貿易戰入門書

二〇一八年六月三日

目前看來，川普的貿易戰似乎已經開打。而一直有讀者問我有關這怎麼可能的一些問題。畢竟，國會沒有投票廢除我們的貿易協議，而且有人懷疑即使川普要求通過這類立法，國會也不會通過：從所有看得到的跡象來觀察，許多共和黨人幾乎都承認川普與具有敵意的外國勢力共謀，而且現在正在干預司法，但可能讓許多企業資產陷於困境和減損價值的政策行動是完全不同的一碼事。

那麼，川普為什麼有權力這麼做？還有這對世界有什麼影響？在我看來這可能是寫一本簡短、非學術的入門書，解釋貿易體系——和美國的貿易政策在這個體系內——如何運作的好時機。

你必須了解有關貿易政策的關鍵知識是，自由貿易的經濟基本原則在實際政策中扮演很小的角色，在貿易談判中更是如此。這不是因為政策制訂者拒絕這些原則或不了解它；有些人了解，有些人不了解，但不管如何都沒有多大差別。（公平地說，有一篇學術文獻宣稱，貿易底下的經濟學比我說的還重要，但我認為這個研究值得敬佩卻不具說服力。）

的確，過去八十年美國試圖讓貿易逐漸變得更自由；這有一部分反映了經濟理論（很）間接的影響，一部分則反映緊密的經濟整合對和平與自由世界聯盟有益的信念。但過去追求貿易自由化的過程都與政治現實有關，較少與抽象理念有關。

而政治現實對貿易的影響，意謂製造者的利益比消費者的利益重要得多，因為製造者往往遠為有組織，且知道任何貿易政策攸關哪些利益。典型的例子是多年來美國的進口配額使價格比世界水準高好幾倍的糖。這項政策的利益流向幾千家蔗糖種植商，對每一家種植商來說，它每年的價值多達幾萬或幾十萬美元。數千萬名消費者承擔一點點成本，而絕大多數人不知道有進口配額。

在這種不對稱的比例下，你可能認為與進口競爭的產業利益者，宰制幾乎所有我們可能在國內生產的產業，導致高程度的保護主義。事實上，這是一九三〇年代前美國貿易政策運作的方式。

但小羅斯福實施「互惠貿易協定法案」（Reciprocal Trade Agreements Act, RTAA）——剛開始時是一套雙邊協商的制度，如果外國政府降低對美國產品的關稅，美國就會同意降低外國產品的關稅。這項法案帶來了政治運作方式的改變，把出口業的利益帶進考量中。與進口產品競爭的美國公司可能仍然呼籲要有保護；但他們將面對制衡的美國出口商要求讓它們能進入外國市場的協議。

你可以說互惠貿易協定法案是根據錯誤的經濟學——它是重商主義者假設出口是好的、而進口不好的體現。但這是一種開明的重商主義，創造一種帶來有利經濟結果的程序。

要讓這個程序運作，國會必須從貿易政策的細節後退一步，允許行政官員協商貿易協定，然後投票通過或拒絕那些協定。其結果是，即使是在第二次世界大戰前，關稅稅率大幅下降。

然後，到了一九四七年，美國及其夥伴建立關稅暨貿易總協定（General Agreement on Tariffs and Trade, GATT），基本上創造了一套多邊版的RTAA。我把GATT看成是一套槓桿和棘齒的系統，槓桿——用來讓貿易逐漸變自由的機制——包含複雜的討價還價式協商（「回合」）以獲得降低關稅的結果。棘齒用以避免退步，包含避免國家撤回既

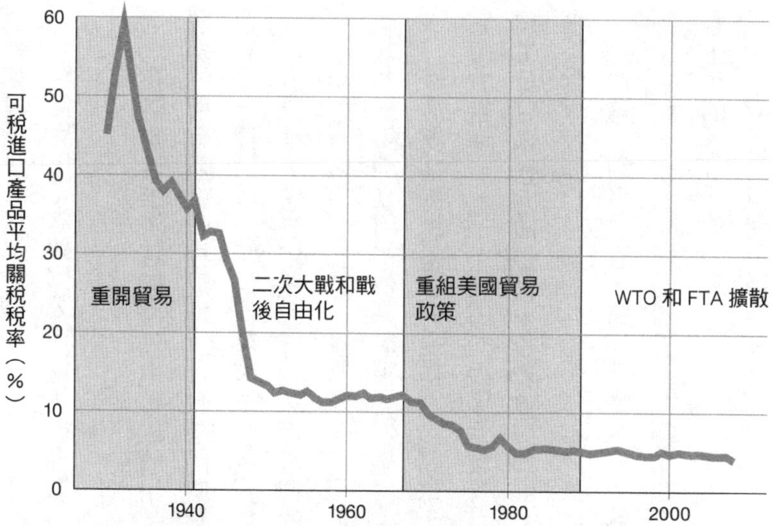

美國對可稅進口產品的貿易加權關稅，歷史期間為 1930-2008 年。

資料來源：美國國際貿易委員會幕僚從美國商務部統計資料彙整。

有承諾、除非是在特定情況下的規則。

為什麼有例外規則？同樣的原因：政治現實。貿易體系的創造者知道它需要彈性——太僵硬的規則系統很脆弱，會在事件的壓力下碎裂。因此各國有權力在下列情況課徵新關稅（真正的貿易律師知道我過度簡化它們，但基本內容是對的）：

・市場破壞——進口產品突然增加太快，讓國內生產商無法適應，課徵關稅可給予它們喘息空間；

・國家安全——確保你的關鍵產品不依賴潛在敵人；

・不公平貿易作法——用來因

應例如補貼出口產品的關稅；

．傾銷——當外國公司似乎以低於成本的價格銷售產品，企圖支配市場時。

在美國，誰決定這些理由可以適用？不是國會——那只會重開小羅斯福一九三四年解決的所有爭議。相反地，行政部門應該根據一套準法院程序，由調查機構決定是否符合其中一種情況，然後由總統決定是否採取行動。

但要是美國決定採取行動，而我們的貿易夥伴不認為理由充分呢？（或者反過來，如果美國反對另一國的行動呢？）它們可以要求國際仲裁，而這個過程直到WTO一九九三年創立前都極其麻煩，但現在通常可以很快進行。

然後呢？假設WTO發現一個國家行事不當；它有什麼權力可以執行那項判斷？它沒有直接的權力；沒有一隊黑色直升機駐紮在日內瓦，隨時準備取締貿易違規者。WTO只是強力地宣告違規者違反規則，准許受侵害的貿易夥伴採取他們認為適當的報復行動。

從過去的事件看，這種威脅有效：輸掉WTO判決的國家通常會退讓並改變政策。為什麼有效？因為每個國家都知道如果情況失控，可能演變成以牙還牙的貿易戰，讓七十年的進步毀於一旦。

這帶我們回到川普。

世界貿易體系實際上是一個相當了不起的架構——一個不斷締造高層次全球合作的框架。即使遭到嚴重的震撼，它一直保持相當穩健——最值得稱道的是，在二〇〇八年金融危機後全世界並未興起重大的保護主義。但它的設計從未考慮到一個輕蔑任何法治原則的主要國家領導人。

過去的總統曾行使課徵關稅的權力，而且不一定總是基於最好的理由。甚至歐巴馬也曾對中國輪胎課徵暫時性的「破壞市場」關稅。不過，他們向來被認為是經過深思熟慮：他們的關稅行動都有限度，且根據的經濟理由至少可含糊解釋為成立。

但川普在毫無合理性的情況下，以國家安全的說法貿然課徵關稅。為什麼從加拿大進口鋁會對國家安全帶來威脅並沒有一貫的說法；如果他以同樣理由用在進口汽車更是毫無道理。事實上，川普政府甚至不願假裝有真正的國家安全顧慮。他這麼做只是因為他有權力。

更糟的是，沒有明顯的終局可以預期。中國人——或者歐洲人和加拿大人——提供什麼才能滿足他？終結美國貿易逆差？那不是貿易政策有能力或應該達成的目標。

可想而知，全世界所有國家都對美國憤怒不已。這很重要，因為貿易政策本質上是政治性的；即使對川普做出大讓步合乎經濟考量（事實上那大有疑義），我們的民主盟邦——或前盟邦？——也沒有意願任人擺布。

現在你知道為什麼川普有權力做他正在做的事，還有為什麼那是一件很糟糕、很糟糕的事。

讓關稅再度貪腐

二〇一八年九月二十日

在平常，川普宣布對價值二千億美元的中國產品課徵關稅、讓我們更接近一場全面貿易戰的消息，會連續幾天占據新聞的頭版地位。但在當前的情況下，這類新聞只能占據次要的版面，被其他發生中的醜聞淹沒。

但川普的關稅確實是一件很大、很糟的事。它們對經濟的直接影響不大，但絕非無關緊要。然而數字不是整件事的重心，川普的貿易政策幾乎已漫不經心地拆毀了美國在八十多年前創造的規則——為了確保關稅反映國家優先目標，而非特殊利益者的權力所建立的規則。

你可以說川普正在讓關稅再度腐化，而且這種傷害將長久持續。

在一九三〇年代前，美國的貿易政策既骯髒、運作機制又不健全。那不只是整體關稅稅率很高；誰能獲得多少關稅的保護，取決於一種特殊利益者都可自由加入的討價還價。

這種脫序的成本帶來無法估計的經濟成本：它們削弱美國的影響力，並傷害整體世界的利益。最著名的例子是，在第一次世界大戰後，美國要求歐洲國家償還戰爭債務，那表示歐洲國家必須透過出口賺美元——而美國在當時課徵高關稅以阻擋這些必要的出口。

但遊戲規則在一九三四年改變了，小羅斯福實施互惠貿易協定法案，從此以後關稅透過與外國政府的協商來決定，讓出口產業在開放的市場占有一席之地。而且這些協商必須由國會投票通過或否決，降低了利益團體收買特殊待遇的可能性。

這種美國的創新變成了全球貿易體系的樣板，並以WTO的創立達到最高點。關稅政策從惡名昭彰演變成相當清廉。

現在這套貿易體系的創造者知道它需要一些彈性才能在政治中存活。因此政府被賦予在有限的情況下課徵關稅的權力：以便給產業因應進口大增的時間，對抗外國的不公平作法，和保護國家安全。而在美國，這種課徵特殊情況關稅的權力被賦予行政部門，其基本假設是這種權力將謹慎且精明地使用。

然後川普上台了。

截至目前，川普已對價值約三千億美元的美國進口產品課徵關稅，稅率預期將升到最高的二五%。雖然川普和他的官員不斷宣稱這是對外國人課稅，實際上它是對美國增稅。而由於大多數關稅是對原料和其他的企業投入課徵，所以他的政策很可能對投資和創新帶來冷卻效應。

但純粹的經濟影響只是這件事的一部分，其他部分是程序的顛倒。總統何時可以課徵關稅有一套規則；川普只（勉強）遵守這些規則的條文，但蔑視它們的精神。以國家安全為理由阻擋來自加拿大的進口產品？真的嗎？

即使是大動作宣布對中國課徵關稅，理論上是因應中國不公平的貿易作為，但基本上是要奸計。中國在國際經濟向來是個惡劣分子，但這種報復性關稅應該是針對特定政策的回應，並應提供被針對的政府滿足美國要求的明確途徑。然而川普做的只是根據粗糙的不滿情緒而痛施打擊，卻看不到可能的結局。

換句話說，談到關稅和許多其他事一樣，川普基本上廢棄了法治，並以他個人一時的好惡取代。這將帶來兩個醜陋的結果。

第一，它打開了老式貪腐的門。正如我說過，大部分關稅是對企業的投入課徵——而一些企業則獲得特殊待遇。因此現在對進口鋼鐵課徵相當高的關稅，但一些鋼鐵使用者——包括一家遭制裁的俄羅斯公司的美國子公司——卻被授予零關稅進口鋼鐵的權利。（這家俄羅斯子公司豁免關稅的訊息被公開後，已遭取消，官員宣稱是「文書作業錯誤」。）

所以，這些豁免有什麼標準？沒有人知道，但我們有充分的理由相信，政治徇私十分猖獗。

除此之外，美國已拋棄它的協商信譽。在過去，與美國簽訂貿易協定的國家相信承諾就是承諾。現在他們知道，美國簽署開放其市場的任何文件理論上就是保證開放，但美國總統仍然可以任意阻擋它們的出口產品，而且只要根據特殊的理由，就可以在任何他高興的時候為之。

總之，雖然川普的關稅可能（還）沒什麼大不了，它們卻已經讓美國變成一個不可靠的夥伴，一個貿易政策是由政治裙帶關係決定的國家，而且隨時可能違背承諾。我覺得，這不會讓美國再度偉大。

第十二章

不平等

美國的傾斜

我在中產階級社會長大。從各種意義看，它不平等：大公司執行長的平均薪資是一般勞工的約二十倍。但有一種普遍的感覺是，除了那些極少數人外，其他人都生活在相同的物質世界。

那種情況已不復可見。現在的執行長薪資是一般勞工的三百倍。其他高所得族群的薪資也大幅增加，但過去四十年來，一般勞工的薪資在調整通貨膨脹後只見小幅增長，或者紋風不動。

美國的傾斜——愈來愈大比例的所得轉移到一小群菁英——到了一九八〇年代末已明顯可見。對包括我在內的許多人來說，這似乎是壞事。這不僅意謂一般家庭未能分享經濟的進步，而且意謂我們生活在一個共享社會的感覺逐漸淪喪。所以有人可能期待社會嚴肅地討論這種不平等加劇的背後力量，以及可以怎麼做以扭轉這個趨勢。

今日確實已經有許多嚴肅的學術研究探討不平等的原因和結果，其中有些正在進行的研究是由我在紐約市立大學社經不平等研究史東中心（SCSSI）的同僚所做的，該中心也是我近日擔任研究員的地方。

可想而知，這也引起殭屍們的群起圍攻。畢竟，承認不平等大幅上升可能導致我們想辦法解決它。因此，幾乎從一開始就有某種否認不平等的產業——有點類似否認氣候變遷的產業——宣稱不平等並沒有真的上升，或者它無關緊要。本章第一篇文章一九九二年發表於《美國展望》雜誌，我在文中挑戰那些說法。要是你現在還繼續聽到我在這麼多年前反駁的同樣論調，應該不會感到驚訝。

有一個較微妙的問題多年來充斥著不平等的討論，它牽涉三個廣為散播的誤解。第一個是不平等上升主要是受較高教育的勞工生活比受較少教育者好，而不是受較高教育者中的一小群人把所有其他人遠遠甩在後面。我在〈畢業生對寡頭〉中討論這個誤解。

第二個是一種有時候不是出於善意的頑固說法，即藍領勞工的所得減少反映日益嚴重的社會問題，如家庭價值沒落。〈金錢與道德〉這篇談論到事實正好相反：我們看到美國勞工階級社會地位下跌的表徵是機會減少的結果，而非原因。

第三個是一切都是科技惹的禍，知識產業的成長需要高教育勞工，或機器人取代所有的勞工。原則上這可能是真的，但正如我在〈別把低薪資怪在機器人頭上〉裡談論的，證據顯示科技與不平等上升的關係遠比許多人想像的小，權力關係的影響大得多。

最後，不平等上升的年代也是一個地區鴻溝擴大的年代，美國較貧窮的地區——過去它們與較富裕地區呈現逐漸交融——已再度跌回貧窮。這些地區剛好也是大力支持川普的地區。本章最後一篇文章會探討地區分歧的原因和結果。

富人、右派和事實

解構所得分布辯論

《美國展望》

一九九二年秋季

在一九八〇年代中期，經濟學家開始發現美國的所得分布出現意料之外的狀況。經過三十年所得分布維持相當的穩定後，薪資和所得開始快速變得更不平等。學術研究者很快開始熱烈地討論不平等升高的原因：是全球競爭、政府政策、科技變遷或其他因素造成的？不分黨派，所有人均質疑的是，所得分布出現劇烈改變的事實。

在一九九二年，這個優雅的學術討論讓位給一場公眾辯論，在《紐約時報》、《華爾街日報》和各種大眾雜誌的版面上進行。這場大眾辯論有兩點很不同凡響。第一，保守派在表達它的看法和攻擊其對手上展現極度的凶猛。第二，保守派選擇採取一種奇怪而且終究站不住腳的立場。他們原本可以正常地挑戰那些呼籲注意所得分歧日漸擴大的人，表示這種分歧無法解決、或不管如何不應該干預。但除了少數例外，他們反而選擇採取根據事實的立場，否認發生不平等急遽升高。由於事實不站在他們那邊，他們被迫展開一連串不尋常的嘗試，企圖扭曲統計資料。

整個事件給我們兩個教訓。在一個層面上，它是利用和濫用統計數字的教科書範例。

本文檢視這個教訓，追溯保守派如何嘗試扭曲紀錄，以及他們錯在哪裡。但《華爾街日報》、美國財政部和幾個所謂的經濟專家展現的說謊功力和純粹無能的結合，顯示另一件事：美國保守主義的道德和思想敗壞的程度。

我先從檢視基本資料開始，然後評估保守主義對不平等日增這個單純事實的三種攻擊：（一）透過種種混淆的統計論據，努力否認事實；（二）宣稱雷根年代的成長紀錄超越或否定有明顯的不平等升高；（三）宣稱所得流動性讓在一個時間點比較所得分布沒有意義。最後一節嘗試綜觀整個辯論。

一些基本事實

有一些非官方來源提供美國所得不平等日增的證據。例如，《財星》長期以來每年調查企業主管薪資；而從一九七〇年代中期以來，高層主管薪資的上升遠比一般或典型勞工的薪資快許多，這個過程克里斯塔爾（Graef Crystal）在他的《追求過度》（*In Search of Excess*）中明晰地討論過。密西根大學做的調查也揭露所得分布情況，特別是長期的所得變化。還有軼聞證據：伍爾夫（Tom Wolfe）早在學術界開始嚴肅看待財富集中日增之前很久就談到，曼哈頓「好建築」的公寓需求激增，而且他的《虛榮的篝火》（*Bonfire of the Vanities*）可能已告訴你對這個主題需要知道的所有事。

百分位數 / 年份		% 年增率（四捨五入至小數點一位）
	1947-73	2.6%
20	1973-79	0.4
	1979-89	-0.3
	1947-73	2.7
40	1973-79	0.4
	1979-89	0.3
	1947-73	2.8
60	1973-79	0.7
	1979-89	0.6
	1947-73	2.7
80	1973-79	0.6
	1979-89	1.1
	1947-73	2.5
95	1973-79	1.1
	1979-89	1.6

圖一、所得增加分布，1947-1989 年。

資料來源：美國人口普查局

人口普查的數據

大多數有關美國所得分布的學術研究仰賴人口普查資料，由當前人口調查（Current Population Survey）編製而成。這些資料有若干限制，稍後我會談到。但人口普查數字作為研究的起點有一個大優點：它們沒有爭議。在所有所得分布辯論的泥巴戰中，還沒有人指控人口普查偏頗或扭曲（雖然接下來可能會有人這麼做）。

圖一呈現的圖景，應該是任何想到一九七〇年代以來美國經濟趨勢的人

所認知的一部分，那些數字顯示在幾段期間內所得分布在特定時點的成長率。

列表中的所得分布是以百分位數計算。例如，第一組數字顯示第二十百分位數家庭（所得後五分位組家庭中最高者）的所得成長率。百分位數的選擇從二十到九十五，意謂排除真正的極端情況。這樣的排除遺漏了一些很重要的發展，尤其是頂層所得者。但這個表仍給了我們有用的基準線。

選擇的三段期間為一九四七—七三年、一九七三—七九年，和一九七九—八九年。第一段代表里夫林（Alice Rivlin）所稱的「好光景」——大戰後的榮景世代。其餘兩段期間為七〇年代，從一九七三年的景氣循環峰頂到七九年的峰頂；以及八〇年代，從一九七九年的峰頂到八九年的峰頂。

我們從圖表上看到什麼？第一，一九四七—七三年的數字顯示出真正廣泛的富裕該有的狀況。在那段期間，所有群體的所得以大略相同的速度增加，每年超過二．五％。從一九七三年到七九年，正當美國經濟飽受生產力成長減緩和石油震撼打擊時，所得成長減緩許多，也較為不平均。最後，一九七九年以後出現一個新模式：整體所得成長減緩，但成長的模式呈現明顯傾斜，所得分布的頂層增加遠比中層快，而底層實際上卻減少。

接下來我將描述的一些保守派批評中，辯護者宣稱一九八〇年代代表一個正常的過程，不平等上升是正常現象，不值得擔憂。當討論變得有點複雜時，記住圖一的基本圖景將有所助益：「好」成長看起來像一道所有美國人的柵欄；但一九八〇年的成長看起來像一道樓梯，高所得者站在頂層的梯階。

國會預算處的數字

圖一的人口普查數字敘述一個很清楚的故事。但儘管如此，長期以來這個故事始終讓人感覺不完整，因為它未能清楚呈現極高所得家庭的收入。

人口普查數字在研究高所得家庭時用處不大，這有兩個原因，一個大，一個小。大的問題是高深莫測的「高所得者編碼」（top-coding）問題。當前人口調查的問卷並不詢問精確的所得，而是詢問家庭的所得屬於那個範圍，最高的範圍是「超過X」，目前為二十五萬美元。當然，這意謂人口普查資料不包含所得超過最高數字的家庭所得的變化。小原因則是人口普查資料未計算高所得家庭的一個重要收入來源：資本利得。

就是因為人口普查資料在極高所得方面很薄弱，所以利用這項資料的人往往未探究超過第九十五百分位數以上（也就是頂層五％的最低百分位數）的情況。在一九四七—七三年期間，每個人的所得大約以相同速率增加，這時候人口普查資料在頂層的薄弱並不重要。但在一九八〇年代情況變得明顯，第九十五百分位數以上的極富裕者的所得增加還要更快速。

我們可能光是從圖一就猜出這一點：由於可得的資料顯示，在所得分布愈高層的人所得增加速度更快，所以我們可以合理假設不可得資料的情況也一樣。我們可以預期，在頂層五%內的不平等也已升高，暗示了第九十九百分位數的所得增加幅度比第九十五百分位數大。

我們也可能從較非正式的證據推論出，頂層所得者的所得增加速度特別快。最顯著的是，克里斯塔爾的主管薪資數字顯示，執行長薪資增加比率是一般勞工的三倍，而且幾乎所有社會觀察家都注意到頂層所得者的財富明顯暴增。缺少的只是正式統計證據。

國會預算處的研究填補了這個缺口。國會預算處由眾議院歲計委員會（House Ways and Means Committee）掌管，負責估計聯邦稅的稅收歸宿（tax incidence）改變，為委員會每年出版的巨冊《綠皮書》提供輔助的附錄。為了執行這項工作，國會預算處發展出一套聚集美國人口普查和國稅局資料的模型。這套模型容許國會預算處繞越高所得者編碼的問題，也容許納入可稅資本利得。

圖二顯示國會預算處估計一九七七—八九年間，所得分布各部分的所得增減率。（最理想的是我們採用一九七九—八九年的數據，遺憾的是因為必須專注於稅收歸宿的原始職責，國會預算處未做一九七九年的估計。）圖中資料的呈現與圖一略有不同。它呈現的是底層五分位數家庭的平均所得，而非位於該五分位數最高所得的家庭，而且數字顯示的是整段期間所得改變的百分率，而非改變的年率。但整個圖景很清楚：頂層所得者的增加率的確很大。特別是頂層一%的家庭在十二年間所得大約增加一倍。那等於六%的

百分位數	增加比率，1977-89 年
0-20	-9%
20-40	-2
60-80	8
80-90	13
90-95	18
95-99	24
100	103

圖二、所得增加分布，1977-1989 年。

資料來源：美國人口普查局

增長率，意謂一九八〇年代的極富裕者在十年間財富增加許多，不僅是與所得分布較底層的緩慢增加比較，與戰後的榮景年代相較也是如此。

國會預算處的數字還有另一個值得注意的重點：富裕者真正有多富裕。保守派現在還在說的故事是，所謂的「富人」其實沒有那麼富有。保守派經常指出，根據人口普查的數字，在一九八九年只需要所得五九五五〇美元就可以讓一個家庭躋身頂層五分位數，而頂層五%也只需要九八九六三美元的所得。意思是說，我們基本上是一個中產階級社會，只有很少數人富裕到足以引起不義之財的憂慮。

但國會預算處的數字呈現不同的圖景，因為我們可以看到更頂層的情況。根據國會預算處，歸類為頂層一%的四口人家庭需要至少三十三萬美元（一九九三年美元幣值）的稅前所得。頂層一%四口人家庭的平均所得約八十萬美元。我們談的不再是中產階級了。

「克魯曼計算法」

美國所得分布頂層家庭的所得激增如此多，是一個不得了的事實，但這重不重要嗎？直到不久前，大多數經濟學家認為不重要；貧窮增加可能是重要的社會問題，但一些人很富裕只是社會的新奇現象。

我自己對這個討論的貢獻是指出，就某方面來說，頂層所得增加事實上是一個重大的經濟問題；我也提供一個傳達這個論點的簡單方法：以現在已惡名昭彰的「克魯曼計算法」，計算出平均家庭所得增加的七〇%由頂層一%的家庭獲得。

我們先回顧一九八〇年代一般所得增加的速度很慢。例如，即使用修正後的消費者物價指數（顯示的通貨膨脹比標準指數低），也會發現中位數家庭所得——一九八九年所得分布中位點家庭的所得——只比一九七九年高四．二%。換句話說，中位數家庭所得每年只增加〇．四%。許多衡量一般勞工實質薪資的方法甚至顯示在一九八〇年代不增反減。

我們可能以為，美國的所得增加會比一九七三年以前的美好年代緩慢，原因是生產力下降。美國經濟的生產力增加率從戰後繁榮期的每年約三%，到一九七三年以後下跌到每年約一%；而一般而言，生產力增加可以決定實質所得增加。

儘管生產力增加變慢，卻非微不足道。美國現在是一個比一九七九年的生產力大幅躍進的國家。那麼，為什麼一般家庭的生活水平沒有好很多？那些增加的生產力跑去哪裡了？

最接近的答案是，平均所得增加幅度高於中位數所得增加。圖三顯示從一九七九年到九〇年的平均家庭所得相對於中位數家庭所得。結果是，從一九七九年到八九年，平均家庭所得增加一一%，正好是在一%生產力增加率的情況下可以預期的數字。所以這個計算沒有問題。

從圖一和圖二來看，平均所得相對於中位數所得升高並不讓人意外。這正是所得變得更不平等可以預期的情況，因為當頂層的所得增加比平均快，所得相對低很多的人增加的速度必定比平均慢。從算術的角度，我們可以說大部分的生產力增加被高所得級距「吸走」，減少了較低級距所得增加的空間。我強調這只是從算術觀點看：它並未解釋當中運作的經濟力，特別是可能或應該發生的事。

不過，當我說增加被高所得家庭「吸走」時，我說的是誰？我指的是否是兩個結婚的學校教師，他們的六萬五千美元所得足以讓他們進入最高五分位數？或者我們談的是川普？

圖二應該告訴你，我們談的不是學校教師：真的高所得不是靠近最高五分位數的底

1979	平均	100
	中位數	100
1980	平均	97
	中位數	97
1981	平均	95
	中位數	94
1982	平均	95
	中位數	93
1983	平均	96
	中位數	94
1984	平均	99
	中位數	96
1985	平均	102
	中位數	97
1986	平均	106
	中位數	102
1987	平均	107
	中位數	103
1988	平均	108
	中位數	103
1989	平均	111
	中位數	104
1990	平均	108
	中位數	102

圖三、平均所得相對於中位數所得，1979-1990 年。

資料來源：美國人口普查局

部，而是它的頂部。的確，根據國會預算處的數字，從一九七七年到八九年，第九個十分位數（八十一分位數到九十分位數）家庭的稅後所得所占比率實際上略微減少。所以被吸走的都流向頂層五%或一〇%的家庭。而從圖二看來，我們可以懷疑大部分流向頂層一%。

老實說，為了了解這種情況，並引起眾人注意一個我認為向來被忽視的趨勢，我建議做下面的思考實驗。想像有兩個村落，各有一百個家庭，每個家庭各代表特定年分的家庭所得分布的一個百分位數；一個是一九七七年的村落，一個是一九八九年的村落。根據國會預算處的數字，一九八九年村落的所得比一九七七年的村落高約一〇%；但並不是整個分布都提高一〇%。而是一九八九年村落最富有家庭的所得是一九七七年村最富有者的兩倍，而一九八九年村落底層四十個家庭的所得實際上比一九七七年村落相同分位數家庭還少。

現在問：兩個村落的所得差距有多少是由最富有家庭的所得差距造成的？同樣地，一般美國家庭的平均所得增加有多少流向頂層一%的家庭？藉由檢視這個衡量方法，我們得以知道誰「吸走」平均所得增加的部分，也解釋了中位數所得為何只增加這麼少。

答案相當令人驚訝：平均家庭所得增加的七〇%流向頂層一%。

這告訴我們什麼？從一九七〇年代以來中位數所得一直未能趕上平均所得，或者換不同的說法，儘管生產力增加，一般美國家庭獲利卻很少。所以當我們談到「高所得」

家庭，我們的意思真的是高所得：不是普通的雅痞，而是伍爾夫的「宇宙主宰」。

財富分配：財富——家庭擁有的資產——和所得是不同、但相關的東西。財富通常比所得更集中：目前的估計是最高所得的一%家庭獲得總稅前所得的一二%，而最富有的一%家庭則擁有總財富的約三七%。由於財富如此集中，所以從樣本調查難以做精確的計算：隨機調查幾百、甚至幾千人，其中將只有少數幾個有錢人。儘管如此，聯準會的研究人員嘗試用複雜的取樣程序來解決這個問題。長久以來他們的調查顯示，和所得分布一樣，平均財富上升的速度遠比中位數財富快，這是不平等上升的明確證據。他們在一九九二年三月發表一篇研究論文，顯示早自一九八三年起財富集中就已大幅上升，頂層一%家庭占有財富比率從三一%上升到三七%。

晚近有幾位學術研究者（哈佛的戈爾丁〔Claudia Goldin〕和德隆，以及紐約大學的沃夫〔Edward Wolff〕）已整理出財富分配的長期歷史估計。他們指出，美國的財富集中在一九七〇年代末降到十九世紀以來最低的波谷，然後很快回升到一九二〇年代的水準。重點是財富的數字證實美國經濟不平等急遽且快速上升的整體圖景。

政治的影響

不平等上升未必對政策產生影響。即使你希望有較平均的分配，在其他條件不變下（和不是所有人都想達到這個目標的情況下），我們該怎麼做？現在很少美國人會支持一套控制工資和薪酬的政策（雖然戈爾丁指出，二次世界大戰的薪資管制似乎製造了薪資差異的長期縮小）。有人可能以不平等升高的理由來恢復稅務制度的部分累進制作法；但不平等升高大多數來自稅前所得的改變，而非累退稅政策。像斯坦因（Herbert Stein）這樣誠實的保守派人士會說：「是的，不平等確實升高了，但我不認為這需要採取任何政策因應。」

儘管如此，當所得分配的報導在一九九二年初刊出時，許多保守派感到憤怒。特別是，這些報導讓《華爾街日報》的編輯和布希政府怒不可遏。

原因相當簡單。《華爾街日報》社論版編輯、供給面學派的巴特利（Robert Bartley）認為，他們的意識形態是因為他認為雷根年代獲得巨大的經濟成功而有正當性。談論那個年代的大多數人並不成功，和大多數所得流入少數富裕家庭，本身就是一記政治重擊。而且一九九二年春季對不平等升高的遲來關注，確實明顯地協助柯林頓的競選找到新焦點和公眾憤怒的目標：他們不用怪罪凱迪拉克車的福利皇后造成的災難，而可以引導中產階級選民怪罪偏袒富人的政府政策。

因此，保守派的失望和憤怒不難理解。不過，政府、《華爾街日報》和其他保守派喉舌的反應卻不可原諒：他們沒有面對不平等在保守派治理下快速上升的事實，反而嘗試否認事實和射殺信使。

保守派反應一：否認

家庭的數量

當《紐約時報》刊出一篇文章報導我對不平等影響的估計時，幾位保守派經濟學家（包括經濟顧問委員會的幕僚）剛開始的反應是做一番不同的計算：問總所得增加流入頂層一%的比率，而非平均所得增加流入頂層一%的比率。讓我們稱它為「經濟顧問委員會的計算法」。這是一個大不相同的數字，因為隨著最後一批嬰兒潮世代長大，美國家庭的數量在一九七七年到八九年間大幅增加，所以總所得增加不只一〇%，而是約三五%。因此這個大很多的所得增加由最富裕者獲得的比率會小很多，為二五%而非七〇%。這個修改後的數字在華盛頓廣為流傳，用來反駁《紐約時報》報導的數字；的確，我被告知一家大新聞雜誌預備刊登一篇幸災樂禍的《紐約時報》犯錯的報導，但在最後一刻收到警告表示我的計算正確、而經濟顧問委員會的計算錯誤。

經濟顧問委員會的計算法哪裡出錯？記得那個我們嘗試回答的問題嗎：為什麼一般美國家庭的所得在生產力顯著提升的情況卻增加很少，還有誰攫取了生產力提升的利益？如果你思考一會兒，你會發現使用包括工作人口成長的所得增加數字，會讓我們完全偏離這些問題。例如，想想所得分布底層二〇%的情況。這些家庭的平均所得在國會預算處估計期間減少一〇%，但這些家庭的數量增加約二五%，所以它們的總所得增加約一五％。因此經濟顧問委員會計算法得到底層五分位數分享了經濟成長的結果，雖然這個群體的平均家庭所得減少了！

經濟顧問委員會也流傳一份備忘錄，提供一個假數字的例子，複雜到難以在此處複述。它的要點是，如果勞動力獲得大批沒有經驗的勞工進入，中位數勞工的經驗可能下降；在這種情況下，中位數所得可能掩蓋有相當經驗勞工的薪資上升，而「克魯曼計算法」將錯誤地認為只有極富裕者獲得利益。這份備忘錄在原則上是對的。不過，正如任何檢視勞動力和薪資資料的人都知道，真正的事實看起來完全不像這個編造出來的例子：薪資不平等上升代表有特定性質勞工的薪資離散程度增加，而非總勞工薪資的改變。

家庭的人口數

接下來的問題勉強符合主題，因為它牽涉一個我與國會預算處都坦誠面對的意見不同，而且最後的結果沒有多大差別。這個問題是，如何（如果有可能的話）處理美國家庭人口減少。

正如前面提到，國會預算處喜歡衡量的不是家庭所得的原始資料，而是以多重貧窮線來衡量的「調整後」家庭所得（ＡＦＩ）。調整後家庭所得增加速度比所得本身快，因為家庭變得愈來愈小。從一九七七年到八九年，調整後家庭所得增加一五％，相較於原始家庭所得增加一〇％。

當你以調整後家庭所得取代原始所得做克魯曼計算法時，結果看起來略微不極端：頂層一％家庭拿走所得增加的四四％，而不是七〇％。這個比率仍然相當高；但這樣修正適當嗎？

國會預算處喜歡用調整後家庭所得，是因為認為它是物質生活水準的較好標準：一個有一名小孩的家庭將買得起有三名小孩、且所得相同的家庭買不起的東西。有道理，但是如果美國家庭決定生較少小孩被認為是一種所得成長的方法（共和黨的黨綱委員會會怎麼說？），似乎過度延伸了這個觀念的用處。

的確，一般美國家庭工作的時數在一九八〇年代事實上還增加了。所以如果我們問為什麼家庭所得沒有隨著生產力成長而增加，我們應該可以忽視所得微小的漲幅，因為那是家庭更辛勤工作獲得的。國會預算處的調整顯然方向錯誤。或者以另一種說法：調整後家庭所得的計算法有助於解釋為什麼這麼多家庭買得起錄影機，卻錯失了他們感覺生活比父母輩差的原因。

不過，這些都相對不重要。不管家庭大小有沒有調整，資料都證實了所得快速流向頂層一％。

資本利得

包括羅伯茨（Paul Craig Roberts）、雷諾茲（Alan Reynolds）、眾議員阿米（Richard

Armey），以及《華爾街日報》社論版的許多評論員，都惡毒地攻擊國會預算處把資本利得納入其所得估計。他們指控納入資本利得在幾個方法上誇大了富人的所得：它納入一次性的出售，把它們當成持久性所得；它計算富人持有資產的資本利得，卻忽略中產階級家庭房子的非可稅利得；它把資本利得的通貨膨脹成分計算為利得。而所有這些評論員都宣稱，國會預算處的資本利得估計是富人所得增加比一般人多這個結論的根據。

這些批評的每一項都有答案：資產出售必須發生在某個時間；房屋的資本利得遠比批評者想像的小；通貨膨脹成分隨著通貨膨脹率而下跌，所以頂層家庭的所得增加率甚至還被低估了。不過，重點是即使去除國會預算處數字的資本利得也只有很小的差別。如果納入資本利得，國會預算處顯示流向頂層一％的所得比率在一九七七年到八九年間，從七％提高到一二％，並且顯示這個群體獲得調整後家庭所得增加的四四％。若不納入資本利得，流向的所得比率從六％提高到一〇％，而獲得增加的比率則是三八％。雖然國會預算處未報告這些數字，我們可以猜測去除資本利得的「克魯曼計算法」仍會得出超過六〇％的比率。換句話說，資本利得問題純粹是轉移注意力。

人可能太富有嗎？

當聯準會的財富調查出爐後，它立即遭到雷諾茲在《華爾街日報》和共和黨國會議員阿米的攻擊。雷諾茲的主要論點是，這項根據三千個家庭的調查研究無法正確了解頂層一%的情況，因為三千個家庭是太小的樣本。這是一個有趣的反應，因為聯準會的研究仔細解釋他們採用兩階段的程序，而且他們的估計根據的是屬於頂層一%的四百個家庭。事實上，這項調查是以統計方法的研究論文形式寫的，而且樣本大小問題立即被提到。我們只能結論說，雷諾茲在攻擊之前懶得先閱讀這篇研究。

眾議員阿米的結論在雷諾茲和羅伯茨寫的幾篇專欄中被提出，他採用不同的方法。阿米藉由仔細研究聯準會以前的一篇研究，發現他認為的一項重大事實：所得超過五萬美元家庭的平均財富在一九八三到八九年間增加的速度，比整體平均財富增加慢。他宣稱這個事實顯示財富分配實際上變得更平等，而非更不平等。他顯然沒有注意到「超過五萬美元」群體的規模在這段期間增加了，從占人口的一七%變成二〇%。假設我告訴你今日成績最高的二〇%學生的學術能力測驗（SAT）平均分數，比幾年前成績最高的一七%學生低，你會擔心嗎？或者你只會指出我額外加入樣本的學生顯然拉低了平均分數？

財富的意見分歧是分配爭議較小的一部分，但它顯露出今日保守派的不顧一切、缺乏道德感，和完全無能。

保守派反應二：爭所得增加的功勞

保守派的第二道防線已變得耳熟能詳：他們宣稱雷根的成長紀錄顯示供給面政策為

每個人創造了所得增加，而且擔心、甚至於注意所得分配是具有破壞性的事。

再看一次圖三。很明顯的從一九八二年的衰退到一九八九年的景氣循環高峰，中位數所得大幅上升（一二．五％，相對於平均所得增加一六．八％）。如果你以這幾年作為比較的根據，中位數所得落後平均所得看起來不是很重要。問題是這幾年是不是合適的比較期。

如果總體經濟學理論對人類知識有真正的實質貢獻，那就是景氣循環和長期成長間的差別。長期成長是藉由擴增經濟的生產能力而達成；衰退和復甦代表這種能力被利用的變動程度。衰退是壞事，復甦是好事，但我們不應混淆在復甦期間發生的快速成長和經濟長期表現的改善：一旦經濟接近其產能上限，成長就即將開始減緩。此外，衰退和復甦取決於聯準會多過於當權的政府，共和黨和民主黨都一樣。這是何以經濟趨勢的合理評估牽涉到比較景氣循環的高峰，或者更好的是，牽涉到所得水準與特定失業率的關係。

因此諷刺的是，供給面理論家原本誓言反對傳統凱因斯學派專注於景氣循環，現在卻堅稱自己的成功完全是因為一九八二年到八九年的景氣循環復甦。但是他們當然必須如此，因為他們的計畫未能製造出任何長期成長的加速。

從一九八二年到八九年──巴特利所稱的「七個肥美的年頭」──幾乎完全代表一個短暫的景氣循環復甦，它達到一個無法避免的極限時，只比一九七九年的頂峰高四％。

而後續的衰退（它並非老布希的過錯，一如一九八〇年的衰退也不是卡特的過錯）也許讓中位數所得跌回到比一九八〇年的水準高不超過四%。

「克魯曼計算法」的基本命題為的是傳達所得不平等已上升得如此快，以至於大多數家庭已無法從長期成長獲得多少利益。這個命題站得住腳。我們無需嚴肅看待供給面學者嘗試把過去十五年切成小塊，然後宣稱好年是他們的，壞年不是他們的。

保守派反應三：所得流動性

美國不是一個靜態社會。有一年高所得的人可能第二年有低所得，反之亦然。在我前面描述的兩個假想村落裡，我們未必會認為同一個人（或他們的子女）在一九七七年和八九年間從事相同的工作職位。而經濟幸福更依賴你的長期平均所得，超過你在特定一年的所得。所以用來自任何一年所得分析的統計數字，來對經濟幸福的分配下太多結論會有一些風險。

所得流動性——家庭所得增加和減少時發生的經濟洗牌——有兩種方式可能抵銷不平等急遽升高的命題。第一，如果所得流動性很高，任何特定一年的不平等程度將不重要，因為終身所得的分配將很平均。我把它看成是攪拌機模型：不管你攪拌機裡的泡沫是在什麼位置，幾分鐘後每個泡沫平均都只會有一半高度。

第二，如果所得流動性長期呈現上升，它可以抵銷每個時間點的不平等升高。所得流動性通常可以讓終身的分配變得更平等，因為那些富裕的人只會降低，而那些貧窮的人只會升高。

遺憾的是，這些可能性實際上都不是美國經濟的特色。美國有相當程度的所得流動性，但絕不足以影響所得分布。例如，人口普查資料顯示，一九八五年所得分布底層五分位數的家庭有八一．六％，到第二年仍處於相同的五分位數；而頂層五分位數則有七六．三％仍在同一個五分位數。更長期間會有更多流動，但仍然不夠多。城市研究所和美國財政部的研究都發現，經過十年後，原本處於所得分布頂層或底層五分位數的家庭，約有一半仍在相同的五分位數，只有三％到六％從底層上升到頂層，或從頂層下降到底層。

即使是這些數字仍然誇大了所得流動性，因為（一）那些掉出頂層五分位數（舉例來說）的家庭通常是位於那五分位數的底部，和（二）大部分的向上和向下流動代表在一個相當固定的長期分布的波動。密西根大學的斯萊姆羅德（Joel Slemrod）提供一個有用的指標，呈現出高所得有持續的傾向：一九八三年所得超過十萬美元的家庭在那一年平均所得為十七萬六千美元；到一九八五年底，他們在過去七年間的平均所得為十五萬三千美元。

也沒有任何證據顯示所得流動性在一九八〇年代大幅上升。表一是密西根大學鄧肯（Greg Duncan）的研究，顯示從一個定義有點武斷、但合理的「中產階級」在五年期間的

	期間效應			景氣循環效應	
	全部期間	1980 年以前	1980 年和以後	非衰退期間	衰退期間
高所得轉變					
中位數所得個人向上脫離比率	6.7	6.3	7.5	6.9	6.2
高所得個人向下脫離比率	29.7	31.1	27.1	28.5	31.8
低所得轉變					
低所得個人向上脫離比率	33.6	33.5	30.4	35.0	32.3
中位數所得個人向下脫離比率	7.0	6.2	8.5	6.2	8.5

表一、成人的所得出現重大改變比率

資料來源：Dimitri B. Papadimitriou 和 Edward N. Wolff，《二十世紀後期美國的貧窮和富裕》（Palgrave Macmillan，1993 年），經 SNCSC 同意複製。注：衰退期間定義為人均實質可支配個人所得五年期間成長率，它們包括 1974-1975 年，和 1979-1981 年期間。

改變。這個中產階級在一九八〇年代變小了，所以那些中產階級家庭更可能上升或下降；但相對的卻有較少貧窮家庭上升或富裕家庭下降到該中產階級（愈來愈少的貧窮家庭變富裕，或富裕家庭變貧窮）。整體的圖景呈現流動性變化不大。

所得流動性理論上可能是不平等上升的重要抵銷因素，但在實務上卻證明不是。但那未能阻止保守派嘗試利用它作為一個辯論點。

哈伯德研究

在（一九九二年）六月，財政部稅務分析局在局長哈伯德（Glenn Hubbard）——一位哥倫比亞大學留職的經濟學家——指示下發表一篇報告，宣稱美國確實有極高的向上流動性。該報告特別宣稱一九七九年從底層五分位數開始的個人有八六％直到一九八八年才脫離了該五分位數，而且從底層五分位數開始的個人最後攀至頂層五分位數的可能性，比留在底層更大。

但這篇報告是根據我們可以善意解釋為奇怪的程序。這篇哈伯德報告的作法是：它追蹤在一九七九年到八八年的十年間，每年都繳所得稅的個人所得，但不是拿彼此的所得做比較，而是與整體人口的所得比較。十年間，每年都繳稅的條件立刻強烈偏向只包含經濟成功者的取樣；只有約半數家庭在整個十年間每年繳納所得稅。這種傾向成功者的偏誤明顯呈現在取樣時期結束時，這個群體只有很少窮人、而有許多富人：的確，這些樣本最後只有七％仍留在底層五分位數，而有二八％最後攀至頂層五分位數。更重要的是，藉由比較樣本與整體人口，而非彼此比較，這篇報告基本上把正常的所得隨著年齡增加傾向視為代表社會流動性。報告中一九七九年屬於底層五分位數的樣本年齡只有二十二歲。

芝加哥大學的勞工經濟學家墨菲（Kevin Murphy）簡潔地終結了這項財政部研究的發現：「這不是典型的所得流動性，這是一個在大學書店打工的人，到了三十歲出頭找到一份好工作。」

所得增加

我們終於談到最後一項、可能也是最容易製造混淆的保守派論點。

讓我們先澄清事實：有一些家庭剛開始有平均高所得，但在十年後所得增加不多或減少，另一些家庭剛開始有平均低所得，但在十年後所得快速增加；這兩種情況在城市研究所和財政部的資料都是事實。在城市研究所的數字中，一九七七年底層五分位數的家庭到一九八六年所得增加七七％，而頂層五分位數的家庭所得增加只有五％。羅伯茨等人在《華爾街日報》社論版上拿這類數字作為一九八〇年代的窮人實際上生活比富人好的證據。我姑且稱之為「《華爾街日報》計算法」。

《華爾街日報》計算法似乎很驚人，但仔細想想，它與美國不平等快速升高的結論完全一致。它只顯示確實有一些所得流動性，但沒有人否認這一點。而且它只能證明供給面政策協助窮人的結果，就像有極少數人連續幾年贏得彩券。

遺憾的是，不以數字的例子很難解釋這一點：假設在一個經濟體的任何一年中，有半數家庭所得為十萬美元，而另一半家庭所得為二十萬美元。再假設這個經濟體符合攪拌機模型，所以從底層出發的半數家庭有五〇％機率十年後攀升為頂層半數家庭，反之亦然。

現在使用《華爾街日報》計算法。底層半數家庭從十萬美元出發，十年後他們平均賺十五萬美元，所以所得增加五〇％。從頂層出發的半數家庭剛開始有二十萬美元所得；十年後平均也賺十五萬美元，所得減少了三三％。

但所得分布是否變得更公平了？不，所得分布沒改變。我們看到的只是家庭「均值回歸」的統計現象。基本上，初期富裕的家庭只能向下移動，初期貧窮的家庭只能向上移動。所以如果所得分布是穩定的，任何所得流動性將無可避免地製造出《華爾街日報》的結果；因此不令人意外，即使所得不平等升高，我們仍然得到這樣的結果。

當然，如果所得流動性像這個例子這麼高，某一個時點的所得分布就不是很重要。但正如我們已經看到，所得流動性沒有那麼高：大多數窮人或富人仍繼續貧窮和富有。所以我們有足夠的所得流動性讓《華爾街日報》計算法看起來好像正確，但不夠高到能改變不平等真的升高的情況。

如果你需要更具體的意象，可以這麼想。在任何一年，一些低所得者一整年實在不得意，他們是被暫時裁員、虧損小企業的勞工，和遭到壞天氣打擊的農戶。這些人要忍受幾年生活才會好得多，所以目前是低所得的人未來的平均所得將增加許多。但那並不表示一直很窮的人所得增加了；他們的所得未增加。也許最能清楚說明《華爾街日報》計算法錯誤的方法是反過來計算，正如城市研究所的索希爾（Isabel Sawhill）的作法。在她的資料裡，一九七七年屬於頂層五分位數的家庭到一九八六年的所得減少了一一％。但當她探究一九八六年屬於頂層五分位數的家庭時，發現他們的所得增加了六五％！保守派喜歡強調所得流動性，因為那能激發美國充滿機會的歷史印象，這個印象一直以來即使不完全是事實，也有一部分是真的。儘管如此，一九八〇年代的流動性既未上升，也不夠高到足以改變不平等日益升高的明確圖景。

美國從一九七〇年代後所得不平等日增，絕不是經濟地貌不起眼的一部分。相反地，它在幾乎每一項經濟統計上都很顯著，且影響我們國民生活的每一面向。你可以接受這個趨勢或譴責它，但我們可能以為這是沒有人能否認的事實。

於是，所得分布爭議出人意料的教訓是，它揭露了今日保守派的心態。實際上是，許多保守派人士儘管滿口反對極權主義，卻懷著歐威爾式的本能：如果紀錄不是呈現他們想看到的東西，那就隱瞞它或捏造它。

所得分布有許多實質的問題。沒有人真正知道頂層的所得激增而底層劇減的所有原因。更不為人知的是，要對哪些可能限制或扭轉這個趨勢的政策形成共識。但看起來似乎許多保守派不但不想討論實質問題，而且選擇不去面對現實，寧可活在幻想世界，在這個幻想世界裡的一九八〇年代變成他們假想的樣子，而不是它們真實的情況。

畢業生對寡頭

二〇〇六年二月二十七日

所有人都同意，柏南克擔任聯準會主席後首度發表的國會證詞十分精彩。他在貨幣或財政政策上都沒有說錯話。

但是柏南克確實在一件事上絆了一跤。在回答眾議員法蘭克（Barney Frank）有關所得不平等的問題時，他宣稱不平等升高「最重要的因素是技術溢價（skill premium）上漲，即教育的報酬遞增」。

這是一個對美國社會情況的重大誤解。我們看到的不是一個相當廣大的知識勞工階級興起，而是一個狹窄的寡頭崛起：所得和財富正在變得愈來愈集中於少數特權菁英手裡。

我把柏南克的立場看作是我們常聽到的八〇－二〇謬誤。這個概念是說，在愈來愈不平等的社會，贏家是一個相當大的群體——占二〇%左右的美國勞工擁有技術可以利用新科技和全球化的優勢，正造成八〇%沒有這些技術的人逐漸落後。

事實卻相當不同。受較高教育的勞工生活比受較少教育者好，但一張大學文憑稱不上通往所得大幅增加的車票。二〇〇六年的總統經濟報告告訴我們，大學畢業生的實質所得從二〇〇〇年到二〇〇四年實際上減少超過五%。在從一九七五年到二〇〇四年這段較長的時期，大學畢業生的平均所得增加，但一年增幅只有不到一%。

那麼，誰是不平等升高的贏家？不是頂層的二〇%，甚至不是頂層的一〇%。所得增加最大的部分流向比這兩個階層更少數、更富有的群體。

西北大學的杜貝克（Ian Dew-Becker）和戈登（Robert Gordon）發表的新研究論文〈生產力成長去哪裡了？〉，做了詳細的說明。從一九七二年到二〇〇一年，位於所得分布第九十百分位數的美國人薪資所得只增加三四%，相當於每年約一%。所以排在所得分布頂層一〇%的人就像大學畢業生，那並不是一張通往所得大幅增加的車票。

但位於第九九百分位數的所得增加了八七%；位於第九九．九百分位數的所得增加一八一%；而位於九九．九九百分位數的所得增加四九七%。不，這不是打字錯誤。

這只是賦予你我們在談論什麼的一點概念：無黨派的稅務政策中心估計，今年第九九百分位數對應的所得將是四〇二三〇六美元，而九九．九百分位數的所得將是一六七二七二六美元。該中心沒有公布第九九．九九百分位數的數字，但它可能遠超過一年六百萬美元。

為什麼一個像柏南克這樣聰明和資訊充分的人會誤解不平等升高的原因？因為他犯的謬誤很容易支配有關所得趨勢的討論，不是因為那是真的，而是那令人感到安慰。把原因歸結為教育的報酬，暗示了不必為不平等升高怪罪任何人，那只是就業的供需問題。而且它也暗示，減輕不平等的方法是改善我們的教育體系——而較好的教育是一種幾乎所有美國政治人物至少會嘴巴說說的價值。

我們正有一個寡頭階級興起的說法遠為令人不安。它意謂不平等升高牽涉到權力關係，可能不亞於牽涉到的市場力量。遺憾的是，這是真實的原因。

我們應不應該擔心美國社會的寡頭性質愈來愈凸顯？應該，而且那不只因為經濟成長的利益未能讓大多數人雨露均霑。歷史和現代的經驗都告訴我們，高度不平等的社會往往有高度的貪腐。從分歧的所得趨勢到阿布拉莫夫（Jack Abramoff）和K街計畫（K Street Project），都有一個明確指向的因果關係。

而我與葛林斯潘的看法一致——雖然出人意料，畢竟他有自由放任主義者的背景——他曾再三警告不平等升高是「民主社會」的一大威脅。

我們可能需要一些時間才能集結對抗這個威脅的政治意志，但跨出對不平等採取行動的第一步就是放棄八〇—二〇謬誤。我們現在就應該面對不平等升高是一小群菁英所得巨幅增加造成的事實，而不是大學畢業生的所得小幅增加。

金錢和道德

二〇一二年二月九日

不平等問題近來再度進入全國性的討論中。「占領華爾街」運動（Occupy Wall Street）給了這個問題能見度，同時國會預算處提出所得鴻溝擴大的剛性資料。而無階級社會的神話已被曝光：在富裕國家中，美國一枝獨秀，是經濟和社會地位最可能被繼承延續的地方。

所以你知道接下來會發生什麼。突然間，保守派人士開始告訴我們，這不是錢的問題；這是有關道德的問題。不要想薪資停滯和其他東西，真正的問題是工作階級與家庭價值的崩潰，說來說去全是自由派的錯。

但這真的是道德的問題嗎？不，它主要是錢的問題。

公正地說，作為保守派辯護核心的新書，莫瑞（Charles Murray）寫的《走向分裂：美國白人的國家，一九六〇－二〇一〇年》（*Coming Apart: The State of White America, 1960-2010*），確實凸顯一些令人驚訝的趨勢。在只受高中及其以下教育的美國白人群體，結婚率和男性勞動參與率都下降，婚外生育率則上升。顯然白人勞工階級的社會呈現的是不好的改變。

但我們該問的第一個問題是：在價值方面的情況真的那麼糟嗎？

莫瑞和其他保守派人士經常假設傳統家庭的沒落對整體社會有可怕的影響。當然，這是一個長期存在的立場。我在閱讀莫瑞的書時，發現自己想到一本較早的惡意扭曲的書，即希姆爾法布（Gertrude Himmelfarb）一九九六年出版的《社會的去道德化：從維多利亞美德到現代價值》（*The De-Moralization of Society: From Victorian Virtues to Modern Values*），也採取極為類似的立場，宣稱我們的社會正在解體，並預測將隨著維多利亞美德的腐蝕而進一步崩解。

然而實情是，一些社會機能失靈的指標即使在傳統家庭繼續式微之際仍然大幅改善。就我所能判斷的，莫瑞從未提到從一九九〇年以來所有種族群體的青少年懷孕大幅減少，或從一九九〇年代中期以來暴力犯罪下降六〇%。可不可能傳統家庭不像廣告中指稱的是社會和諧的關鍵因素？

儘管如此，傳統勞工階級家庭確實發生一些重要的變化。問題是什麼變化？坦白說，保守派如此迅速且輕鬆地駁斥一個似乎很明顯的答案，令人感到十分訝異：受教育程度較低的男性可得的工作機會大幅減少。

你看到的有關美國所得趨勢的大部分數字專注在家庭而非個人，這對一些目的來說是合理的。但當你看到所得分布較低階層的所得只有小幅增加時，你必須知道這些所得增加全部──沒錯，全部──來自女性，因為有更多女性加入受薪勞動力，也因為女性的薪資不像過去那樣比男性薪資少很多。

不過，對較低教育的勞動男性來說，所有因素都是不利的。調整通膨因素後，男性高中畢業生的初階薪資從一九七三年以來減少了二三％。在此同時，就業福利大幅縮水。在一九八〇年，私人部門中剛從高中畢業的勞工有六五％有醫療福利，但到二〇〇九年這個比率降至二九％。

因此，我們已變成一個教育程度較低的男性，要找到有像樣薪資和好福利的工作很困難的社會。但不知道為什麼，我們對這類男性變得較不可能參與勞動力或結婚應該感到驚訝，而且還如此下結論，說原因一定是傲慢的自由派造成某種神祕的道德崩潰。而且莫瑞也告訴我們，當勞工階級真的結婚後，他們的生活變得較不快樂；說起來奇怪，錢的問題竟然會造成這個結果。還有一點：這場爭論真正的贏家是傑出的社會學家威森（William Julius Wilson）。

回顧一九九六年，希姆爾法布惋嘆我們的道德崩潰的同一年，威森出版《當工作消失時：新城市貧困人口的世界》（*When Work Disappears: The World of the New Urban Poor*）這本書，他在書中指出許多非裔美國人的社會破壞（social disruption）普遍被歸因於價值崩潰，但實際上是在都會地區缺少藍領工作。假設他是對的，你會預期另一個社會群體——例如勞工階級白人——如果經歷相似的經濟機會喪失也會發生同樣的事。事實果真如此。

所以我們應該拒絕有人企圖把全國性的討論，從不平等大幅升高轉移到指控那些被拋在後段的美國人道德敗壞。傳統價值不像保守派希望你相信的那樣重要——而且不管如何，發生在美國勞工階級的社會改變，絕大多數是不平等急遽升高的結果，而不是金錢因素。

別把低薪資怪在機器人頭上

二〇一九年三月十四日

有一天我發現自己在一場會議中討論薪資落後和不平等激升（正如我常做的那樣）。會中有許多有趣的討論，但引起我興趣的一件事，是有多少與會者直接假設機器人是問題的一大主因——機器人搶走了許多好工作，甚至所有種類的工作。有許多時候，這一點甚至不是以一個假設被提到，而是當作每個人都知道。

而這個假設對政策討論卻有實質的影響。例如，許多有關全民基本收入（universal basic income）的熱烈討論，是基於相信隨著機器人末日降臨，工作將變得愈來愈稀少。

所以，在這種情況下指出：每個人都知道的那件事並不是事實，似乎是個好主意。預測很難，尤其是有關未來的預測，而且也許機器人總有一天真的會取代我們所有的工作。但自動化並不是過去四十年影響美國勞工因素中的重要部分。我們確實有一個大問題——但它與科技只有很小的關係，與政治和權力則有很大的關係。

讓我們後退一會兒，並且問：機器人到底是什麼？顯然機器人不一定看起來像C-3PO（電影《星際大戰》中的機器人角色），或者到處滾動著說「消滅！消滅！」。從經濟的觀點看，機器人是泛指使用科技來取代以前人類做的工作。

而從這個定義來看，機器人已改造我們的經濟好幾個世紀。經濟學的創始人之一李嘉圖（David Ricardo）一八二一年就曾寫過機器的破壞效應！

今日，當人們談論機器人末日時，他們通常不會想到露天採礦和炸開山頭採礦，但這些技術絕對改變了煤礦開採：煤產量從一九五〇年到二〇〇〇年幾乎增加一倍（直到幾年前才開始減少），但煤礦工人的數量從四十七萬人減少至不到八萬人。

再想想船運貨櫃化。碼頭工人過去是主要港口城市風景的一大部分，但雖然全球貿易從一九七〇年代起直上雲霄，美國從事「海運貨物處理」的勞工比率卻減少了三分之二。

所以，科技破壞不是新現象。儘管如此，它正在加速嗎？根據資料顯示並沒有。如果機器人真的正在大量取代勞工，我們會預期看到剩下的勞工平均製造的產品數量——勞動生產力——大幅增加。事實上，生產力從一九九〇年代中期到二〇〇〇年代中期成長的速度比後來還快很多。

所以科技變遷是一則老故事。新奇的是，勞工未能分享到科技變遷的果實。我不是說應付變遷是容易的事。煤業僱用的勞工減少對許多家庭造成破壞的效應，而過去煤鄉的許多光景也一去不復返。港口城市的人力工作流失當然是七〇和八〇年代都市社會危機的原因之一。

雖然科技進步向來會有一些受害者，但直到一九七〇年代生產力成長才轉化成絕大多數勞工的薪資增加。然後這個關聯性被打破了，而且打破它的不是機器人。打破它的是誰？愈來愈多、但並非全部的經濟學家皆有一個共識，即薪資停滯的重要因素之一是勞工的談判權式微——而其根源則完全是政治。

最顯著的是，在過去半世紀，聯邦最低工資在調整通膨因素後下跌了三分之一，即使勞工的生產力增加了一五〇%。這種背離是純粹、完全政治性的。

在一九七三年私人部門的勞工加入工會的比率占四分之一，現在只占六%。工會的沒落表面上可能不是政治性的，但其他國家沒有看到類似的沒落。加拿大現在的工會化程度和一九七三年的美國一樣；在北歐國家，工會會員占勞動力比例高達三分之二。讓美國成為例外的是，一個對勞工組織充滿敵意和對打壓工會的僱主友善的政治環境。

而工會的沒落造成極大的差別。想想卡車司機的例子，過去這是一個好工作，但現在的薪資比一九七〇年代少了三分之一，而且工作條件極為糟糕。為什麼有這種差別？

去工會化是很大的原因。

而這些可以輕易量化的因素，只是我們的政治中長期的、全面的反勞工偏見的幾個指標。

這帶我回到為什麼我們談論這麼多有關機器人的問題。我認為答案是，這是轉移注意力的伎倆——一種避免面對我們的體系被操縱成不利於勞工的方法之一，類似於談論「技術缺口」是把注意力從造成失業率居高不下的壞政策轉移開的方法。

而特別是進步主義者不應該落入這種膚淺的宿命論陷阱。美國的勞工有能力且應該獲得遠比現在好的待遇。而探究他們未能獲得好待遇的原因，過錯不在我們的機器人，而在於我們的政治領導人。

「川普之地」是怎麼回事

二〇一八年四月二日

這些日子來，幾乎每個人都（合理地）感覺美國正在逐漸分裂。但這不是新故事，也不只是有關政治。從一九七〇年代以來分裂就已經從許多方面開始：隨著所得不平等急速升高，政治極化與經濟極化也攜手並進。

而政治和經濟的極化都有一個強烈的地理面向。在經濟方面，美國以沿海大城市為主的一些地區變得日漸富裕，但其他部分則被拋在後面。在政治方面，繁榮的地區大部分投票給希拉蕊．柯林頓，而落後的地區把票投給了川普。

我不是說沿海城市的一切都好：許多人的經濟情況仍然困頓難行，雖然他們生活在整體看起來成功的大都會地區。而主要拜鄰避主義（Nimbyism）[1]所賜，房屋價格大漲變成真實且日益嚴重的問題。儘管如此，地區經濟發展分歧與政治分歧卻有真實且緊密（雖然不是絕對）的關係。

但這種分歧背後的原因是什麼？「川普之地」（Trumpland）是怎麼回事？

地區分歧在美國不是新現象。在二次世界大戰前，世界最富裕、最有生產力的美國確實也有數百萬赤貧的農民，其中有許多人甚至過著沒有電力或室內水管系統的生活。但到一九七〇年代前，這些差異一直在快速縮小。

舉美國最貧窮的密西西比州為例。在一九三〇年代，密西西比州的人均所得只有麻薩諸塞州的三〇％。不過，到了一九七〇年代末，這個數字幾已攀至七〇％——而且大多數人可能預期這種輻合的過程將持續。

但這個過程卻朝反方向走：到今日，密西西比州的年均所得已跌回到只有麻州的約五五％。從國際的視野看，密西西比州比起麻州的貧窮程度，就像西西里島等沿海行政區比起義大利北部。

密西西比州不是一個孤立的例子。正如歐斯汀（Benjamin Austin）、格拉瑟（Edward Glaeser）和桑默斯（Lawrence Summers）等人的一篇新論文指出，人均所得的地區輻合現象已完全停止。落後地區經濟的相對下滑伴隨著社會問題日增：主要勞動年齡男性呈現失業率升高、死亡率升高和高比率的使用鴉片類藥物。

附帶提到：這些發展的影響之一證明威森說對了。威森指出，非白人內城貧民的社會問題根源不是非裔美國人文化的一些神祕缺陷，而是經濟因素——具體地說，即好的藍領工作消失。當然，當農村白人面對類似的經濟機會消失時，也會遭遇類似的社會崩解。

那麼，「川普之地」究竟是怎麼一回事？

我同意加州大學柏克萊分校的莫雷蒂（Enrico Moretti）大部分的看法，他二〇一二年出版的《新創區位經濟》（*The New Geography of Jobs*）是任何嘗試了解美國的人必讀之書。莫雷蒂指出，經濟的結構性改變讓僱用高教育程度勞工的產業處於優勢——而這些產業在已經有許多這類勞工的地點表現最好。其結果是，這些地區呈現出成長的良性循

1「Nimby 是 Not In My Back Yard（不要在我家後院）的縮寫。指的是公共設施的效益為大眾共享，但風險和成本由附近的居民承擔，所造成的社會不和諧，地區房價的下跌。

環：它們的知識密集產業欣欣向榮，吸引更多高教育程度勞工，進而強化了它們的優勢。與此同時，一開始就有低教育勞動力的地區呈現出惡性循環，因為它們困在錯誤的產業，也因為它們在過程中飽受人才外流之苦。

不過，雖然這些結構性因素是主要的原因，我想我們必須承認自我破壞政策扮演的角色。

歐斯汀等人發表的新論文，為制訂援助落後地區的國家政策找到理由。但我們已經有援助這些地區的計畫——只是許多這類地區不願接受。許多拒絕擴大聯邦醫補的州（雖然聯邦政府願意承擔大部分經費，而且會在這個過程中創造就業）是美國最貧窮的州。

再看看像堪薩斯和奧克拉荷馬這些州——這兩個州在一九七〇年代相對富裕，但現在已經落後——如何實施大幅降稅，最後反而殘害了自己的教育系統。外部力量把它們丟在一個坑裡，但它們自己把坑挖得更深。

而談到國家政策，讓我們面對現實吧：「川普之地」實際上是投票支持讓自己陷於貧窮。新政計畫和公共投資在戰後的大輻合扮演重要角色；保守派努力縮小政府對美國各地人民的傷害，但它將不成比例地傷害那些把共和黨送上權力寶座的地區。

事實是，即使有明智的政策，要設法改善美國日益擴大的地區鴻溝也會很困難。這道鴻溝在我們可能實施的政策下將只會進一步擴大。

第十三章

保守派

保守主義運動

「我不屬於任何組織化的政治黨派。」威爾．羅傑斯（Will Rogers）諷刺地說：「我是民主黨人。」在他說這些話時，這個笑話有一部分事實，但現在則是更加貼近事實。這可不是我信口雌黃：政治科學家會告訴你，兩個黨的結構從根本上就不同。

民主黨不必然很差勁或沒有效率，但它向來是利益團體的鬆散結盟。現在它已不像當年與北方的工會領袖和南方的種族分離主義者合作時那般鬆散，而且近年來它似乎已在意識形態上變得更協調一致。但沒有單一的團體在掌舵。

對照之下，現代共和黨只是一個高度組織化運動的一部分，而這個運動包括了梅鐸（Murdoch）媒體帝國、主要由同一群億萬富豪資助的五花八門智庫和倡議團體，以及其他成員。內部和外部的觀察家往往把這個集合體稱為「保守主義運動」（movement conservatism）。

保守主義運動並非一直都是美國政治中一股重要的勢力。在一九七〇年代前，它幾乎不存在，而且直到一九九〇年代才完全掌控共和黨。但現在它是唯一有分量的一種保守主義——而且是美國高度政治極化背後的推動力量。同樣地，政治科學家已發現衡量這些事的標準。至少直到晚近之前，民主黨只略微往左移動——但共和黨人卻往右移動很遠。我們的政治出現兩極化，但正如政治科學家所言，它「不對稱」。

不過，許多評論美國政治和政策的人不清楚或拒絕承認兩黨間的根本不對稱。我們甚至為它取了名字：兩邊主義（bothsidesism）。兩邊主義堅持，不管你可能看到右派表現的黨派之私有多過度，左派也有同等的黨派之私，所以解決美國問題的方法是兩黨都有優秀的中間派分子，可以共同合作解決事情。這些都是一廂情願的天真。

當然，美國有左派激進分子，但他們並未掌控民主黨；右派激進分子基本上「就是」共和黨。我們可能把一些政治人物描述為中間派，其定義是他們的政策觀點廣泛地符合公眾意見——雖然在經濟議題方面的公眾意見實際上遠比被普遍承認的更偏向左派。不過，不管如何，今日幾乎每一個可能被稱為中間派的政治人物都是民主黨人；共和黨中間派已被趕出共和黨。

你無法據實寫有關政治或政策的東西而不把不對稱的兩極化納入考量——因為政策構想取決於，或至少部分取決於是否有一些現實的發生機率。本章的所有文章都考量到美國在保守主義運動時代中的現實。

同一個大老黨

二〇〇七年十月八日

近來有一些文章描繪小布希總統是一個偏離了真正保守主義道路的人。這些文章說，共和黨人必須回歸他們的根源。

我不知道真正的保守主義是什麼，但在為我即將出版的書做研究時，我花了很多時間研究自稱為保守主義的美國政治運動的歷史——而小布希一點也沒有偏離道路。相反地，他正是現在保守主義運動的模範。

例如，有人宣稱對小布希減稅並發動昂貴的戰爭感到震驚。但雷根也減稅，同時進行大規模的建軍。

有人宣稱對小布希整體而言不負責任的財政感到震驚，但根據保守主義知識分子的記述，他們三十年前就放棄了財政責任。當時擔任《公眾利益》（*The Public Interest*）季刊編輯的克里斯托（Irving Kristol）解釋他在一九七〇年代擁抱供給面經濟學說：他「對預算赤字和其他貨幣或財政問題，抱持相當騎士的態度」，因為「以我所見，任務是創造一個新多數，而顯然這表示保守派多數，進而也表示一個共和黨多數——所以政治效益是優先目標，不是政府的會計赤字」。

有人宣稱對布希政府外包重要的政府機能給私人承包商、但拒絕有效地監督這些承包商感到震驚，這種情況的例證包括伊拉克重建的失敗和黑水（Blackwater）事件。

但回顧一九九三年科恩（Jonathan Cohn）在《美國展望》雜誌中解釋道，「雷根和布希掌權時，監督承包商的公共官員人力如此單薄，以至於想像中的外包效益蕩然無存。政府機構面對兩種最糟的情況——士氣低落且組織不良的公共官員，以及不負責任的私人承包商。」

有人宣稱對小布希政府的整體無能感到震驚。但對好政府不感興趣長期以來就是現代保守主義的原則。在一九六〇年出版的《保守派的良心》（*The Conscience of a Conservative*）中，高華德（Barry Goldwater）寫道：「我對精簡政府或讓它更有效率沒有多大興趣，因為我想要的是縮減其規模。」

有人宣稱對小布希的司法部蔑視憲法，不顧國會和法院指示應停止刑求而發出授權刑求的祕密意見書感到震驚。但是還記得伊朗門事件嗎？雷根政府祕密出售武器給伊朗，違反禁運的法律，並以所得支持尼加拉瓜反抗軍，違反國會明文禁止這類支持。

喔，如果你認為伊朗門事件是惡棍擅自行動，而不是高層——然後再以周密的掩飾以及方便的總統特赦保護——知情並批准的事，我有一封來自尼日的信你可能會想買。

有人宣稱對小布希政府假借對抗投票舞弊，努力剝奪少數族群公民權感到震驚，但雷根反對選舉權法案，一直到一九八〇年他還描述它是「對南方的羞辱」。

有人宣稱對小布希政府嘗試——有一陣子還很成功——威嚇新聞媒體感到震驚，但這個政府的媒體技巧以及很多執行這些技巧的人，都直接出自尼克森政府。錢尼（Dick Cheney）想搜索赫許（Seymour Hersh）的公寓，不是發生在上週，而是在一九七五年。福斯新聞台總裁艾里斯（Roger Ailes）是尼克森的媒體顧問。

有人宣稱對小布希嘗試把異議等同於叛國感到震驚，但高華德和雷根一樣，被重新塑造成保守派純潔的偶像，但在真實生活是一個遠為沒有魅力的人物——忠實地支持麥卡錫（Joseph McCarthy），他是僅有的投票反對譴責煽動者動議的二十二名參議員之一。

特別是，有人宣稱對小布希政府的獨裁主義、蔑視法治感到震驚，但是早在半世紀前，《國家評論》（*The National Review*）就宣告「南方的白人社群有權利在必要時採取這類措施以保有優勢」，並駁斥在「參考一本美國公民有生而平等權利的目錄」——猜想指的是被稱作美國憲法的文件——後提出的反對，是毫無意義的反對。

現在，當他們審視自己的理念造成的破壞時，保守派可能自問：「我們怎麼走到今日的境地？」他們可能告訴自己：「這不是我的美麗權利造成的。」他們可能自問：「我的天，我們做了什麼？」

但他們的運動仍然和過去的一樣。而小布希是保守主義運動中心的真正繼承人。

康特和運動之死

二〇一四年六月十二日

眾議院多數黨領袖康特（Eric Cantor）初選挫敗的意外是多大條的事？很大。從雷根當選到歐巴馬當選——許多名嘴因此認為今年保守主義可能捲土重來——一直支配美國政治的保守主義運動，正在我們的眼前瓦解。

我不是說整體的保守主義已經垂死，但我和其他人說「保守主義運動」——一個我好像是從歷史學家佩爾斯坦（Rick Perlstein）學到的詞——是有特定意義的：一群緊密交織的機構和聯盟，藉由煽動文化和種族的焦慮贏得選舉，但利用這些勝利主要在推動一個菁英主義的經濟目標，同時提供支援網絡給政治和意識形態的忠誠者。

藉由拒絕康特，共和黨基本選民所展現出對選舉的誘導轉向法（bait-and-switch），開始變得更聰明，而康特自身的失敗也展現，那套支援網絡不再能保障工作的安穩。有大約三十年期間，保守派受到掌控；但這種情況已結束了。

要了解我說的誘導轉向法，想想二〇〇四年發生的事。小布希藉由扮演國家安全和傳統價值的擁護者——正如我喜歡說的，他捍衛美國對抗同婚的恐怖主義者——而贏得連任，隨後立即轉向他真正的優先目標：私有化社會安全計畫。這是在弗蘭克（Thomas Frank）著名的《堪薩斯州發生了什麼事？》（*What's the Matter with Kansas?*）書中所描述策略的一個完美例證，即共和黨人會以社會問題來動員選民，但無一例外地會在選後只為大企業和一％的富人服務。

為了回報這種服務，企業和富人提供慷慨的支持給有右派思想（和「正確」〔right〕思想）的政治人物，和一套安全網——「死忠者福利」（wing-nut welfare）——給忠誠擁護者。特別是永遠有舒服的職位等候那些自願或非自願離開公職的人。這些職位有些是遊說工作；有些是福斯新聞台和其他地方的評論員（兩位小布希任內的講稿撰寫人現在是《華盛頓郵報》的專欄作家）；有些是「研究」工作（桑托榮〔Rick Santorum〕在失去參議員席位後，為一家由柯克兄弟〔Koch brothers〕等人資助的智庫主持「美國的敵人」計畫）。

成功的選舉策略和安全網的結合，讓作為一名保守派忠誠者似乎是一條低風險的職業道路。理念是激進的，但它召募的人往往愈來愈像黨工，受職涯激勵超過受信念驅使。

這絕對是康特給人的印象。我從未聽到有人說他很善於鼓舞人。他的政治言論惡毒但能量不足，而且往往出人意料地缺乏敏感度。例如，你可能記得二〇一二年他以一則讚譽企業主的推特文來慶祝勞動節。但他顯然很擅長玩內部遊戲。

不過，結果是這已經不夠用。我們不完全清楚為什麼他輸掉初選，但看起來似乎是共和黨基本選民不信任他會為他們的優先目標服務，而是會為大企業的利益（而他們的感覺可能正確）。眼前最重要的特定議題是移民，這也剛好是基本派和黨菁英分歧最大的地方。菁英認為他們必須找到與西裔溝通的方法，而西裔卻是基本派討厭的對象。除此之外，基本派的排外主義和大企業想要有充裕的廉價勞工間存在天生的衝突。

雖然康特不會沒飯吃——他肯定會在說客雲集的 K 街找到舒服的工作——他挫敗的羞辱，是當一個保守派黨官僚不再是過去看來很安全的職業選擇的警訊。

那麼，保守主義運動將往何處去？在康特的挫敗前，有一個廣為流傳的媒體說法對這件事有何影響？即共和黨大佬正從茶黨重新奪回掌控，而這實際上是宣稱老式的保守主義運動正在捲土重來。不過，事實上大佬級人物是靠重新塑造自己為激進派來贏得初選。而康特的挫敗顯示只對激進派口惠還不夠；基本派必須相信你是說真的。

長期來看——可能從二〇一六年開始——這對共和黨將是壞消息，因為該黨在社會問題上正往右移，而此時美國大體上卻是在往左移。（想想同性戀婚姻的立場轉變多麼快。）不過，在此同時，我們看到的是一個將比從二〇〇八年以來更加極端、對參與正常治理更不感興趣的政黨。一個醜陋的政治場景即將變得更加醜陋。

中間偏右的大幻覺

二〇一八年十月三十一日

是什麼正在把美國的政治推落懸崖?種族仇恨以及願意利用它、心存嘲諷的政治人物是主要因素。但還有其他因素。赫爾脫爾—斐南德茲（Alexander Hertel-Fernandez）、密爾登柏格（Matto Mildenberger）和史杜基斯（Leah Stokes）在今天的《紐約時報》發表的一篇社論（實際上它是社會科學，而不是評論!），似乎證實了我已經懷疑的事：誤解選民想要什麼正在扭曲政治立場的選擇和公共政策。

這篇社論的作者想說的是，國會助理嚴重地誤解他們上司的選民的想法；這種情況在兩個政黨皆發生，但以共和黨更為嚴重。他們沒有明白指出的是，除了廢除平價醫療法案外，民主黨在這方面犯的錯和共和黨一樣，只是較不嚴重。具體地說，兩黨都認為社會大眾比真實情況更偏向右派。

順便提到廢除平價醫療法案：我懷疑幕後發生的事。許多民調顯示選民一面倒地想要維持有疾病者的醫療保險，和補貼低所得美國人的保險——換句話說，他們想要平價醫療法案的本質，即使他們可能不贊同這個法案。所以我對這個結果持保留態度：民主黨在這件事上可能不像表面呈現的那麼大錯特錯。

總之，我真正希望看到的是其他團體——例如主要媒體組織的政治分析師——做的可比較的調查。為什麼？因為我懷疑我們會看到類似的結果：對政治發表評論的人也會想像選民比真實情況更偏向右派。換言之，我的意思是華盛頓特區內部有一個共同的幻覺：美國是一個保守派或最多只是中間偏右的國家，而這不是一個根據事實的看法。

愈來愈偏向更右派的共和黨確實在政治上更有競爭力，在過去二十四年除了四年以外控制了白宮、眾議院或同時控制兩者。但這有一大部分要歸功於傾斜的遊戲場——在那段期間他們只有一次贏得總統的多數普選票，而且在民主黨拿到多很多選票的情況下，也能掌控眾議院。

這同時反映共和黨採取一種與他們的政策毫無關係的政治策略。川普狂暴地嘗試讓下週的選舉與可怕的棕色人種有關，而不是醫療健保或減稅，這是我們好長一段時間以來見過最粗暴和醜陋的事，但它基本上是可以預期的。老布希利用反霍爾頓（Willie Horton）競選；小布希則藉國家安全議題競選。他們提出的實際政策實在不多。

事實上，我們從二〇〇四到〇五年共和黨的選舉操作和公眾偏好的不協調中，上了一堂實物教學課。小布希讓它變成一場國家安全選舉，帶著些微的文化戰爭味道；我常開玩笑說，他以同性婚姻的恐怖分子的敵人身分競選。然後，在贏得勝選後，他宣告他擁有私有化社會安全計畫的職權。但他沒有。

可是許多名嘴認為他有。二〇〇四年大選後有幾個月，評論圈的主流意見是小布希當然會達到私有化社會安全計畫的目的，而嘗試阻止他的裴洛西這班人是站在歷史的錯誤邊。真的很喜歡社會安全（聯邦醫保和聯邦醫補）的選民一面倒地反彈，讓許多自稱政治專家的評論員大吃一驚。

那麼，這種美國是一個中間偏右國家的幻覺造成什麼影響？它嚴重地限制了民主黨採取大膽的政策立場，因為害怕它們對選民來說會太偏左——這種害怕又因為一些新聞記者不斷堅稱公眾想要介於兩黨之間的某個中間地帶所強化。別忘了彭博社就像總統的樂隊花車，車上有幾個知名的名嘴和大約三個非新聞記者的選民。

但共和黨與現實還更脫節。赫爾脫爾—斐南德茲等人正確地指出，川普減稅已證明自己一直不得民心；他們沒有指出一開始共和黨很有把握它將是個政治大贏家：「如果我們不能把這個推銷給美國人民，我們應該改行做別的工作。」麥康諾曾說。但他們賣不出去，減稅幾乎已從共和黨的訊息中消失。

而共和黨人似乎對大眾反對他們嘗試去除對有疾病者的保險完全沒預防，這一點你想起來就會覺得驚訝不已。他們怎麼可能不知道這是一個弱點？

這帶我來到羅勃茲（David Roberts）昨天寫的東西，它補充了我已經想了一陣子的事情。他談到穆勒（Robert Mueller）的挫敗時指出，我們面對的是「第二代福斯新聞台保守派」，他們完全在右派的泡泡裡長大，不了解泡泡外面的人如何說話、思考和行為。

我認為用這來描述全部是黨工的職業共和黨政客更是貼切。他們在保守主義運動的機器裡長大，而且真的認為除了少數左派魯蛇外，每個人都認同他們的意識形態。他們甚至不知道他們黨的成功是仰賴種族對立主義，而大多數人希望對富人加稅和維持社會福利。

附帶一提，這是川普占優勢的地方。他不是在保守派溫室長大的；他的粗魯意謂他了解他的選舉成功不是取決於複誦保守派的虔誠理念，而是仰賴最大程度的醜陋。

美國政治的空曠區

二〇一九年二月四日

咖啡億萬富豪舒茲曾想像他可以做一個「中間派」來吸引廣大的支持，結果只有四%的支持率，和四〇%的不支持率。

以壓倒性勝利當選維吉尼亞州州長的民主黨人諾沙姆（Ralph Northam）正面臨一場風暴，為了他的醫學院畢業紀念冊上種族歧視的照片而遭到自己同黨的譴責。

競選時承諾擴大醫療保險和對富人加稅的川普，一上任後馬上開始背叛他的勞工階級支持者，強行通過對富人的大減稅，同時嘗試取消數百萬人的醫療保險。

這些最後證明都是彼此相關的事，他們都與美國政治生活缺少的兩樣東西有關係。

一個是缺少社會自由派、經濟保守派的選民。這些選民是舒茲認為可以吸引的人；但基本上他們不存在，是的，他們只占所有選民的約四%。

另一個是缺少經濟自由派、社會保守派的政治人物——讓我們不避諱地說，就是「種族歧視的民粹主義者」。有相當多選民會喜歡那種組合，而川普假裝就是他們想要的人；但他不是，而且沒有任何其他人是。

我認為，了解這些空曠區就是了解美國政治的關鍵。

許久以前國會裡有種族歧視的民粹主義者：新政聯盟仰賴一大批來來去去的認同種族隔離的狄西黨（Dixiecrats）。但那向來不是穩定的情況。在實務中，擁護經濟包容似乎也會外溢到種族和社會包容性。到一九四〇年代，北方的民主黨人已經比北方共和黨人更支持民權，而且正如諾沙姆事件顯示，民主黨現在也很少人容忍即使是表面上的種族歧視。

另一方面，現代共和黨的目標只是為富人減稅，和減少窮人和中產階級的福利。而不管在競選時如何假裝，川普證明自己也沒啥兩樣。

因此，我們的政治體系未能服務社會保守派（也想向富人增稅並保留社會安全計畫中具種族歧視）的選民。民主黨不會認可他們的種族歧視；不會受良心譴責的共和黨會認可——記住，共和黨的大佬堅定支持羅伊．摩爾（Roy Moore）參選參議員——但不會保護那些選民不可缺少的社會安全計畫。

但為什麼只有這麼少選民抱持相反的立場：結合社會性／種族歧視的自由主義和經濟保守主義？我認為，答案可以從共和黨已偏向極右找到。

民調已經很清楚，如果你定義「中間」是一種介於兩黨之間某個地帶的立場，那麼在經濟議題上，大眾是一面倒的中間偏左，甚至是比民主黨更左。為富人減稅是共和黨的招牌政策，但三分之二選民認為富人的稅率事實上太低，只有七％的人認為太高。選民支持華倫提議對鉅額財富課稅的比例達到三比一的多數。只有少數人希望削減聯邦醫補，雖然這類削減是近年來幾乎每一項共和黨健保提議的核心。

為什麼共和黨堅持一個如此遠離選民偏好的立場？因為他們可以這麼堅持。當民主黨變成民權黨時，共和黨可以藉由迎合勞工階級白人的社會性和種族歧視的非自由主義來吸引他們，甚至同時追求傷害一般勞工的政策。

其結果是，在美國做一個經濟保守派意謂擁護本身只能吸引少數菁英的政策。基本上沒有人想要這些政策；它們只有與種族敵意打包在一起才賣得出去。

那麼，美國政治的空曠區對未來有什麼意義？第一，舒茲當然是傻瓜——那些夢想改革後的共和黨仍然是保守派、但會放棄與種族歧視者關係的人也是。幾乎沒有人想要那種混合的立場。

第二，對民主黨會因為左移太遠——例如提議向富人增稅和擴大聯邦醫保——而危及選舉結果的恐懼被過度誇大。選民想要經濟向左移——只是他們有些人不喜歡民主黨支持民權，而這是民主黨無法拋棄而不喪失其靈魂的事。

較不明確的是，政治人物願意當真正種族歧視的民粹主義者——不像川普假裝是民粹主義者——是否還有空間。種族歧視的民粹主義者選民占了一大區塊，而你可能認為有人會嘗試去服務他們。但也許大筆金錢的吸引力——這已完全俘虜了共和黨，而且可能也讓民主黨人避免迎合選民真正希望的更向左移——實在太大了。

無論如何，如果獨立參選人有真正的空間，那個候選人將看起來更像華萊士（George Wallace）而非舒茲。鄙視傳統黨派的億萬富豪應該當心他們許的願。

第十四章

哎唷！社會主義！

二十一世紀的扣紅帽子

美國應不應該提供所有合法居民聯邦醫保式的健保計畫？這是一個你可以問選民並得到有意義回應的真實問題。（一般人喜歡能夠加入聯邦醫保的構想，但不喜歡必須放棄他們覺得適合他們的私人醫療保險。）

美國應不應該採用社會主義？這不是真實的問題，因為「社會主義」對不同的人可能意謂不同的東西。典型的定義是「政府擁有生產手段」，而顯然選民不贊成這一點。但美國政治有嘗試把這種定義的社會主義與歐洲人所稱的「社會民主體制」——一個市場經濟，但是有強力的社會安全網和限制企業追求獲利行為範圍的規定——混為一談的悠久歷史。的確，在聯邦醫保實施變得非常受歡迎之前，它被指控為「社會化醫療」，也被危言聳聽地警告它將摧毀美國的自由。

換一種說法，如果你認為我們應該更像丹麥一點——一個市場經濟，但有比現在更強大的社會安全網——保守派會堅稱你想讓我們變成委內瑞拉，在那裡對市場力量的蔑視已導致經濟災難。

在我寫到這裡時，共和黨人顯然正嘗試把對社會主義的恐懼當作二〇二〇年競選的主軸，希望利用民主黨——在此時基本上是一個社會民主黨——包含一些挑釁地（但我認為是不正確地）自稱為社會主義者的政治人物這個事實。我不知道這種嚇唬技倆會不會有用，但從它找到施力點的程度來看，共和黨會這麼做部分原因是太少人了解社會民主體制做些什麼，或者在社會民主道路上走在我們前面的國家過著什麼樣的生活。

本章的內容將嘗試從各種角度解決這種知識不足的情況：描述西歐國家真正的生活狀態，但也嘗試驅散我們自己的社會如何運作的迷思——尤其是當有人持續假稱自由市場永遠能促進個人自由。

資本主義、社會主義和不自由

二〇一八年八月二十六日

《紐約時報》網站上現在有兩篇文章——一篇由羅賓（Corey Robin）寫的社評，和一篇由艾爾文（Neil Irwin）寫的新聞分析——我認為應該一起閱讀。這兩篇文章批評從一九七〇年代以來支配許多公共討論的新自由主義（對，我確實認為這個詞用在這裡是正確的）意識形態犯了許多錯。

低稅率和最少的規範在過去和現在到底有什麼賣點？當然，部分賣點是宣稱小政府是經濟好表現的關鍵，而好的經濟表現能讓所有人雨露均霑。這種說法一直持續存在——

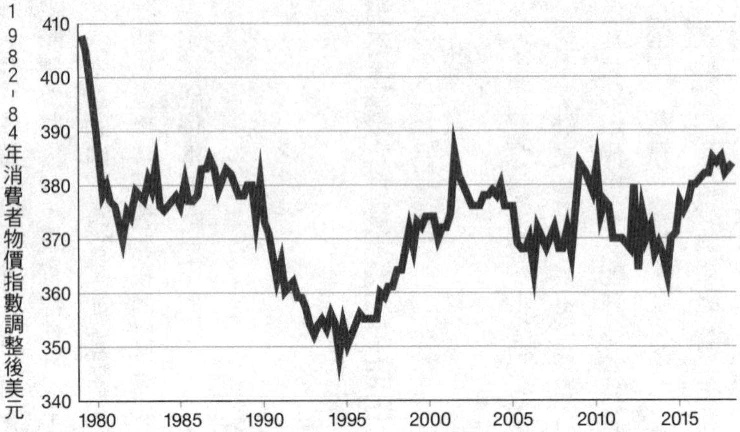

全職工作：通常每週實質所得中位數：受薪勞工：十六歲和以上：男性。

資料來源：美國勞工統計局

因為背後有希望它持續存在的強大利益團體——雖然新自由主義支配的年代實際上經濟成長乏善可陳，而且一般勞工未能享受到。

不過，另一個說法是自由市場能轉化成個人自由：一個未加規範的市場經濟可以解放一般人免於官僚體制的暴政。這個說法宣稱，在自由市場中，你不需要奉承老闆或銷售你產品的公司，因為他們知道你永遠可以為其他老闆效命或另覓其他公司。

羅賓指出的是，市場經濟的現實不是這樣。事實上，數千萬美國人——尤其是、但不僅限於那些沒有賺很多錢的美國人——的日常經驗是必須一直仰賴僱主和其他更強大的經濟參與者的善意。

正如德隆說的，羅賓舉的許多例子確實可用在任何複雜的經濟體系：我曾浪費時間在和威瑞森公司（Verizon）與社會安全局打交道，而在這兩個例子中，我的社經地位肯定讓我比一般領最低工資的勞工更順利。（另一方面，我在被大肆中傷的交通監理所倒是一直有愉快的經驗。）但自由市場能移除公式中的權力關係的這種想法太過天真。

而且這種想法在現在比幾十年前還更天真，因為正如艾爾文指出，重量級經濟參與者支配經濟的比例愈來愈大。例如，買方壟斷壓抑薪資的情況愈來愈明顯；但它的影響還不只如此。少數幾家公司的集中僱用，加上像競業禁止條款和默契合謀等強化其市場力的東西，不僅是降低你被僱用時的薪資，也減少或消滅你在受到不公平待遇時的選項：如果因為碰到上司濫權或因為你違反公司政策而辭職，你可能在尋找新工作時遭遇大麻煩。

但我們能怎麼辦？羅賓的答案是「社會主義」——就我的判斷，他真正指的是社會民主制：丹麥，不是委內瑞拉。政府強制的員工保護可能限制公司僱用和解僱的能力，但它們也保障員工免於一些很真實的虐待形式。工會確實限制勞工的一些選項，但它們也提供對抗企業買方壟斷的重要制衡。

喔，還有社會安全網計畫能做的不止是減少悲慘：它們也帶來自由。我認識許多人曾困在他們不喜歡的工作，只因為害怕喪失醫療保險；歐記健保雖然有缺點，卻明顯地減少這種「閉鎖」，而一個完全保障的醫療保險將使我們的社會明顯地更自由。

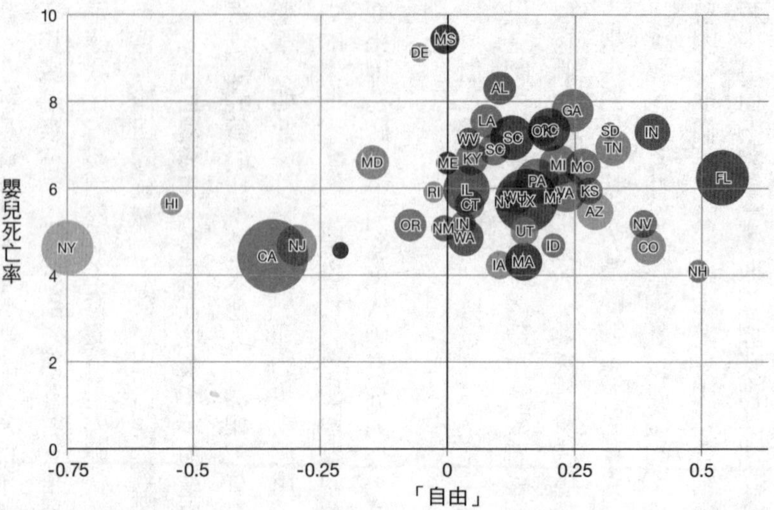

資料來源：William P. Ruger 和 Jason Sorens，五十州的自由指數：個人和經濟自由指數（卡托研究所，2018 年）。

不久前我玩味了卡托研究所的各州經濟自由指數，發現這項指數顯示佛羅里達州（FL）是最自由的州，而紐約（NY）則最不自由。（我寫這些沒有問題吧，委員同志？）正如我曾指出，卡托式的自由似乎與高嬰兒死亡率（和其他因素）有關聯。生而自由然後死亡！（新罕布夏州（NH）緊跟在佛羅里達州後面。）

但嚴格來說，紐約和佛羅里達間的真正不同讓紐約人更不自由嗎？紐約州是一個高度工會化的州——工會成員占勞動力二五．三％——而佛羅里達州只有六．六％。這讓紐約州勞工較不自由，或者是讓他們在面對企業勢力時更有力量？

此外，紐約州已擴大聯邦醫補並嘗試建立平價醫療法案交易所的機制，所以只有八％沒有保險的非老年成人，相較於佛羅里達州則有一八％。紐約人很生氣醫療法律的限制嗎？或是他們知道自己較沒有因為醫療緊急事件而破產、又或因為失業而陷入困境的風險而感覺更自由？

如果你是高薪的專業人士，那可能不是很重要。但我猜想大多數勞工在紐約州至少感覺比在佛羅里達州更自由。

關於生活在一個複雜的社會不可避免地伴隨著必須犧牲一些自由，並沒有完美的答案；烏托邦不是選項。但無限制的企業權力和最少勞工保護的擁護者，憑藉假裝自己是自由的捍衛者而得逞已經太久——事實上，自由不是另一個一無所有的代名詞。

丹麥沒有那麼爛

二〇一八年八月十六日

要或不要，成為一個社會主義者的煉獄，這是個問題。抱歉，我忍不住。

上個週末，福斯商業台主播里根（Trish Regan）因為描述丹麥和委內瑞拉一樣是社會主義恐怖故事的例子，而差點惹出一個國際事件。丹麥財政部長建議她參訪他的國家，並學習一些事實。

的確，里根挑了一個最糟不過的例子——或者，從美國進步主義者的觀點看來，一個最好不過的例子。

因為丹麥過去數十年來確實走了一條與美國大不相同的路，丹麥（略微地）向左轉，不同於我們向右轉，而且表現得還不錯。

美國政治一直以來被反政府的聖戰所支配；丹麥則擁抱政府花大錢的角色，公共支出占國內生產毛額（GDP）超過一半。美國的政治人物恐懼談論把富人的所得重分配給生活較不如意的同胞；丹麥則以美國人難以想像的規模進行這種重分配。美國的政策對組織化勞工的敵視日深，工會幾乎已從私人部門消失；三分之二的丹麥勞工是工會會員。

保守派意識形態說，丹麥的政策選擇將帶來災難，雜草將從哥本哈根的街道蔓生。里根忠實地描述了她的僱主認為一定會發生在丹麥的情況。但如果丹麥是座煉獄，它在隱瞞這個事實上確實做得很好：我剛走訪過那裡，而那裡看起來太繁榮了。

況且資料證實了我的印象。丹麥人找工作比美國人容易，而且有許多人賺的錢比美國人多。丹麥的人均GDP比美國略低，但基本上那是因為丹麥人休假更多。所得不平等的情況輕微許多，而且預期壽命更長。

顯而易見的事實是，大多數丹麥人的生活過得比美國人好。在幸福和生活滿意度的評量中，丹麥一直領先美國是有原因的。

但丹麥是社會主義國家嗎？

堅信自由放任主義的卡托研究所說不是：「丹麥有相當自由的市場經濟，除了有福利轉移和高政府消費外。」那可是難得的條件。

丹麥確實一點都不符合社會主義的典型定義，這個定義牽涉政府擁有生產手段的所有權。它實際上是社會民主主義：一個藉政府行動來減輕資本主義缺點的市場經濟，包括擁有強大的社會安全網。

但美國保守派——像是福斯的里根——不斷有系統地模糊社會民主制和社會主義的區別。二〇〇八年，麥肯指控歐巴馬想實施社會主義，只因為歐巴馬呼籲擴大醫療保險。二〇一二年，羅姆尼宣稱歐巴馬從「歐洲的社會主義民主黨人」學到他的構想。

換句話說，在美國的政治討論中，任何人想讓市場經濟的生活變得不那麼險惡、粗暴和短命，都會被譴責為社會主義者。

而這種抹紅攻勢有一個可預測的效應，如果你指控任何改善美國人生活的嘗試是「社會主義」，遲早有許多人會得到社會主義是好事的結論。

近日蓋洛普的民調發現，大多數年輕選民和自認的民主黨人偏好社會主義甚於資本主義。但這不意謂有數千萬美國人希望政府取得經濟的掌控權。它只意謂有許多人聽說想讓美國變成有一點像丹麥就是社會主義者，他們最後會認為社會主其實沒有那麼糟。

這個道理也適用於對一些民主黨政治人物的觀感。奧卡西奧－科爾特斯的成就有許多要歸功於此，不只是因為她令人氣惱的初選勝利，也因為她是自稱的社會主義者。不過，她的競選政綱以傳統定義來看一點也不社會主義，而是道地的社會民主主義。

這讓她與黨的其餘成員站在同一立場。每當我讀到質疑民主黨人代表什麼的文章，我猜想作者並未注意候選人對政策說了什麼。因為今日的民主黨事實上令人刮目相看地比以往更團結在社會民主主義的目標下。

沒錯，政策和修辭策略還存在歧異。推動全民健保應不應該考慮全民式的聯邦醫保，或者只是讓每個人有權利參與一套加強版的聯邦醫保計畫？民主黨應該忽視共和黨誹謗他們的社會民主理念，或者應該嘗試把「社會主義者」的抹紅變成一種榮譽勛章？

但這些歧見並不是很深，當然不是二十年前嚴重撕裂自由派和中間派的那種分歧。

明顯的事實是，美國可以不必如此悲慘。其他先進國家都有全民健保和比美國遠為強大的社會安全網，而美國還可以做得更好。

川普相對於社會主義者的威脅

二〇一九年二月七日

一九六一年，美國遭遇了保守派認為的一個致命威脅：要求給老年人國家醫療保險的呼聲。為了扭轉這個可怕的命運，美國醫學會發動它所稱的咖啡杯行動（Operation Coffee Cup），這是一項病毒式行銷（viral marketing）的先驅嘗試。

這是它的作法：醫生的妻子（別忘了那是在一九六一年）被要求邀請朋友到家裡，並給她們聽一段錄音，由雷根解說社會主義化的醫療將摧毀美國的自由。這些家庭主婦也被要求寫信給國會，譴責聯邦醫療保險計畫的威脅。

這套策略顯然不管用：聯邦醫保不但創設起來，而且變得如此受歡迎，使得後來的共和黨人經常（虛假地）指控「民主黨」企圖削減這個計畫的經費。但這套策略——宣稱任何強化社會安全網或限制不平等的嘗試都會讓我們陷入通往極權主義的滑坡——至今歷久彌新。

所以川普在他的國情咨文演說中，從他經常掛在嘴邊對可怕棕色人種的警告，短暫地轉向來自社會主義威脅的警告。

川普幫或整個保守派說的「社會主義」，指的是什麼？答案是，視情況而定。

有時候它代表任何一種經濟自由主義。因此在國情咨文演說後，財政部長梅努欽

(Steven Mnuchin)盛讚川普經濟,並宣稱「我們不會重回社會主義」——換言之,顯然美國直到二〇一六年之前是一座社會主義煉獄。誰知道?

不過,在其他時候,它指的是蘇維埃式的中央計畫,或委內瑞拉式的工業國有化,但絕口不提在美國的政治歷史上從來沒有人提倡這類東西的事實。

這個伎倆——而且「伎倆」是正確的詞——牽涉在這些完全不同的意義間切換,並希望沒有人注意到。你說你想要大學免學費?想想在烏克蘭饑荒中死去的所有人!這不是政治諷刺漫畫:讀讀川普的經濟學家去年秋季發表的那些奇怪、令人生厭的有關社會主義的報告。

所以,讓我們談談檯面上真正有些什麼。

一些美國的進步主義派政治人物現在自稱為社會主義者,而有眾多的選民,包括大部分三十歲以下的選民,說他們贊成社會主義。但這些政治人物或選民並沒有吵嚷著要求政府沒收生產手段。相反地,他們接受保守派把任何節制市場經濟過當的東西描述為社會主義的說法,並且實際上等於說:「好吧,在這種情況下,我是社會主義者。」

支持「社會主義」的美國人真正想要的,是世界其他地方稱為社會民主主義的東西:一個市場經濟,但藉由社會安全網來救濟極度貧窮,和藉由累進稅制來限制極度不平等。他們想要讓我們像丹麥或挪威,而非委內瑞拉。

而如果你沒去過那裡,讓我告訴你,北歐國家事實上不是煉獄。他們的人均GDP

比我們略低，但那是因為他們休更多假。比起美國，他們有較高的預期壽命，較少的貧窮，而且整體的生活滿意度比我們高得多。喔，他們有高程度的創業精神——人們更願意承擔開創事業的風險，因為他們知道萬一失敗不會失去醫療保險，或陷於悲慘的貧窮。

川普的經濟學家顯然費了好大功夫，才把北歐社會的現實塞進他們的反社會主義者宣言。在一些時候，他們說北歐人不是真正的社會主義者；在另一些時候他們卻拼命想證明，不管外表看起來如何，丹麥人和瑞典人生活得很艱困——例如，開一輛皮卡車對他們來說很昂貴。這些都不是我虛構的。

從自由主義到極權主義的滑坡又怎麼說？這些說法完全沒有證據。聯邦醫保沒有摧毀自由。史達林統治的俄羅斯和毛澤東的中國並不是從社會民主主義發展出來的。委內瑞拉早在查維茲（Hugo Chávez）上台前就是一個貪腐的石油國家。如果有一條農奴之路，我想不出有任何走這條路的國家。

所以製造對社會主義的恐懼既可笑又不誠實。但它在政治上會有效嗎？可能不會。畢竟，選民一面倒地支持美國的「社會主義者」提議的大多數政策，包括對富人增稅，和讓每個人能享有聯邦醫保（雖然選民不支持強迫放棄私人保險的計畫——一個警告民主黨不要把單一保險人制的純度當成石蕊試紙的跡象）。

另一方面，我們絕不應該小看不誠實的力量。不管民主黨提名哪一位總統候選人，右派媒體都將把他形容為托洛斯基（Leon Trotsky）再度降臨，而數百萬人將相信它們。讓我們希望其餘的媒體會報導美國社會主義乾淨的小祕密，那就是它一點也不激進。

第十五章

氣候

最重要的事

老實說，有時候我懷疑自己談論氣候變遷以外的事情是不是在浪費時間。我是說，文明面臨了生存的威脅；如果我們不採取行動限制溫室氣體排放，長期來看，其餘的事──健保改革、所得不平等，甚至金融危機──都無關緊要了。

不要每篇專欄都寫氣候變遷的威脅當然有些很好的理由，生活和制訂政策必須繼續下去，只能希望我們做的將足夠扭轉氣候的威脅，以免為時太遲。還有一點是，寫作的影響力取決於你能貢獻多少，以及你想解決的問題有多重要。正如錢德勒（Raymond Chandler）在他的論說文〈謀殺巧藝〉（The Simple Art of Murder）中寫道：「一些很無趣的書寫的是有關於上帝，而一些很精彩的書寫的是有關謀生和保持相當的誠實。」此外，不管喜不喜歡，雖然氣候是一個日益政治化的問題，贏得採取行動的支持將需要把氣候政策和人們關心的其他事綑包在一起。待會兒我會再多談這一點。

所以，我不會一直寫有關氣候的議題，或者從它在整個大圖景中的重要性來看，我寫的次數將不成比例的低。但這引發一個問題：一名經濟學家在這個議題上能做出什麼貢獻？我想答案有三個。

第一，雖然我不是氣候科學家，有關氣候變遷的政治辯論與有關經濟政策的政治辯論有很高的類似性。和經濟一樣，全球氣候是一個複雜的系統；也和經濟政策一樣，在氣候政策這個領域中，有一些人真誠地嘗試了解世界如何運作，但另一些既得利益者卻只想提倡未必有證據支持的觀點。

因此我從數十年的經驗知道，嚴肅的研究和有政治動機的假研究看起來各是什麼模樣。當我看到一邊是曼恩（Michael Mann）——著名的全球氣溫「曲棍球棒」圖形創始者——的研究，另一邊是令人氣憤的氣候變遷否認者企圖妖魔化和毀謗他時，我可以輕易看出哪一種人站在哪一邊。

第二，反對採取任何因應氣候變遷措施的說法之一是，任何限制溫室氣體排放的嘗試都會對經濟造成巨大傷害。所以這場辯論也有一個直接與經濟有關的面向。

最後一點，我自認多年來觀察經濟政策的政治操作，已讓我得以了解各類政策的政治操作。特別是，醫療保險改革的方法對我來說一直是「完美是善的敵人」（the perfect is the enemy of the good）這個原則的實物教學課。單一保險人制、全民聯邦醫保式的健保體系，比像歐記健保這種公民營混合式健保優越，這確實是站得住腳的論證。但在二〇〇九年出現十五年來首見的健保改革機會時，美國顯然還沒有準備好可以實施單一保險人制（很可能現在也還沒有）。所以我們做了第二好的選擇——並讓二千萬人加入健保。

這與氣候變遷有什麼關係？每一個修過基本經濟學課的學生都被教導，處理汙染的有效方法是為它訂一個價格，例如用碳稅。而我的一些同僚似乎執著於追求純粹的方法：我們應該有碳稅，而且只能有碳稅。另一方面，一些進步主義者呼籲推動所謂的綠色新政（Green New Deal），把氣候政策和其他目標混合在一起，並大力推行除了碳稅以外的其他政策。在本章最後一篇文章，我談到採用一種氣候政策的耶誕樹法——提供各式各樣的方案給各式各樣的利害關係人——應該行得通。

川普和致命的否認者

二〇一八年十月十五日

氣候變遷是個騙局。

氣候變遷正在發生，但它不是人為的。

氣候變遷是人為的，但採取任何行動將摧毀就業，並扼殺經濟成長。

這是氣候變遷否認者的步驟。或者稱它們是步驟可能不對，因為否認者從沒有真正放棄辯論，不管他們的說法早已被證據徹底駁倒。更適合它們的描述是蟑螂想法——你可能以為已經擺脫掉的假話，但它們就是一直出現。

總之，川普政府和它的盟友——在又一次氣候變遷強化的致命颶風和一份凶險的聯合國報告下採取的防衛戰術——過去幾天一直在散播這些荒謬的言論。我認為這是令人驚駭的奇觀，只是如今要被驚嚇已經愈來愈難。但它提醒我們，今日的領導人願意為了政治權宜而危害文明，當然更不用說為了他們的化石燃料業朋友可以賺更多錢。

談到這些蟑螂，暫時不說細節，氣候否認言論的繁複和多樣——否認者的說法不斷改變，但不變的結論是我們不應該採取行動——就是氣候行動反對者的辯論是出於惡意的跡象。他們並非嚴肅地嘗試了解氣候變遷的現實，或減少排碳量的經濟學；他們的目標是儘可能讓汙染者自由地汙染，而且為達這個目的而不擇手段。

儘管如此，在這裡仍然值得指出近幾年來他們的說法已經徹底崩解。

今日的氣候否認者似乎已從宣稱沒發生任何事暫時退讓下來。拿一九九八年不尋常的溫暖天氣做比較，以否認地球暖化的老伎倆——這就像拿七月初的天氣來與一個五月的暖天做比較，並否認有夏天這回事——已經被一連串的氣溫新紀錄打臉。還有海水變暖造成的強大熱帶風暴，已使愈來愈多大眾注意到氣候變遷的後果。

所以新的策略是淡化已發生的事。氣候變遷模型「一直不很成功」，白宮首席經濟顧問庫德洛（Larry Kudlow）這麼說。事實上，它們很成功：截至目前的全球暖化與過去的預測吻合。「有些事正在改變，但它會恢復原狀。」川普在《六十分鐘》節目上這麼宣稱，但完全沒有根據。

在不情願地承認地球可能變得有點暖化後，氣候否認者宣稱溫室氣體是罪魁禍首的說法已不具說服力。川普說：「我不知道那是人為的。」雖然他似乎從之前宣稱氣候變遷是中國人編造的騙局退讓一些，但他仍認為是氣候科學家的大陰謀，說他們「有一個極大的政治目的」。

想想看，數十年前專家根據基礎科學預測排放將使全球氣溫升高。像川普這類人嗤之以鼻。現在專家的預測已經發生，而否認者堅稱排放是代罪羔羊，氣候變遷背後一定有別的原因，這一切都是一個陰謀。別鬧了。

那就像川普暗示，沙烏地阿拉伯與卡舒吉（Jamal Khashoggi）進入沙烏地大使館後消失了毫無關係一樣——暗示卡舒吉是被某個神祕的第三者殺害。真的喔。

最後，有關氣候政策的成本：過去我已發現一件很奇怪的事，保守派對市場經濟體的力量和彈性有完全的信心，但卻宣稱如果政府創造誘因以減少溫室氣體排放，就會完全摧毀這些經濟體。

末日派宣稱減少排放的成本太高特別奇怪，因為再生能源已有巨大的技術進步：風力和太陽能發電的成本已大幅下降。另一方面，燃煤電廠已變得如此沒有競爭力，以至於川普政府希望犧牲較乾淨的能源來補貼它們。

總之，雖然氣候否認者過去的說法一直很薄弱，它們現在還更薄弱。即使你真的在五年或十年前被否認者說服過，後來的發展應該也會讓你重新思考。

事實上，在現實中，氣候否認者與邏輯或證據從未有多少關係；正如我說過，否認者的辯論明顯的是出於惡意。他們並不真的相信自己說的話。他們只是找藉口來讓像柯克兄弟這些人繼續賺錢。此外，自由派希望限制排放，而現代保守主義大體上只是想和自由派作對。

思考美國發生什麼事的方法之一是，那是川普式貪腐的典型例子。我們有好理由相信，川普和他的同夥正在為個人利得而出賣美國。不過，談到氣候，他們出賣的不只是美國；他們出賣的是全世界。

氣候變遷否認者的墮落

二〇一八年十一月二十六日

不用說，川普政府是非常反科學的。事實上，它是反客觀事實。但它對政府的控制仍然有其限度；沒有大到足夠避免最新的國家氣候評估（National Climate Assessment）公布，而這份報告詳細說明了目前的全球暖化情況和預期未來對美國的衝擊。

的確，這份報告是在黑色星期五公布的，顯然是希望在混亂的情況中不會受到太多人注意。好消息是這個小伎倆沒有得逞。

這項評估基本上以大量附錄的額外詳細資料，證實了任何關注氣候科學的人已經知道的事：氣候變遷對美國是一大威脅，而且它的部分不利影響已經可以感受到。例如，這份在最近的加州災難前撰寫的報告，強調了野火在西南部日增的風險；全球暖化是野火愈來愈大和愈來愈危險的原因，而不是沒有耙落葉。

但是，川普政府和它在國會的盟友理所當然忽視這項分析。不顧證據而否認氣候變遷已變成共和黨的核心原則。這值得我們試著了解為什麼會如此，以及在這個議題上作為一個否認者牽涉的徹底墮落。

等等，墮落是不是太強烈的字眼？人不是有權利不同意主流觀點，即使這種主流觀點獲得一面倒的科學共識支持？

是的，人有權利——只要他們的論點是出於善意。但這些氣候變遷否認者幾乎全無善意。而為獲利、政治優勢或滿足自我而否認科學是一件壞事；當不接受科學可能帶來可怕的後果時，我認為否認是墮落。

我讀過有關這個主題的最佳新書是頂尖的氣候科學家曼恩寫的《瘋人院效應》（*The Madhouse Effect*），書中的漫畫由托斯（Tom Toles）所畫。正如曼恩解釋，氣候否認者事實上走的是早期科學否認者的路，最先是菸草公司長期以廣告來混淆大眾對吸菸危險的認知。

令人震驚的事實是，到了一九五〇年代，這些公司已經知道吸菸會導致肺癌；但他們花大量金錢在粉飾當時對這種關聯性已存在的爭議。換句話說，他們知道自己的產品會害死人，但他們嘗試避免大眾知道這個事實，以便他們能繼續賺錢。這符合墮落的標準，不是嗎？

從許多方面來看，氣候否認主義類似癌症否認主義。在混淆大眾上有財務利益關係的企業——在這個例子是化石燃料公司——是首謀者。據我所知，少數表達懷疑氣候變遷的知名科學家，每一個都從這些公司或從捐款人信託（Donors Trust）這類祕密輸送管道獲得大量金錢——新代理司法部長惠塔克（Matthew Whitaker）在加入川普政府前，也獲得這些相同管道的支持。

但氣候否認扎根政治比癌症否認還深。在實務上，除非你否認全球暖化、宣稱它是自然造成的，或堅持採取任何行動都會摧毀經濟，否則你不可能在現代共和黨內有立足之地。你也必須接受或默許氣候變遷壓倒性的證據是騙局、是科學家的全球大陰謀的說法。

為什麼有人會甘願做這種事？金錢還是主要原因：幾乎所有著名的氣候否認者都接受了化石燃料業的賄賂。不過，意識形態也是原因之一：如果你認真看待環境問題，你會推想需要某些政府的監管，因此僵化的自由市場理論家不願意相信環境問題是真實的（雖然強迫消費者補貼煤不是問題）。

最後，我感覺其中牽涉一些裝硬漢的成分——男子漢不使用再生能源之類的東西。這些都很重要。如果有重量級的參與者出於善意，不同意科學而反對氣候行動，那是可惜、但不是罪惡，需要更努力於說服。不過，氣候否認卻深植於貪婪、機會主義和自我。基於這些原因而反對氣候行動是罪惡。

的確，那是墮落，而且其程度讓癌症否認變成小事。吸菸害死人，而菸草公司嘗試混淆公眾的認知是邪惡。但氣候變遷不只是害死人；它可能讓文明覆滅。嘗試混淆大眾對這件事的認知是完全不同等級的邪惡。這些人都沒有小孩嗎？

讓我們說清楚：雖然川普是氣候否認者墮落的首要例證，但這是他的整個黨多年前就踏進黑暗面的問題。共和黨不只是有壞主意；在這一件事上他們根本是壞人。

否認氣候變遷是川普主義的淬鍊爐

二〇一八年十二月三日

許多觀察家似乎對共和黨效忠川普感到困惑——這個黨願意在所有陣線支持他，甚至在期中選舉嚴重挫敗後。哪一種黨會這麼支持一個不但明顯貪腐和似乎受外國獨裁者掌控，而且經常否認事實和嘗試定罪任何指出事實者的領導人？

答案是，早在川普躍上檯面前，這個黨已決定否認氣候變遷的事實，並定罪報告事實的科學家。

共和黨並非一直是反環保、反科學的黨。老布希引進限制與交易（cap-and-trade）計畫，主要用於控制酸雨問題。一直到二〇〇八年，麥肯呼籲採用類似的計畫以限制導致全球暖化的溫室氣體排放。

但麥肯的黨早已踏上變成今日樣貌的過程——一個不僅完全被氣候變遷否認者支配的黨，而且大體上對科學懷著敵意，妖魔化並嘗試摧毀挑戰其教條的科學家。

川普完全契合這種思想和心態。事實上，當你檢視共和黨否認氣候變遷的歷史，它看起來很像川普主義。你可以說，否認氣候變遷是形成川普主義基本元素的淬鍊爐。

舉例來說，川普否認所有有關他的行為及其後果的負面資訊，斥為敵對媒體或惡毒的「國中國」（deep state）編造的假新聞。這種陰謀論長期以來就是氣候變遷否認者的標準作法，他們最早開始宣稱全球暖化的證據——九七％氣候科學家相信的證據——為「巨大的騙局」。

這個巨大騙局的證據是什麼？不用說也猜得到，大部分是根據竊取的電子郵件。有太多輕易上當的新聞記者相信從「氣候門」揭露的所謂不法行為，而這樁從駭客入侵一所英國大學獲得的電郵斷章取義製造的假醜聞，也預告了媒體對二〇一六年駭客竊取民主黨電郵的災難性處理。（我們從那些電郵所能知道的只有科學家也是人——偶爾會有惡毒的情緒，而且喜歡使用敵視的圈外人可以任意曲解的專業術語。）

喔，還有數千名科學家進行這個大騙局的動機會是什麼？我們已經習慣於美國史上最貪腐的總統川普令人大開眼界的行事，領導現代最貪腐的政府，不斷咒罵他的對手和批評者「邪惡」。同樣的情況也發生在氣候變遷辯論。

事實是，最著名的氣候變遷否認者基本上都是拿錢辦事，從化石燃料公司獲得大筆金錢。但最近發表的國家氣候評估報告，詳細說明我們可以預測全球暖化將帶來破壞後，一連串共和黨人反而上電視宣稱科學家談論這些事是「為了錢」。這是在自我投射嗎？

最後，川普已讓美國政治升高到一個新層次的險惡，刺激他的追隨者以暴力對待批評者，並嘗試命令司法部起訴希拉蕊．柯林頓和柯米（James Comey）。

但氣候科學家多年來一直遭到騷擾和威脅，甚至包括死亡威脅。他們面對政治人物嘗試定罪他們的研究。最著名的例子是「曲棍球棒」圖的創造者曼恩，多年來是庫奇內利（Ken Cuccinelli）擔任維吉尼亞州檢察長時反氣候科學聖戰的目標。

這類例子不勝枚舉，近日亞利桑納州一名法官處理一樁與柯克兄弟有關的團體提出的控告時（而且顯然他並不了解研究工作），下令亞利桑納大學的氣候科學家公布所有的電子郵件。為了先發制人避免被選擇性錯誤引用，曼恩自己公布了他與亞利桑納同僚的所有電郵，並附加內容的解說。

這個故事有三個重要的寓意。

第一，如果我們未能因應氣候變遷的挑戰而造成災難性的後果——這似乎很可能發生——其原因不會是因為天真而不了解茲事體大，而是一場由貪腐、恣意妄為的無知、陰謀論和威脅恐嚇造成的災難。

第二，那些貪腐不是「政治人物」或「政治制度」的問題。具體地說，它是共和黨的問題，因為即使地球暖化造成的破壞愈來愈明顯，這個黨反而變本加厲地埋進否認氣候變遷裡。

第三，現在我們可以看清否認氣候變遷是一個更廣泛的道德敗壞。川普不是特例，他是他的黨多年來的累積。你可以說川普主義只是把否認氣候變遷的墮落應用在政治的每個面向。而這種墮落看起來沒有止境。

對綠色新年的期許

二〇一八年十二月三十一日

讓我們坦白承認：眾議院的新多數民主黨將無法制訂新法案。我會很訝異看到達成任何重大的跨黨派協議——即使是在兩黨都宣稱想推動的基礎建設法案，實際上共和黨想要的是一個私有化公共資產的藉口。

所以華盛頓的權力轉移的立即結果，不會牽涉實際的政策制訂；它們主要將來自民主黨新獲得配備傳票武器的調查能力，用來調查川普臭不可聞的貪腐。

但這不表示民主黨應該忽視政策議題。相反地，民主黨應該把未來兩年花在思考，如果它在二〇二一年果真取得制訂政策的權力，它將嘗試怎麼做。這讓我想到目前的大政策口號：所謂的綠色新政。這真的是個好構想嗎？

是的，它是好構想。但超越口號的訴求並擬訂細節很重要。你不想和共和黨一樣，他們花許多時間談廢除歐記健保的大計畫，但從未想出現實的替代方案。

那麼綠色新政是什麼？目前還不清楚，而那是它之所以是好口號的原因：它可能是好幾種好事。但據我對它的了解，主要訴求是我們應該採取重大的行動以解決氣候變遷，而這個行動應強調正面而非負面的影響。特別是，它應強調投資和補貼，而不是碳稅。

但是等一等，我們不是「應該」考慮碳稅嗎？原則上是。正如任何正式認證的經濟學家都能告訴你，藉由為排放訂價以減少汙染有很大的優點，你可以透過課稅，或者創造一套限制與交易制度來讓人買賣排放許可來達成目標。

這是基本經濟學：汙染稅或類似的作法比起非全面性的政策，可以製造出較廣泛的誘因。為什麼？因為它鼓勵人們以各種可能的方法減少碳足跡，包括從使用再生能源、節約能源，到從能源密集產品的消費轉向其他產品。

不過，碳稅是一種稅——它將讓必須繳稅的人不高興。是的，碳稅的收入可以用來降低別的稅，但說服人們相信整體來看生活會變好是極其困難的事。而宣稱碳稅高到足以帶來有意義的改變和促成跨黨派的支持，在最好的情況下也只是幻想，最糟的情況則是化石燃料業將設法阻擋任何重大行動。

重要的是擬訂一套雖不盡理想、但適於推廣的政策（至少在初期），勝過「讓完美變成善的敵人」。這是健保改革的教訓：單一保險人制在歐巴馬總統任內沒有機會實施，但一套有點笨拙的公私混合制保留了雇主提供的保險，也是（勉強）可行的辦法——它讓二千萬美國人得到保險。

現在全民健保的原則已經成形，漸進轉變成所有人享有某種聯邦醫保的版本開始在政治上變成可能；但先從能達成重大進步而不大幅破壞民眾生活的政策著手很重要。

我們能否同樣在氣候變遷上達成重大進步，而不嚴重破壞美國人的生活？我從資料得出的判斷是可行。

大部分的美國溫室氣體排放來自發電和運輸。我們可以藉由停止使用煤和增加再生能源（其價格已大幅下降）的使用，減少三分之二以上的發電相關排放，無需要求美國人減少用電。我們可以確定能藉由提高車輛燃油里程和增加使用電動車輛，來使運輸排放減少類似的比例，即使我們不減少每年開車的里程數。

這些是結合像稅務優惠和不太繁雜的規定等正面的誘因就能達成的。再加上投資於支持替代能源的科技和基礎建設，一套大幅減少排放的綠色新政似乎實際可行，即使不課徵碳稅。而且這些政策將明顯地創造再生能源的就業；目前再生能源業的僱用已遠超過採煤業。

當然，部分人將受到影響。煤礦業目前僱用的五萬三千名美國人最後必須找其他工作（對轉型產業勞工的輔助應該是綠色新政的一部分）。化石燃料公司的獲利也會下降，但這些公司現在幾乎把所有政治獻金捐給共和黨，所以不知道民主黨為什麼要在乎。

不過，整體來看，民主黨確實可以為氣候變遷做類似為健保做的事：擬訂可以大幅改善情況的政策，使創造出來的贏家多過於輸家。他們無法馬上實施綠色新政——但現在應該開始準備，並在兩年內準備就緒。

第十六章

川普

為什麼不試試最差的？

我和每個人一樣對川普當選感到震驚，雖然之前媒體輕蔑地對待希拉蕊讓我很擔心——但那是本書下一章討論媒體問題的故事。不過我對共和黨會提名他不覺得意外，對他上任後的行為完全像悲觀者警告的那麼糟，或國會裡的共和黨議員——他們一直有約束他的權力——實際上與川普貪腐和殘酷的惡毒行徑同流合污，也不感到驚訝。

因為事實是像川普主義這種東西正在形成。川普的勝利有賴於許多事情出差錯——主要是柯米的不當行為，加上媒體相信希拉蕊不會輸而卑鄙地狙擊她，相加起來形成的毒害。但美國的右派從很早之前就開始往川普式的治理移動。

想一想，雖然施行圖利富裕菁英、犧牲大多數美國人的政策，保守主義運動仍憑藉白人的怨恨贏得選舉，在這種情況下白人國家主義怎麼可能不崛起？當一個政治運動把不符合他們偏見的一切——從氣候變遷到低通貨膨脹——都視為大陰謀產物時，川普追隨者的偏執心態怎能不形成？還有雖然人很健忘，川普政府的貪腐和裙帶主義在小布希的年代就已經有徵兆。從很多方面看，川普從二〇一六年對美國做的事，很類似小布希團隊在占領伊拉克第一年時對伊拉克製造的災難。

從國際觀點看也有幫助。我一直在關注歐洲右派白人國家主義者的興起，以及匈牙利和波蘭的民主幾近崩潰。事實上，我很清楚這種情況在美國也可能發生。

總之，本章的專欄內文主要在講述有關從二〇一六年到一八年的美國政治。它們大多有關已發生的可怕事件，和它們為什麼發生，但談的並不全是壞事。在本章的所有文章中，我的感覺是，我談裴洛西的偉大成就遭到忽視的專欄，挑動了最深處的神經。她的成就有目共睹；即使你不喜歡她的政策方向，她令人刮目相看的效能應該很明顯。但當時沒有人談論它們。當然，二〇一八年民主黨在期中選舉贏得眾院四十個席次後，開始有更多人談論她。

共和黨政治操作的偏執風格

二〇一八年十月八日

許多人合理地擔心卡瓦諾（Brett Kavanaugh）的任命對美國長期的影響。他有鮮明的黨派色彩，且在宣誓下對他個人歷史的許多面公然說謊；和這件事同樣重要的是他對布萊西．福特（Christine Blasey Ford）做了什麼的問題，這個問題因為所謂的調查明顯是個騙局，懸而未決。把這樣一個人放到最高法院，立即在可預見的未來摧毀了法院的道德權威。

但這種長期的憂慮在當前應該是次要的問題，較立即的威脅來自我們看到共和黨人在聽證時和聽證後做的事：不但蔑視事實，而且急於妖魔化所有的批評。特別是，面臨反對卡瓦諾的指控，共和黨高層毫不猶豫地擁抱瘋狂的陰謀論，這種態度是美國即將發生大事的可怕警告——不是就長期而言，而是指離現在幾週後。

有關這個陰謀論：它始於卡瓦諾開始作證時，把他的問題歸咎於「一場事先計畫和精心安排的政治攻擊」，由尋求「為柯林頓夫婦報仇」的人策動。這是一個完全捏造的歇斯底里指控，本身就足以讓卡瓦諾失去進入最高法院的資格。

但川普很快讓它變得更醜陋，他歸咎反對卡瓦諾的抗議是索羅斯（George Soros）所為，並虛假地（沒有提出證據）宣稱抗議者拿了錢。

更重要的是，共和黨的重量級人物很快出來挺川普。主持布萊西．福特與卡瓦諾聽證會的參議院委員會主席查爾斯．葛雷斯利（Charles Grassley）堅稱，抗議者確實由索羅斯僱用。參議員康寧（John Cornyn）宣稱：「我們不會被拿錢抗議者的尖叫聲霸凌。」不，抗議者不是受僱抗議，更不可能是索羅斯所為。但是對一個忠誠共和黨人而言，現在你必須假裝他們拿了錢。

這究竟是怎麼回事？從某個層面看，這不是新鮮事。陰謀論從來就是美國政治的一部分。霍夫施塔特（Richard Hofstadter）一九六四年出版他著名的論文〈美國政治中的偏執風格〉，並舉出溯及十八世紀的例子。反對民權的種族隔離主義者例行地怪罪「外部挑撥者」——特別是北方的猶太人——策動非裔美國人的抗議。

但陰謀論的影響取決於由誰提出。

當位於政治邊緣的人為他們的挫折而怪罪曖昧的勢力——通常是陰險的猶太金融家——時，你可以當成幻想而忽略它。當掌控關鍵權力的人做同樣的事時，他們的幻想並不是幻想，它是工具：用來破壞反對者的正當性，或製造忽視、甚至懲罰反對者的藉口。

這也是為什麼陰謀論是許多獨裁政權意識形態的核心，從墨索里尼的義大利到厄多岡的土耳其。它是匈牙利和波蘭過去的民主政府變成準一黨國家後，喜歡指控外國人（特別是索羅斯）挑撥反對它們統治的原因。當然，因為它們不能容許對它們的行動和政策的正當抗議。

而現在控制聯邦政府的三個權力機構——如果你過去就對最高法院是不是一個黨派機構有疑問，現在這些疑問應該解決了——的共和黨高層人物，說的話就像匈牙利和波蘭的白人國家主義者。這意謂什麼？

我提供的答案是：共和黨正等著變成一個獨裁政權。

川普本人明顯擁有他公開讚賞的外國獨裁者的相同特質。他要求公共官員對他個人效忠，而不是對美國人民。他威脅將懲罰政治對手——在上次選舉兩年後，他仍然帶頭高喊「把她關起來」。他攻擊新聞媒體是人民公敵。

再加上各項對川普許多醜聞的調查步步進逼，包括從稅務詐欺、假公濟私，到可能與俄羅斯共謀，一切都讓他有封鎖新聞自由和獨立執法的誘因。有人懷疑如果川普有機會的話，他會走上完全獨裁嗎？

而誰將阻止他？呼應索羅斯僱用抗議者陰謀論的參議員嗎？剛被操縱選出大法官的最高法院嗎？過去幾週我們知道的是，川普和他的黨之間沒有縫隙，沒有人會仗義直言為了美國的價值請停止這一切。

但正如我所說的，共和黨正等著變成一個獨裁政權，只差在實務上還不是。那麼它在等什麼？

想想如果川普和他的黨在即將來臨的選舉重獲國會兩院的控制，他們可能怎麼做。如果你不害怕我們在很近期的未來可能面臨什麼處境，你就是還不夠警覺。

川普和詐騙貴族

二〇一八年十月四日

結果是我可能錯怪了川普。

你知道，我向來對他自稱是偉大的交易締造者感到懷疑。但我們剛得知的是他的談判專長很早就已展露。的確，他在很年輕時一年就能賺到今日幣值的二十萬美元，這很令人刮目相看。

具體來說，那是他還三歲時就辦到的事。他在八歲時已經是百萬富翁。當然，那些錢來自他父親——他花數十年時間逃避法律規定他給自己兒女的錢必須繳納的稅。

《紐約時報》一鳴驚人地報導川普家族的詐騙史，其實是兩類不同、但有關聯的詐騙。一方面，這個家族進行大規模的稅務詐欺，利用各種洗錢技巧以避免支付該繳的稅。另一方面，川普自己訴說一生的故事——他描寫自己是自學成功的生意人，白手賺到數十億美元——從開始到結束都是謊言：他的財富不但是繼承而來（從他父親獲得超過四億美元），而且佛瑞德．川普（Fred Trump）在他兒子生意失敗後保釋他。

這些揭露的意義是，川普的支持者想像他們找到一個有話直說的鬥士，將興利除弊並利用他的生意頭腦讓美國再度偉大，但他們徹底被耍了。

然而川普的錢只是一則更大故事的情節之一。即使是那些不喜歡我們生活在一個不平等急劇升高和頂層財富日益集中時代的人，往往也傾向於相信巨大的財富多半是誠實賺來的。社會大眾直到現在才開始注意到，我們邁向寡頭統治的過程中發生多少純粹的貪腐和違法。

我猜想，至少在不久前，大多數經濟學家（甚至是稅務專家）會同意，企業和富人避稅——合法的——的情況很嚴重，但逃稅——藏匿財富不讓國稅局知道——則不是一個嚴重的問題。很顯然一些富人會利用合法、但可能違反道德的稅法漏洞，但主流的看法是，在先進國家欺騙稅務當局和社會大眾不是很普遍。

這個觀點一直沒有明確的根據。畢竟，逃稅就定義來看不會顯示在官方統計資料，而且超級巨富不會大聲喧嚷他們是多高明的稅務欺騙者。要想知道有多少詐騙發生，你必須學《紐約時報》的作法——徹底調查特定家族的財務——否則只能靠運氣讓隱藏的祕密剛好被掀出來。

兩年前，一個好運以巴拿馬文件（Panama Papers）的形式降臨——一家專門協助富人在境外避稅地隱藏財富的巴拿馬法律事務所洩漏的資料——再加上匯豐銀行（ＨＳＢＣ）的較小洩漏。雖然這些洩漏揭露的醜事立即被媒體詳加報導，但它們的重要性一直到加州大學柏克萊分校的祖克曼及其同僚，與斯堪地那維亞國家稅務當局合作的研究公布，才被世人知曉。

拿來自巴拿馬文件和其他洩漏的資料，與國家的稅務資料比對，這些研究人員發現赤裸的逃稅是頂層富人的大事。真正的富豪最後支付的有效稅率遠比普通富人低，不是因為稅法有漏洞，而是因為他們違法。研究人員發現，最富有的納稅人支付的稅平均比該繳納的少二五％——當然，其中許多人繳的稅還更少。

這是很高的數字。如果美國的富人逃稅的比率相同（他們幾乎肯定會逃稅），造成政府損失的金額可能像食物券計畫那麼多。他們也利用逃稅來鞏固他們的特權，並把那些錢留給子女，這才是川普故事的真相。

立即浮現的問題是，我們選出來的代表對這種詐騙瘟疫做了什麼？國會裡的共和黨人多年來一直在處理這個問題：他們一直在有系統地削減國稅局的經費，削弱國稅局調查稅務詐欺的能力。我們不只是有靠稅務詐欺建立的政府；我們有為稅務詐欺服務的政府；為稅務詐欺而存在的政府。

所以，我們從中學到的是，有關我們的社會發生什麼事的故事，比我們想像的還糟。那不只是美國總統像資深稅務記者瓊斯頓（David Cay Johnston）形容的「財務吸血鬼」，欺騙納稅人就像他欺騙每一個與他打交道的人。

除此之外，我們朝向寡頭統治——由少數人統治——發展的趨勢也愈來愈像惡人政權（kakistocracy）——由最糟的人統治，或至少是由最寡廉鮮恥的人。貪腐已不是若隱若現，相反地，它比任何人想像的還粗糙。貪腐也已根深柢固，不但感染我們的政治，而且實際上達到最高層。

停止稱川普為民粹主義者

二〇一八年八月二日

給在新聞媒體一直稱川普為「民粹主義者」的人的訊息：我不認為這個詞的意思是你們想的意思。

川普的確偶爾還會假裝是一個捍衛一般勞工階級美國人的利益、對抗菁英的人。而且我猜想，他擁抱白人國家主義，為和他一樣有種族歧視、但無法公開表達這種偏見的一般美國人發聲，是有他的盤算的。

但他上任已經一年半，我們有足夠的時間從他做了什麼、而非他說什麼來評判他。他的政府一直在每一方面無情地反勞工。說川普是個民粹主義者就像說他是個虔誠信徒一樣——也就是說，他完全不是。

先從稅務政策談起，川普在這方面的主要立法成就，是一套主要由大企業獲利的減稅——大企業繳納的稅大幅減少——對提高薪資卻毫無作為。這套稅務計畫對一般美國人的好處如此少，所以共和黨人已停止用它打廣告。但川普政府正提出（可能違法的）利用行政命令為富人再額外減一千億美元的稅。

在醫療保險政策方面，嘗試廢除歐記健保——進而使勞工家庭遭到重大打擊——失敗後的川普，已轉向採取破壞的作法，如果得逞可能使醫療保險費上漲近二〇％。而保費增加的負擔，無可避免地將落在所得略超過符合補貼資格的家庭——換句話說，就是較高所得的勞工階級。

還有就是勞工政策，在這方面川普政府已從許多地方著手，將取消保護勞工免於剝削、傷害和其他保護的法規。

但立即的政策無法道盡全貌。你也應該看看川普任命的人事。在影響勞工的政策上，川普已組成一個親信團隊：幾乎每一個重要的職務都授予遊說者，或與產業有緊密財務關係的人。勞工利益完全沒有代表人。

提名卡瓦諾擔任最高法院大法官值得特別注意。我們對卡瓦諾這個人所知甚少，部分原因是參議院的共和黨人阻擋民主黨要求提供更多資訊。但我們確實知道他嚴酷、極端地反勞工——比主流政治人物遠為右傾，甚至比大多數共和黨人更右傾。

他激進的反勞工觀點最為人知的例子是，他宣稱海洋世界（SeaWorld）在一隻圈養的殺人鯨殺死一名員工後不應該負任何法律責任，因為受害者接受這個工作時應該知道有這種風險。但他的紀錄中還有更多反勞工的極端行為。

當你考慮萬一卡瓦諾的提名通過後會任職很長一段時間，這種極端的表現應該足以作為拒絕提名他的理由——尤其是加上他支持無限制的總統權力，以及共和黨嘗試隱瞞他不為人知的其他紀錄。

但為什麼自稱美國勞工捍衛者的川普會選擇像他這種人？為什麼他做的一切都傷害

送他進入白宮的那些人？

我不知道答案，但我確實認為主流的解釋——也就是既懶惰又對政策細節極度無知的川普，不經意地被共和黨正統派俘擄了——低估了這個總統，並且讓他看起來似乎比真實的他更善良。

觀察川普的行為時，很難不得到他很清楚他正在懲罰自己的基本支持者的印象。但他是一個喜歡羞辱別人的人，不管是用露骨或隱晦的方式。我猜想，他實際上很享受看到被他出賣的支持者仍然追隨他。

事實上，他有時候公然表達出對他的勞工階級基本支持者的輕蔑。記得「我愛教育程度低的人」嗎？記得他誇稱他可以在第五大道槍殺人，而不會失去任何選民嗎？

總之，不管他的動機為何，川普的行事是民粹主義者的反面。而且，他的貿易戰並不會改變這個判斷。鍍金時代總統的典範麥金利（William McKinley）曾打敗一位民粹主義挑戰者，他也是個保護主義者。此外，川普的貿易戰進行的方式對美國勞工製造了最大的傷害，卻換來最小的利益。

不過，雖然川普不是民粹主義者，他卻是個病態的說謊者，美國史上擔任最高階職位者中最不誠實的一個。他宣稱與美國勞工站在一起，則是他謊言中最大的一個。

這帶我回到媒體使用「民粹主義者」這個詞的問題。當你用這個詞描述川普，你實際上是他謊言的共犯——尤其是你在應該客觀報導的情況下這麼做時。

而你不一定要這麼做。你可以描述川普在做什麼，而不使用他不配得到的認可字眼。他正在詐騙他的支持者；你不一定要協助他。

黨同伐異、寄生蟲和極化

二〇一八年八月二十一日

寄生蟲是自然界的一股巨大力量。大部分時候牠們只是吸取宿主的養分。但在少數情況下，牠們會發揮更陰險的影響力：牠們真的會改變宿主的行為，使寄生蟲受益，卻傷害、甚至最後殺死牠們的受害者。

最近我一直在想，這就是美國發生的情況。我們的政治病有多少是感染寄生蟲的結果？我特別想到的是一種直銷式詐騙的寄生，主要是利用和強化右派的政治黨同伐異傾向，基本上是為了銷售產品。

如果你覺得這很荒謬，請先忍耐一下。我不是第一個提出這種看法的人——頂尖的現代保守主義歷史學家佩爾斯坦二〇一二年基本上也提出類似的論點（沒有用上生物學的譬喻），而正如我將解釋的，從那時候至今發生的許多事更強化了他的論點。

刺激我走上這條路的是當我得知當今的年輕保守派思想家夏皮羅（Ben Shapiro），正利用他的脫口秀現場推銷減肥營養補充品。

我待會兒再回頭談這件事。讓我先談一些政治經濟學。

當我嘗試了解政治行為時，我和許多其他人一樣往往發現自己想到奧爾森（Mancur Olson）的經典著作《集體行動的邏輯》（*The Logic of Collective Action*）。奧爾森簡單但深刻的洞識是，代表一個團體的政治行動從該團體成員的觀點看，是一種公共財（a public good）。

這是什麼意思？公共財是某種提供給許多人的利益——但不管提供它的人是誰，不能限制利益只限於他自己享用，並且因此不能拿公共財的供給變換現金。典型的例子是指引每個人避開淺灘的燈塔，不管他們是否支付費用；控制疾病的公共衛生措施也屬於同一類。其結果是，一種從社會的觀點值得提供的公共財，並不保證它會真的被提供；它必須讓一些「個人」有利可圖。

正如奧爾森指出，這也適用於政治行動。只因為一個政治候選人的勝利對（例如）農民好，不代表農民會給他錢；每個農民將必須有免費享受其他人貢獻的誘因。所以政治行動通常會由直接受益的個人或有組織的小團體進行。如果不是這樣，它們就是本身能帶來利益、且可以被用於政治行動的其他活動的副產品，像是商業公會或工會的會員資格。

但富人不是會捐錢支持他們的階級利益嗎？事實上，我們看到政治中的許多金錢最後花在捐獻者自己的個人利益上。例如，你可以把柯克兄弟的政治支出想成是對他們自己的投資：他們從最近的減稅獲得巨大的利益，帶來的報酬遠超過他們花在促成它的錢。

因此有許多政治行動是由嘗試塑造自利政策的人所推動。但夏皮羅／補腦丸的故事讓我想到的是，我們目前的政治風景線還有另一個重要的因素：利用政治行動作為一種行銷計謀，讓人可以賣與政治毫無關係的東西賺點錢。

正如我說過，佩爾斯坦已經寫出基本的情況。根據他的紀錄，右派網站大體上被充當如下述這類東西的行銷中心：

> 親愛的讀者，我準備告訴你一件事，但你必須答應不能告訴別人。你必須了解如果「菁英」知道我即將告訴你這件事，他們會對我很生氣。所以我們必須很小心。你知道，雖然大多數人都在注意股市，但是銀行、經紀商和大型機構都把錢放在別的地方……放在我稱作藏錢山的地方……你只需要知道內部人的密碼（我會告訴你），你每個月就可以多賺六千美元。

而一些右派最有影響力的聲音不只是賣廣告空間給蛇油經銷商，他們自己已經直接加入蛇油事業。

舉例來說：

・貝克（Glenn Beck）在當紅時欺騙他的觀眾，說歐巴馬隨時可能引發惡性通貨膨脹；他個人藉由出售高價的金幣大賺一筆。

・瓊斯（Alex Jones）藉由宣稱學校屠殺事件是假新聞，受害者其實是演員而引起軒然大波。但他靠推銷減肥營養補充品賺錢。

・夏皮羅寫對自由派學者的批評，被保守派認為博學多聞（記得克萊恩寫過一個愚蠢的人對一個深思熟慮的人看法是什麼嗎？），但他靠和瓊斯一樣的方法賺錢。

為什麼行銷詐騙和政治極端主義會扯上關係？這一切都和熟人詐騙（affinity fraud）有關：一旦你建立能吸引憤怒、年長白人男性的角色，你就能推銷宣稱能保護他們的男子氣概、腰圍和財富的東西。

從更高的層次看，福斯新聞台不就是這麼回事嗎？把它想成是一家企業而不是一個意識形態組織：它提供廉價節目（因為裡面沒有多少報導）來迎合喜歡坐在沙發對著電視抱怨的憤怒年長白人男性，並利用它的收視率來協助廣告主銷售減肥計畫。

通常我們認為個人的觀點和利益是驅動政治的力量，包括愈來愈支配美國的醜陋政治極化。要是我們真的談到這種極化的商業利用，我們往往也只看待它是養活某種根本力量的表面現象。

但我們確定真的是這樣嗎？這個世界的瓊斯、夏皮羅和福斯新聞台無法從極端主義獲利，除非有憤怒白人男性去聽這類東西的根本病根。但也許政治憤怒的商業利用聚集了那些憤怒，並將其武器化。換句話說，回到本篇文章的開頭，也許我們深陷政治夢魘的原因是，我們的政治行為實際上已遭到行銷演算法的寄生。

我知道我不是唯一有這些想法的。斯特羅斯（Charlie Stross）談到「迴紋針最大化者」（paperclip maximizers）——不是人，而是嘗試把獲利、市占率等東西最大化的社會制度和演算法——愈來愈以傷害人性的方式導引社會的方向。他主要專注在大企業對政策的影響，相對於在直銷詐騙中動員憤怒群眾，但兩者的操作方法一樣。

總之，我想很重要的是，了解兜售政治蛇油——不管它是有關經濟、種族、移民的影響或任何事情——就是兜售實際蛇油的一種重要方法：能讓你減重而不感覺飢餓，和恢復你青春男子氣概的神奇藥丸。

為什麼它能發生在美國？

二〇一八年八月二十七日

正如我之前提過，柏林圍牆倒塌後不久，我的一個朋友——一位國際關係專家——開玩笑說：「現在東歐已經擺脫了外來的共產主義意識形態，可以回到它真正的歷史道路——法西斯主義。」即使在當時，他的諷刺也有一些道理。

截至二〇一八年，這個玩笑看起來似乎一點都不像玩笑。自由之家（Freedom House）所稱的非自由主義正在東歐各國崛起，包括波蘭和匈牙利兩個歐盟成員國，我們過去了解的民主在這兩個國家已宣告死亡。

兩國的執政黨——波蘭的法律正義黨（Law and Justice）和匈牙利的青年民主黨——已建立維持普選形式的政權，但已摧毀司法獨立，壓制新聞自由，把大規模貪腐體制化，並實際上讓異議去合法化。其結果很可能是在可預見的未來實施一黨統治。

而這一切很可能也發生在美國。在不久以前的過去，人們常說我們的民主標準、我們自豪的自由歷史將保護我們免於陷入獨裁暴政。事實上，一些人仍然這麼說。但今日要相信這種事需要一廂情願的盲目。事實是共和黨已經準備好、甚至急切地想變成美國版的法律正義黨或青年民主黨，利用目前的政治權力來確保永久的統治。

只要看看在州級政府已經發生的情況就能了解。

在北卡羅來納州，民主黨員贏得州長選舉後，共和黨人利用現任者最後幾天，通過削減州長辦公室許多權力的立法。

在喬治亞州，共和黨人明目張膽地以方便殘障選民投票的假顧慮，嘗試關閉一個黑人占多數區域的大多數投票所。

在西維吉尼亞州，共和黨議員利用對浪費支出的投訴，彈劾整個州級最高法院，並以共和黨的效忠者取而代之。

而這些只是引起全國關注的例子，在美國各地肯定有數十個、甚至數百個類似的故事。它們反映的現實是，現代共和黨已不再覺得必須效忠於民主理念；它將做任何它認為可以不受制裁地擴張其權力的事。

在全國層次的發展又如何？那正是情況令人真正害怕的地方。我們目前就像坐在刀鋒上。如果我們從錯誤的方向倒下——具體地說，如果共和黨在十一月重新掌控國會兩院——我們將比你想像的更快變成另一個波蘭或匈牙利。

本週Axios網站以一則短新聞製造了一陣騷動，內容是共和黨人在國會流傳的一張試算表，列出他們認為民主黨如果拿下眾議院可能進行的調查。重點是這張清單的每一項——從川普的報稅單開始——都是顯然「應該」進行的調查，而且是在任何其他總統在位時會進行的調查。但流傳這份文件的人理所當然地認為共和黨人不會處理這些問題：黨派忠誠將勝過憲法職責。

許多川普批評者慶祝上週的司法案件發展，認為馬納福特（Paul Manafort）的定罪和科恩（Michael Cohen）認罪是犯罪首腦可能伏法的跡象。但我看到共和黨的反應時感覺恐懼進一步加深：面對川普的惡行，他的黨反而比過去更靠攏他。

一年前共和黨的共謀看起來似乎有其極限，到了某個點至少有少數議員或參議員會說夠了就是夠了。現在很明顯的是沒有極限：他們會無所不用其極地為川普辯護並鞏固他的權力。

這甚至包括過去似乎有一些原則的政治人物。緬因州參議員柯琳絲（Susan Collins）曾是健保辯論中的獨立聲音；現在她似乎認為有一個未被定罪的共謀犯總統，任命一個相信可以豁免起訴總統的最高法院大法官不是問題。參議員葛瑞姆（Lindsey Graham）二〇一六年曾譴責川普，且直到最近似乎挺身反對開除司法部長以扼殺穆勒案調查的計畫；現在他已表態不再反對開除這件事。

但為什麼美國——民主的誕生地——如此緊緊追隨最近摧毀民主的其他國家？別告訴我原因是「經濟焦慮」。波蘭沒有出現經濟焦慮，而是在金融危機期間和之後一直穩定成長。二〇一六年的美國也沒有這種情況；一連串的研究發現，種族憎惡是川普選民的驅動力量，而不是經濟困頓。

重點在於我們染患的相同病症——白人國家主義猖獗——在一些別的西方國家實際上已經扼殺民主。我們現在已非常、非常接近回不了頭的點。

誰怕裴洛西？

二〇一八年八月十三日

通常一個免費大放送二兆美元而不擔心錢從哪裡來的政黨，至少可以為自己買到幾張選票。但川普的減稅仍然很不受歡迎，而且共和黨人在競選過程幾乎不提它——事實上，民主黨人靠反減稅競選的程度，超過共和黨人靠減稅宣傳。

共和黨也很少談論川普的貿易戰，因為這也不受歡迎。

那麼，共和黨有什麼可以拿來競選的東西？它可以炒作所謂非法移民的威脅——但這個議題同樣沒有激起多少反應。相反地，共和黨人的攻擊廣告愈來愈專注在他們常用來嚇人的妖怪——或者女妖——未來可能再回鍋的前眾議院院長裴洛西。

所以現在似乎是個提醒每個人的好時機：裴洛西絕對是現代美國最偉大的眾議院議長，而且肯定是歷來擔任這個職務最傑出的人之一。一個有趣的問題是：為什麼新聞媒體以及社會大眾給她的成就如此少的肯定？

裴洛西有哪些成就？

第一，身為眾議院少數黨領袖，她在反轉小布希嘗試私有化社會安全計畫上扮演關鍵角色。

然後她在通過平價醫療法案中扮演關鍵人物，甚至可能比歐巴馬總統更重要，而該法案不但使沒有保險的美國人大幅減少，並在面對川普的破壞時出人意料地強韌。她協助制訂金融改革法案，雖然最終難以抵抗破壞，但仍然協助穩定經濟並保護許多美國人免於詐騙。

裴洛西也協助通過歐巴馬振興方案，且絕大多數經濟學家同意該方案減輕了金融危機造成的就業流失，並在為綠色能源革命奠定基礎扮演重要角色。

這是令人刮目相看的紀錄。喔，還有每當你聽到共和黨人宣稱裴洛西是兩眼猙獰的左派分子時，問問自己保護退休收入、擴大醫療保險和節制失控的銀行家為什麼是激進？

也許你也應該注意到，裴洛西一直沒有受到個人醜聞指控的沾染，而這在右派擅長憑空捏造這類指控的情況下，確實難能可貴。

那麼，比起一九九四年共和黨控制眾議院以來的四位共和黨眾院議長，裴洛西的表現如何？

金瑞契是一個狂妄自大的人，他在嘗試勒索柯林頓削減聯邦醫保後關閉政府，然後儘管他本人背著妻子拈花惹草，卻領導眾院以緋聞為由彈劾柯林頓。

我們現在知道哈斯特爾特（Dennis Hastert）有一段猥褻少年男孩的歷史。除了個人行為外，在「哈斯特爾特規則」（Hastert rule）下，共和黨人只能支持共和黨多數人同意的法案，使得極端分子權力大增，並讓美國變得更難治理。

貝納（John Boehner）沒有做多少事，除了反對歐巴馬提議的每一件事，包括對因應金融危機後的情勢極為重要的措施。

現任但即將卸職的眾院議長萊恩是騙徒：一個假赤字鷹派，唯一的立法成就是讓預算暴增的減稅。一個假政策專家：他的預算提案總是充滿明顯的障眼法，假裝解決預算赤字，實際上只是把所得從窮人重分配給富人。在他政治生涯的最後一幕，他也證明自己是個懦夫，完全不敢扭身反對川普的不法行為。

因此，檢視現代的眾議院議長，裴洛西有如侏儒群中的巨人。但你從有關她的媒體報導絕不會有這種感覺。

哈斯特爾特在位時，通常被描繪成中產階級價值的忠實體現。萊恩多年來一直是媒體報導奉承的對象，在他的虛偽已明擺在眼前之後，仍然被捧為嚴肅、誠實的保守派人士。但裴洛西通常被描述為「引發爭議」者，為什麼？

我是說，她確實有鮮明的政治黨派色彩——但比起在她之前和之後的共和黨議長並不超過。她的政治立場和輿論的扞格遠遠不及（例如）萊恩嘗試私有化聯邦醫保和削減其經費。所以，為什麼她「引發爭議」？因為共和黨人不斷攻擊她？任何民主黨人都遭到這種攻擊。

或許只是因為她是女性——一位剛好比近期記憶中的任何男性更稱職的女性。

這一切是否意謂如果民主黨重新掌控眾議院，裴洛西應該再度出任議長？未必如此：儘管她有卓越的紀錄，你仍然可以找到要求讓新人做做看的理由。

但她確實成就非凡。悲哀的是，我們不得不批評共和黨人沒有任何可以用來競選的東西，只能妖魔化一個過去成績讓他們顯得可悲的政治人物。我們也不得不批評新聞媒體有如此多報導附和那些毫無根據的攻擊。

川普時代的真相和美德

二〇一八年十一月十二日

記得自由曾經只是另一個代表一無所有而無可損失的名詞嗎？在今日，自由只是另一個代表給川普大筆錢的詞。

在期中選舉塵埃落定——和共和黨人毫無根據地抱怨選舉舞弊——的情況下，我不知道有多少人聽說川普決定頒發總統自由勛章給米莉安．阿德爾森（Miriam Adelson），即賭場業主和川普大金主謝爾登．阿德爾森（Sheldon Adelson）的妻子。這枚勛章通常是對特殊成就或公共服務的認可；在罕見的情況下包括慈善。但有人認為阿德爾森夫婦的慈善活動是獲得這個獎的原因嗎？

這聽起來好像一則瑣碎的故事，但它提醒我們川普對真相的態度——它的定義是能給川普和他的朋友好處的事物，而不是可證明的事實——也適用於美德。它與英雄主義無關，與傑出成就無關，除非符合川普的利益。

有關真相：當然，川普經常說謊——在期中選舉前，他每週公開說謊超過一百次。但他對真相的攻擊比他說謊的頻率嚴重，因為川普和他的盟友完全不接受客觀事實的概念。「假新聞」不表示真正的虛假報導；它的意思是傷害川普的任何報導，不管有多充分的證據。相反地，任何對川普有幫助的說法，不管是有關創造就業或選舉，就是真相，因為能幫助他。

川普和他的黨在沒有證據下宣稱大規模投票舞弊，要求關閉合法強制進行的佛羅里達州重新計票，就是這種黨派認識論的例證。共和黨人真正相信有大量的舞弊事件或假造的選票嗎？甚至問這個問題就是一個範疇錯誤（category error）。他們並不「真正相信」任何事，除了他們應該得到他們想要的東西。任何可能有利於民主黨的選票計算就是對他們不利；因此它是舞弊，不需要證據。

同樣的世界觀解釋了共和黨人對陰謀論的癮頭。畢竟，如果有人一直堅持某件會傷害共和黨的事是真的，它不可能出於對事實的尊重——因為在他們的世界裡，沒有中立的事實。

所以宣稱對他們不利的說法一定是受僱於陰險的勢力。在亞利桑納州，民主黨的希尼瑪（Kyrsten Sinema）憑藉遲開的選票贏得參議員席次。你知道嗎？該州的共和黨援引資訊自由的法律，要求公開選舉官員和某個人通訊的資訊——猜猜這個人是誰？索羅斯。

順便提到，這種拒絕客觀事實和堅持任何主張惱人真相的人一定是左派陰謀的一部分，早在川普之前很久就支配了共和黨人的心理。最顯著的例子是，宣稱全球暖化壓倒性的證據是一個大騙局，是牽涉世界各國數千名科學家的大陰謀，多年來一直是共和黨的正統說法。

沒有錯，過去這個黨的總統候選人向來在拒絕事實和為陰謀論背書時，只是閃爍其詞，而不是像現在這種聲嘶力竭的瘋狂。但川普只是仿效許多共和黨高階人物長期以來的榜樣。

總之，我的重點是，除了幫助或傷害川普以外的任何標準一概拒絕，這種心理已延伸到真或假之外的基本價值上了。現在川普的世界與共和黨的世界已經無法區別，好和壞完全取決於是否符合領導人的利益。因此川普攻擊和侮辱我們最親近的盟國，同時讚揚那些巴結他的殘暴獨裁者（並宣稱新納粹黨人是「很不錯的人」）。

同樣的標準適用於英雄氣概和怯懦。像麥肯這種批評川普的真英雄被貶抑為失敗者：「他不是戰爭英雄……我喜歡沒有被俘虜的人。」另一方面，米莉安．阿德爾森對國家的貢獻基本上是提供政治獻金給川普的競選，所以她獲得總統自由勳章。

喔，這在川普之前也發生過。記得共和黨人如何詆毀凱瑞（John Kerry）的戰爭事蹟嗎？

和當前的許多政治現象一樣，我們必須了解和承認這不是一種對稱的、雙方都這麼做的事。如果你說「真相和美德現在是由黨派利益來定義」這類的話，實際上你是在助長壞人的氣焰，因為只有一個黨的心態是那樣。

民主黨人因為是人，所以有時候有偏頗的觀點，會做有動機的議論。但和共和黨人不同，他們沒有放棄客觀事實和無關政治的良善概念。

這一切的意義是，美國此時發生的事不再是過去意義的政治。它比政治還更攸關生存。你必須是真正的滿腦子幻想，才看不出共和黨人對他們在期中選舉挫敗的反應，是一個即將成形的獨裁運動嘗試攫取權力，和這個運動拒絕任何反對和批評的正當性。我們的民主仍然深陷危險中。

保守主義的妖魔終戰

二〇一八年十二月十七日

這次期中選舉相當程度上是平價醫療法案的公民投票；醫療保險而不是川普，支配了民主黨的競選。而選民做了一個清楚的判決：他們要維持歐記健保的成就，維持它擴大保險覆蓋到約二千萬名原本可能沒有保險的人。

但黨色彩鮮明、以把司法權力「武器化」著名的共和黨法官奧康納（Reed O'Connor），在週五宣稱整個平價醫療法案——保護已有疾病者、以補貼協助家庭負擔保費，以及擴大聯邦醫補——違憲。右派和左派兩邊的法律專家都嘲笑他的論點，並描述他的判決為「赤裸的政治倡議主義」。而這個判決可能無法在上級的法院維持。

但別太有把握他的破壞將被推翻。奧康納的濫用權力可能無比粗糙，但這種行為已變得愈來愈尋常。而關係的不只是醫療保險，也不只是法院，裴洛西所說的共和黨對醫療健保攻擊的「妖魔終戰」，只是一波多戰線攻擊的前鋒，共和黨將嘗試推翻選民的意志，並全面破壞民主。

雖然我們可以慶幸我們的政治體制有強大的力量，但體制終究是由人組成的，並且只有在體制裡的人尊重它們創立的目的時才能履行它們的功能。法治不只取決於法律條文，也取決於法律的解釋者和執行者的行為。

如果這些人不先把自己視為法律的僕人，其次才是黨派的成員，如果他們不把自己的政治目標放在維護體制職責的位階之下，法律將變得毫無意義，而只有權力才是一切。

而這是我們在美國看到的情況——我們實際上已經看到許多年，雖然新聞媒體和政治界大多數人拒絕承認它——是右派只效忠於黨而無視於原則的派閥對我們體制的侵略。這種侵略正在腐蝕共和黨，而且勢力已非常強大。

我說「右派」是經過深思熟慮的。兩黨都有壞分子，正如人有百百種。但兩黨的結構大不相同，民主黨是鬆散的利益團體聯盟，但現代共和黨是由「保守主義運動」掌控，是鉅額金錢——往往透過祕密的安排——以及福斯新聞台和其他黨媒體形成的封閉思想生態系，結合而成的龐大結構。在保守主義運動中崛起的人遠比民主黨人更可能成為黨工、政治忠誠者，他們也比較不會偏離黨的路線。

共和黨人數十年來把這些人安插在法院裡；奧康納是小布希任命的。那也是奧康納的判決不讓人意外的原因，不管他的判決理由有多拙劣。唯一的問題是，他會不會以為自己的劣行能夠得逞。顯然他是這麼想的，而且他的確可能得逞。

但正如我說的，這種情況不只發生在法院。在川普和他的盟友杜撰有關遭到「國中國」破壞的妄想時，在現實世界中有愈來愈多政府機構的職位被右派的堅定支持者占據，他們完全不在乎或積極地反對那些機構既有的目標。環境保護署（EPA）現在是由不想保護環境的人掌管，衛生與公眾服務部（HHS）是由想剝奪美國人健康保險的人掌管。

同樣的黨工接管正在政治部門發生。記得參議員的角色應該是「建議和同意」嗎？在共和黨控制下，現在它只是完全的同意——川普幾乎可以為所欲為，甚至包括明顯的貪瀆和犯罪，而共和黨的參議員也不會執行任何監督。

那麼，抱持這種想法和做這種事的人，在公眾拒絕他們的目標時會有什麼反應？他們嘗試利用掌控的權力來推翻民主程序。當民主黨似乎將在選舉獲勝時，他們會操縱投票程序，正如他們過去在喬治亞州的作法。當民主黨在被操縱的選舉中仍然勝出時，他們剝奪民主黨人贏得的公職，正如他們過去在威斯康辛州的作法。當民主黨的政策還是受到愛戴時，他們利用安插了黨工的法院以莫須有的理由裁定它們違法。

正如《川普體制》（*Trumpocracy*）作者弗魯姆（David Frum）一年前的警告：「如果保守派變得相信他們無法以民主方式獲勝，他們將不會放棄保守主義。他們將拒絕民主。」在我們談論這件事時，它正在發生。

所以裴洛西說奧康納的判決是「妖魔終戰」並沒有說錯，但這個終戰不只是有關延續對健保的攻擊，而且是對整個民主體制的攻擊。而目前這個終戰可能只是個開始，我擔心最糟的還沒有到來。

男子氣概、金錢、麥康諾和川普主義

二〇一八年十二月十三日

經過週二川普和民主黨領袖火爆的交鋒後，這位推特王似乎很可能關閉政府，嘗試為在墨西哥邊界築牆爭取經費。這個預期最令人驚嘆的是，築牆是一個徹底愚蠢的想法。即使你極度反對移民，不管合不合法，花費數十億美元在一道漏洞百出的實體障礙，既不必要，也不是阻止移民湧入的有效方法。

那麼，這究竟是怎麼回事？幾乎篤定擔任下一屆眾議院議長的裴洛西據報導告訴同僚，對川普來說，這道牆攸關的是「男子氣概」。這聽起來是一針見血，卻讓我忍不住想，川普的不安全感驅策了哪些別的政策？是什麼東西在推動川普政府的整體政策方向？

我認為這些問題的答案是，川普的政策背後實際上有三個主要動機，我們可以分別取名為男子氣概、麥康諾，和金錢。

麥康諾指的是標準的共和黨目標，基本上是為大金主的利益服務，包括巨富個人和企業。這個目標最凸顯的是為金主階級減稅，並藉削減社會計畫來彌補損失的部分稅收。它也包括去除監管，尤其是為汙染者，但也為金融機構和營利大學等曖昧的參與者。

在二〇一六年的競選期間，川普假扮成一個另類共和黨員，一個準備保護安全網並對富人加稅的共和黨員。不過，他上任後的國內政策完全遵循共和黨的正統路線。在頭兩年他唯一的重要立法成就是明顯偏袒富人的減稅；他竭盡所能削弱中低收入美國人的醫療保險；他摧毀環境保護和金融監管。

不過，川普在外交政策上改弦更張，不只是與過去共和黨總統的作法分道揚鑣，也與過去美國代表的一切背離。以往的總統可能與惡名昭彰的政權做現實政治的妥協，但我們從未看過像川普這樣明顯偏愛殘暴獨裁者勝於民主盟友的總統，或者像他那樣願意為普丁或沙爾曼（Mohammed bin Salman）這些人的行為找藉口，甚至包括謀殺。

這些例子有些可能反映個人價值觀：普丁、沙爾曼和其他強人正好就是川普這種人。但我們很難不懷疑金錢——透過川普組織給川普個人的金錢報酬——扮演一個重要角色。畢竟和民主國家領導人不同，獨裁者和專制君主可以支付龐大的現金給川普的產業，並提供川普家族投資機會，而無需向麻煩的民選代表解釋他們的作為。

那麼，男子氣概又怎麼說？邊界牆是個顯著的例子。破綻出在川普政府專注於那道「美麗的大牆」看起來如何，而不是它有什麼效用。當海關及邊境保衛局徵求承包商競標時，它特別註明這道牆的「實體要壯觀」，而且「牆的北邊（即面向美國這邊）應該優美愉悅」。它沒有要求牆體應該有巨大的「川普牆」標示，那或許是疏忽。

但我認為，川普想彰顯他的男子氣概在其他方面也扮演重要角色，特別是在貿易政策上。

我一直在關注關稅人（Tariff Man）[1]的冒險，特別讓我驚訝的不只是經濟學家一面倒地認為川普的關稅是個爛主意，而且是這些關稅在政治上毫無作用。換句話說，看起來似乎沒有任何大的選民群體要求與我們的貿易夥伴起衝突。

誰喜歡貿易戰？企業利益團體不喜歡——只要貿易論戰升溫，股價就下跌，只要冷卻就上漲。農民不喜歡，因為他們將遭到外國報復性關稅的重創。川普二〇一六年勝選扮演關鍵角色的鏽帶（Rust Belt）州勞工階級選民也不喜歡：據這些州大多數可能投川普票的選民表示，關稅傷害他們的家庭。以此可以證明，美國的貿易戰幾乎完全取決於一個人：那是川普想要的，僅只如此。

的確，按照美國的貿易法，總統可以不經國會同意就發動貿易戰（相對於例如修築邊境圍牆必須經由國會同意）。但川普的動機是什麼？他把貿易當作招牌議題，希望彰顯他辦了大事。即便是他沒有大幅更改的政策，他也堅持改變名稱，從這一點就能看出他的作風。如此他就可以繼續假裝「美墨加協定」——或者裴洛西所稱的「過去被稱為王子（Prince）的貿易協定」——和北美自由貿易協定（NAFTA）完全不同，而他則獲得一場大勝。

所以重要的國家事務不是取決於國家利益，甚至不是取決於國內主要群體的利益，而是由白宮那個人的財務利益和自我來決定。美國是不是很令人讚嘆？

1 川普曾多次自稱「關稅人」。

第十七章

論媒體

超越假新聞

二〇一六年大選後，當人們問怎麼會發生這種事時，有許多談論聚焦在「假新聞」扮演的角色——透過社群媒體散播的陰謀論和謊言。例如，披薩門（Pizzagate）——沒有事實根據地宣稱民主黨高階幹部涉入與華盛頓一家披薩店有關的兒童色情組織——在網際網路上瘋傳，導致餐廳業主遭到死亡威脅等事件。

這種假消息絕大多數對川普有利。但基於時機很敏感，川普和他的追隨者很快挾持「假新聞」這個詞，用來泛指不管是否屬實，只要是對川普不利的任何報導。而有許多人相信：認為主要新聞媒體可信的人數大幅減少，主因是共和黨支持者對媒體的信任下降。

事實是，主要新聞媒體（除了梅鐸〔Rupert Murdoch〕擁有的媒體外）都很小心地查證事實，但它們因為做分內的事而不斷遭到攻擊，也因此造成人心惶惶。然而這不表示媒體全然不偏不倚，相反地，獲得報導的新聞和如何報導它都包含強烈的偏頗——這些偏頗在我們的政治失靈中一直扮演重要角色。

我說的不是黑白分明的政治偏頗，不管是自由派或保守派的立場。我說的是像假平衡這類作法——給爭議的雙方公平對待，即便其中一方明顯地說謊。很多人在讀過二〇〇〇年競選期間刊出的本章第一篇專欄後，形容這種假平衡為「對地球的形狀看法不同」。在罕見的媒體不採用雙方主義的情況中，通常是因為「很認真人士」都同意某件事——而這件事正好是錯的。

我說的也包括以劇評來取代政策討論的傾向——專注在候選人表面說的話，而非他們真正的提議，這一點我在〈瑣碎的勝利〉中會談到。而且即使是事實正確的報導仍然可能實際上對一位候選人有不利的偏頗，只要記者有任何理由不喜歡這個候選人，就像二〇〇〇年的高爾（Al Gore）和二〇一六年的希拉蕊遭到的對待。

所以本章的專欄是有關新聞媒體的失職，和它們如何協助促成政治的墮落。

誘導轉向法

二〇〇〇年十一月一日

今年的總統大選給我們的重大教訓——一個我們可以確信政治人物將牢記在心的教訓——是候選人可以公然說明顯不是事實的話而不必負責，只要這件非事實的東西牽涉龐大的數字。

小布希屢次宣稱，他打算花約一兆美元在新計畫上；他分配的預算實際上不到這個數字的一半。但他屢次這樣說謊並沒有導致大眾質疑他的信用。

布希先生也承諾利用一兆美元社會安全的錢在兩個衝突的目標上：為年輕勞工把錢放進私人帳戶，同時用它來支付老年勞工的福利。而且他偏好的私有化理由牽涉類似的一魚兩吃。當他比較人們可以從自己的錢獲得的報酬率和社會安全提撥金的隱含報酬率時，他似乎誤解了為什麼社會安全提供較低的報酬率：它必須把年輕勞工的提撥放在一邊，否則在今日的中年勞工退休前，社會安全的錢將用盡。

但那不是誤解。因為對他的計算提出警告的來源有許多，包括美國精算學會（American Academy of Actuaries）。布希先生繼續使用這種比較法不是出於誤解，而是一種伎倆。儘管如此，這種一魚兩吃的計算法對一個承諾為白宮找回「榮譽和正直」的競選活動，只造成少得出奇的影響。

他是怎麼得逞的？答案之一是，選民無法理解大數字。但同樣真實的是，媒體沒有幫助他們了解這些數字。

部分原因與行銷有關——圈內人的八卦帶來的收視率高於預算的數學。但這件事也有一個政治的面向：主流媒體狂熱地堅持看起來公平無私。美國政治的一大笑話是，保守派堅持媒體應該有自由派的偏見。事實是新聞記者沒有打電話給布希先生，要求說明即使是最荒唐的錯誤說法，可能是因為擔心被指控偏袒黨派。如果一位總統候選人宣稱地球是平的，你肯定會看到一則新聞分析，標題是「地球的形狀：雙方各執一詞」。畢竟，地球不是完美的球體。

不過，我們不知道的是故事結局。如果布希先生獲勝，他將必須編製實際的預算，當然包括一套實際的社會安全計畫。到時候天花亂墜的說詞將不夠用。那麼，他會怎麼做？

許多分析師似乎希望——希望！——布希先生實際上是在玩弄誘導轉向法。意思是說，如果他贏得選舉，他們希望他會真的公布一套和他選舉期間的提議大不相同的計畫。特別是保守派人士並不諱言，他們相信實際的計畫將大幅削減社會支出，以便為降低所得稅和遺產稅留空間，並大幅削減社會安全福利以彌補把課稅轉移到私人帳戶。

但真正需要削減的支出，將變成聲稱保守主義是悲天憫人的一大諷刺。而我們很清楚一個實際的社會安全局部私有化會是什麼樣子。它將牽涉持續提高退休年齡、大幅降低生活成本的調整，以及加重私人帳戶提領稅率的某種組合。（「那是你的錢」——但根據布希先生的顧問提議的計畫，你只能獲得任何利得的二五%。）

布希先生在競選期間承諾免費午餐後，敢提出這麼嚴苛的計畫嗎？想想當初柯林頓的醫療保險計畫得到什麼反應，然後問小布希是否準備面對類似的風暴。

我猜想如果小布希當選，他將嘗試照他競選期間的承諾治理。他的說法將一直含糊其辭，直到金融市場因為美國快速惡化的財政而驚覺，並發出無法忽視的訊息。

但也許我低估了小布希願意放棄他競選承諾的意願。悲哀的是，如果他贏得選舉，我們將不得不希望他當初確實是在玩弄誘導轉向法的把戲。

瑣碎的勝利

二〇〇四年七月三十日

《華盛頓郵報》近日以「選民要凱瑞說清楚」的標題，引述一位選民要求凱瑞和愛德華茲談論「他們準備怎麼處理中等或低收入者的醫療保險問題。從目前的狀況看，我必須面對我永遠不會有醫療保險的事實。而這些百萬富翁似乎不想解決這個問題」。

凱瑞提議以六千五百億美元支出擴大醫療保險到中低收入家庭。不管你同不同意，你不能說他沒有提起這個問題。那為什麼選民沒聽過這件事？

我已經閱讀了約六十天的報導文字稿，報導的來源是八成的美國人說他們通常獲得新聞資訊的來源：各大有線電視和電視網。略掉細節，我甚至找不到凱瑞清楚表示他想取消最近的高所得稅者減稅法案，並利用多出來的錢來涵蓋大部分沒有保險的人。在少數提到凱瑞有這個計畫的報導，內容往往是競選分析——誰領先，而不是政見內容。

另一方面，大家都知道特雷莎·海因茨·凱瑞（Teresa Heinz Kerry）告訴某個人「去你的」，但即使是這件事，背景資料也被省略。除了MSNBC簡短提到外，我閱讀的報導文稿都未提到她的嘲諷目標是史凱弗（Richard Mellon Scaife），即資助以廣告抹黑柯林頓夫婦的億萬富豪——包括謀殺的指控。（有線電視新聞網〔CNN〕確實在網站上提到史凱弗，但只描述他是「保守派目標」的捐款人。）而觀眾完全不知道史凱弗長期攻擊特雷莎．海因茨．凱瑞本人。

這裡有兩個問題：瑣碎化和偏見，但它們彼此有關。

不知從什麼時候開始，電視新聞停止報導候選人的政策，轉向應該能揭露他們個性的瑣事。我們聽到有關凱瑞的髮型而不是他的醫療保險提議。我們聽到小布希除雜草，而不是他的環保政策。

即使是這類報導也往往不正確，因為新聞記者並不是特別善於判斷個性。（「特別是，他是一個道德家。」威爾〔George Will〕在報導伊利諾州參議員候選人瑞恩〔Jack Ryan〕時這麼寫，但瑞恩在傳出參加性俱樂部的疑雲後退出競選。）支配今日報導的個性問題在過去向來與領導品質無關。在計畫諾曼第登陸日時，艾森豪和他的女司機有過一段親密、但可能是柏拉圖式的關係。這件事應該讓他不得參選總統嗎？

而由於以名人特寫作為競選報導沒有規範可循，它提供了很大的偏頗報導空間。

注意選民提到「這些百萬富翁」。《哥倫比亞新聞評論》網站 campaigndesk.org 的分析說「透露新聞界傾向於不必要地介紹凱瑞和愛德華茲兩位參議員，以及凱瑞的妻子特雷莎．海因茨．凱瑞是百萬富翁或億萬富豪，而沒有給布希總統和錢尼副總統貼類似的標籤」。

正如該網站指出，布希的競選「一直用話題來塑造凱瑞的財富讓他不屬於主流，希望影響媒體的報導」。競選廣告並沒有說凱瑞的政策偏袒富人——它們顯然沒有，反而是布希明顯偏袒富人。但我們卻應該因為凱瑞有錢而不喜歡他（而且忽略他的對手也很有錢）。竟然是共和黨人在玩嫉妒政治，而媒體乖乖跟著玩。

總之，瑣碎的勝利不是一件瑣碎的事。電視新聞未能告知公眾今年總統候選人的政策提議是什麼，本身就是嚴重的新聞記者失職，正如記者未曾提出有關倉促入侵伊拉克的問題。

又及：另一則你可能也沒在電視上看到的新聞：傑布．布希（Jeb Bush）堅稱電子投票機絕對可靠，但《聖彼德斯堡時報》（*St. Petersburg Times*）說，佛羅里達州的共和黨已寄發傳單，呼籲支持者利用不在籍投票，因為電子投票機沒有留下書面痕跡，無法「證實你的選票」。

又又及：三週前，《新共和》（*The New Republic*）週刊報導，布希政府正對巴基斯坦施壓，要求在民主黨大會期間宣布重大恐怖分子被捕獲的消息。在凱瑞發表接受競選提名演說前幾個小時，巴基斯坦宣布已捕獲一名重要的蓋達組織恐怖分子——比捕獲日期晚了幾天。

經濟分析有用嗎？

《紐約時報》部落格

二〇一三年八月四日

華盛頓特區的主流觀點認定高失業率的原因是結構性、而非景氣循環的，雖然跨黨派經濟學家的共識剛好相反，這種情況刺激我有一些進一步的想法。

第一，有關用語的意義：當經濟學家談到「結構性」的失業升高時，他們真正的意思是相當明確的——那不是空口說白話，而是表示「充分就業」的失業率，也就是在物價和薪資開始上漲、以及薪資—物價可能惡性循環時的失業率水準已經提高。當發生這種情況時，你無法只靠增加支出、並因而增加需求來解決失業問題；但當未發生這種情況時，你可以這麼做。

那麼我們談論的其他事情呢，像是各地區或各職業、技術的差異？由於結構性失業上升通常牽涉某種勞工和工作的「不匹配」，所以你會預期這種不匹配的「特徵」是某個地方的勞工或某種勞工的短缺出現；因此事實是你看不到這種特徵使結構性失業升高。但終極的問題永遠是，你可以在通貨膨脹變成問題前把失業率壓到多低——而基本上從二〇〇七年以來沒有證據顯示這個數字已經上升，更不用說它在接近目前失業率水準時不會有這種疑慮。

正如我說過，比起兩年前，現在認為失業是景氣循環性、而非結構性的共識已經遠為強大。我在另一篇部落格貼文提到拉澤在傑克森洞（Jackson Hole）的論文；還有柯奇拉科塔（Narayana Kocherlakota）的改變看法（他因此值得我們尊敬——願意在證據之前改變觀點的經濟分析師實在太少了）。

所以我們在這裡談論的是一種按照應有的方式進行的經濟討論——比我偏好的速度慢，但到最後我們確實達成了專業的結論，即對我們現有問題的主流看法是錯的。而名嘴們似乎並沒有注意到。談論「結構性」聽起來很嚴肅，或者很像「很認真人士」，所以他們這麼說，雖然證據完全不是這麼回事。而且那還不屬於「對地球的形狀有不同看法」的範疇：公共電視網（PBS）的觀眾甚至不被暗示有一個專業的共識存在。那就好像有一個討論氣候的節目，但只有氣候變遷否認者在場。

也許我們應該把這些放在另一個辯論的背景中來看，就是有關緊縮政策的大辯論。這個辯論也有很明確的專業意見結論；即使在經濟學專業中也有許多誤入歧途者，但事實仍然是支持緊縮立場的兩根支柱——宣稱擴張性緊縮，和宣稱債務超過某個很低門檻就會發生可怕的事——已經徹底崩垮。然而政策完全沒有改變；至少歐洲做了一些無關宏旨的調整，而我們在美國面對疲弱的經濟卻仍然削減支出。

對那些寧願相信分析和證據很重要的人來說，這相當令人沮喪。近日政策和主流意見對總體經濟的觀點似乎都不採信。

愚蠢度日年

《紐約時報》部落格

二〇一三年八月七日

之前我不知道，但就在我惋嘆主流意見對證據無動於衷前，雷恩路易斯發表過類似的看法，而且談得更廣。閱讀他的貼文讓我有一些進一步的看法。

在今日，我們經常聽到評論家和一般名嘴談論事情時，好像懂得事情怎麼運作的菁英，和需要菁英智慧領導的無知大眾有很明確的區分。不過，事實上這種區分不存在。的確，有一些怪異的理論——黃金蟲理論（goldbuggery）、拉弗曲線（Laffer curve）等——在大眾意見中扮演重要角色，但對菁英沒有吸引力。然而過去五年菁英自己相信的經濟理論——結構性失業、削減赤字和改革權益的迫切性、「不確定性」的破壞效應等——違背證據的程度可能比不上惡性通膨即將發生的恐懼，但仍然很糟糕。雖然過去一年這些理論應該已被嚴謹的討論完全驅散，它們的影響力卻幾乎絲毫未減。

畢竟這一年過得很不平靜——不但對結構性失業的專業意見發生巨大改變，還發生了擴張性緊縮理論的崩潰和它被乘數很大的觀點所取代、九〇％債務門檻看法的瓦解、赤字急遽下降，以及中期債務隱憂消失，和其他發展。

但政策完全沒有改變，而且菁英的觀點紋風不動。這怎麼可能？雷恩路易斯一針見血：政治人物尋找強化他們偏見的經濟學家；新聞媒體不是傳聲筒、就是不敢直言不諱政治人物的錯誤，不管他們說的話多違背事實。

順便提到，這是PolitiFact鬧笑話的原因。康特說赤字正在增加，但實際上它正快速下降；PolitiFact判定這為「一半事實」，因為預測顯示赤字在二〇一五年後會（小幅）

上升。那就像我說正在下雨，但實際上是大晴天，而你宣稱我說對了一半，因為（不可靠的）天氣預測說一週內會下雨。當然，事實是所謂事實查核者為了保險起見，避免說一名高層共和黨幹部是資訊錯誤或說謊者；結果是自己鬧了笑話，這是咎由自取。

但回到政策分析的挫折感。顯然經濟學家必須竭盡所能才能把事情弄清楚，並把話傳出去。但過去五年來的結果令人失望：知識似乎不是力量，而真正的力量都急於忽視真正的知識，反而偏好聽起來認真和為特定目的服務的東西。

希拉蕊被高爾化

二〇一六年九月五日

上了一定年紀而且關注政治和政策的美國人，對二〇〇〇年的選舉還有鮮明的記憶——不好的記憶，不只是因為輸掉普選票的人最後當上總統，而且是那場帶來這種結局的競選是一場夢魘。

其中一個候選人——小布希——的不誠實創下美國政治史上的新紀錄。最令人難忘的是他提議為富人大幅減稅，同時粗暴地否認算術，宣稱是為中產階級減稅。這些競選謊言預告了他主政期間會發生的事——一個我們不應該忘記的以欺詐手段把美國帶往戰爭的政府。

但在整個競選過程中，大多數媒體報導給人的印象是小布希是個虛張聲勢、有話直說的人，並把高爾——他的政策提議說得通，對小布希計畫的批評也完全正確——描繪成狡猾和不誠實。那些瑣碎、毫無重要性、有些完全是假造的軼聞，好像應該能證明高爾的虛偽。不，他從未宣稱發明網際網路。但這個印象揮之不去。

而現在我和許多其他人有一種噁心、不祥的感覺：歷史又將重演。

是的，沒有多少人嘗試假裝川普是誠實的典範。但我們很難擺脫他被厚待加分的印象。如果他有辦法讀提詞機而不脫稿，他就有總統相。如果他似乎暗示不會馬上追捕一千一百萬名沒有身分的移民，他就是向主流靠攏了。還有他的許多醜聞，例如看起來很明顯地賄賂司法部長不再調查川普大學，只得到少得出奇的關注。

另一方面，我們看到的假設是希拉蕊的一切一定是貪腐的，特別明顯的是對柯林頓基金會愈來愈怪異的報導。

先退一步想想那個基金會是怎麼回事。當柯林頓卸任總統時，他是一個受到全球歡迎和敬重的人物。他應該怎麼運用他的聲譽？為改善貧窮兒童生活的慈善活動募集大量金錢，似乎是相當合理、良善的行動方向。而且從所有紀錄看，柯林頓基金會是改善世界的一股大力量。例如，獨立監督機構慈善觀察（Charity Watch）給它「A」的評級——優於美國紅十字會。

好，許多募集和花費數十億美元的行動可能製造潛在的利益衝突。你可以想像柯林頓夫婦可能利用帳目不清的基金來獎賞他們的朋友，或者希拉蕊利用她的公職來回報捐款人。所以調查該基金會的活動以了解是否有任何不當的對價關係，是正確且合宜的。正如記者喜歡說，該基金會的巨大規模「引發質疑」。

但似乎沒有人願意接受這些問題的答案，也就是很明顯的「一切都很清楚」。想想權威的美聯社報導暗示柯林頓夫人與基金會捐款人會面，而這位國務卿表示「如果她當選總統可能面臨道德的挑戰」。從報導的語氣看來，你可能預期讀到與殘暴的外國獨裁者或面臨起訴的企業肥貓會面，然後是他們做了什麼可疑的事。

但美聯社這個重要的例子談的是希拉蕊與尤納斯（Muhammad Yunus）會面，一位剛好是她個人老友的諾貝爾和平獎得主。如果這是調查所能得到的最好結果，那就是清白。

所以我想呼籲新聞記者自問他們是在報導事實，或者只是含沙射影，並且呼籲大眾以批判的態度閱讀。如果報導候選人時談到某件事「引發質疑」、「模糊難辨」或類似的任何事，小心那些內容往往只是用來憑空製造醜聞印象的狡猾之詞。

在此提供一個專業的提示：判斷候選人性格的最好方法是看他實際上做了什麼，以及他提出什麼政策。川普詐騙學生、積欠承包商款項和其他事例，就是他當上總統會怎麼做的指標；希拉蕊的說話風格和身體語言不是指標。小布希的政策謊言讓我更了解他是誰，比二〇〇〇年的個人特寫報導還清楚，而川普政策的前後不一致和希拉蕊小心謹慎的對照，在今日看來不言而喻。

換句話說，專注在事實。美國和世界承擔不起另一場含沙射影、顛倒是非的選舉。

第十八章

有關經濟的想法

令人沮喪的科學

雖然我為《紐約時報》寫文章已經近二十年，從某一層意義上我仍然感覺自己像個打工當新聞記者的大學教授。在本書最後一章我提供幾個比較像學者身分的樣本，不同於我在《紐約時報》版面上的表現。

即使是很優秀的學術作家在嘗試為廣大的公眾寫文章時，最大問題是就算資訊廣博的讀者，只要不是這個領域的專家，就不具備和你一樣的背景，所以你不能假設是在和圈內人說話。

如果和一群經濟學家談話，你可以用「報酬遞增」這類的用語，並預期他們不但知道它是什麼意思——生產得愈多，單位成本就愈降低——而且知道所有相關問題。例如，他們會知道報酬遞增通常導致完全競爭崩解，以至於許多小公司生產相同的東西。他們也會知道完全競爭對標準的經濟模型有多重要，諸如此類的情況。譴責術語很容易，但當特殊化的語言被用作迅速指稱相當複雜的概念時，它對專業者間的溝通很重要。遺憾的是，使用特殊化的語言也意謂非專業者不知道你在說什麼。

如果你很謹慎而且很努力，通常你可以用簡單明白的英語，傳達重要的經濟觀點給初階的讀者。例如，在寫這篇文章前，我剛發表一篇談美國農村地區沒落的專欄，而它實際上是我最常被引述的論文〈報酬遞增和經濟地理學〉（一九九一年）不著痕跡地重新改寫。而投注心力在把經濟學翻譯成一般語言，是一件既重要又令人滿足的事。

但有時候我想要讓自己快樂一下，寫一些不是技術性研究論文的東西，但允許自己使用比平常更多一點的術語。本章包括一些經過挑選的例子。

開頭的一篇是我在一九九一年應要求而寫的文章。它原本的題目是有關我的「生活哲學」，但我覺得這個題目有點可笑。談談我做經濟研究的策略要合理得多。而我想這篇文章可以讓願意忍受少許術語的一般讀者了解一些我生活的其他面向，並且也了解我的研究如何有助於我轉型成為擁有數百萬讀者的專欄作家。

我的研究有很大一部分牽涉總體經濟學，特別是與凱因斯的著作有關的思想。遺憾的是，在面對一場需要義無反顧地實施凱因斯派政策的危機時，歐洲和美國的作為都不夠。〈中庸的不穩定〉是一篇談為什麼我們的政策失敗的文章，我在文中談論凱因斯的立場——重視市場經濟，但準備好在必要時採取強力的政府行動——雖然明智，但在思想上和政治上難以維持長久。

最後，在二〇一〇年代，你不能寫經濟學而不加入比特幣（Bitcoin）和其他加密貨幣的討論，讀者會有期待。我對它們向來抱持懷疑，並且會在本章中的重刊文章解釋原因。

我如何做研究

《Sage》

一九九三年十月一日

我在本篇文章的原本任務是談談我的「生活哲學」。讓我一開始就說清楚，我無意按照這個題目寫，因為我對生活整體沒有什麼特別的了解。我相信熊彼得據說不但是最優秀的經濟學家，也是最傑出的馬術師，在他的母國奧地利也是最出名的情人。我不懂騎馬，對其他的評價也不抱著幻想。（不過，我是相當棒的廚師。）

我在本文想談的東西比較狹窄：一些對思考以及特別是如何做有趣的經濟學研究的想法。我想在我這一代的經濟學家中，我可以宣稱自己有相當獨特的思想風格——未必是比我的同僚好的風格，因為成為一名優秀的經濟學家方法有許多，但我的風格很適合我。這種風格的本質是一套通用的研究策略，可以總結為幾個原則；我也認為我比較政策取向的寫作和演講也是根據這些相同的原則。我會在本文稍後談到我的研究原則。不過，我認為對這些原則的最佳介紹，是描述我如何不經意地（看起來是如此）找到我的研究方法。

緣起

今日大多數年輕的經濟學家從技術進入這個領域，一開始希望在硬科學或工程上開創生涯，卻漸漸滑進這門最嚴格的社會科學。從這個方向進入經濟學的優點很明顯：一跨入就具備訓練良好的數學，所以正規模型設計的概念很容易入手。不過，那不是我跨入的方向。我初始的最愛是歷史；我只學習很少的數學，是在過程中視需要而學。

儘管如此，我很早就涉入經濟學，在耶魯大三時就擔任諾德豪斯（William Nordhaus）的研究助理（研究世界能源市場）。接著順理成章地唸了研究所，並在麻省理工學院時寫出我第一篇真正成功的論文——一篇國際收支危機的理論分析。我發現我擅長做小型數學模型，能熟練地找出簡化的假設讓模型容易管理。儘管如此，當我離開研究所時，至少在我的感覺上，我還是有點沒有方向。我不確定該做什麼研究；我甚至不確定我是不是真的喜歡研究。

我在一九七八年一月很突然地發現自己的學術立足點。在若有所失的心情下，我拜訪我的舊指導教授多恩布什（Rudi Dornbusch）。我告訴他我的幾個想法，包括隱約感覺我在梭羅（Bob Solow）的短期課程學到的壟斷性競爭模型概念——特別是可愛的迪克西特—史提格里茲小模型——可能與國際貿易有關。多恩布什指出這個想法確實可能很有趣；我回家很認真地研究它；幾天後我發現自己找到了可能形成我專業生涯核心的事物。

我發現什麼？我的貿易模型重點不會讓人想到它時特別驚訝：有規模的經濟可能是國際貿易的一項獨立的原因，即使是在缺少比較優勢時。這是我的新見解，但（我很快就發現）這一點過去曾被主流貿易理論的批評者指出許多次。我研究出來的模型還有一些未完全解決的問題，特別是它們有許多均衡（equilibria）。即使如此，要讓模型容易處理，我必須做顯然非現實的假設。一旦我做了那些假設後，模型變得極其簡單；寫它們讓我沒有機會展現高超的技術。所以有人可能認為我的研究一點也不有趣（而那是我的一些同僚在後來幾年不斷告訴我的話）。但我看到——而且幾乎立即就看到——這些特性是好事，不是壞事，它們累積成一套計畫，帶來後續許多年成果豐富的研究。

當然，我當時的發現只是主流理論的批評者數十年來談論的東西。但我的論點不在國際經濟學的主流中。為什麼？因為它從未透過好模型來表述。新的壟斷性競爭模型給我一項工具，可以乾淨俐落地打開過去被視為「一罐蠕蟲」（愈理愈亂）的東西。不過，更重要的是我突然發現經濟學的方法學是如何製造出盲點。我們就是無法看到我們無法公式化的東西。而最大的盲點牽涉到報酬遞增。所以我找到我的使命了：從一個略微不同的角度看事情，並藉由這麼做來發現一直都在我們眼前、顯而易見的事。

那年冬季和春季我寫下的模型並不完整，如果有人要求看，它們就是什麼人製造什麼的證明。但它們呈現出有意義的東西。我花了很長時間才清楚表達我的研究，但最後我發現處理困難問題的方法之一是改變問題——特別是轉換層次。一項詳細的分析可能極為棘手，但是用遠為容易的總體描述或系統性描述，可能呈現出你需要知道的所有重點。

當然，要達成這種系統性或總體性層次的描述，必須接受基本上可笑的對稱假設，而這種對稱假設也是迪克西特—斯蒂格利茨和相關模型的基礎。但這些可笑的假設似乎讓我可以訴說有說服力的故事，用標準競爭的神聖假設卻辦不到。我開始明白，在經濟學中我們總是做可笑的假設；只不過有些假設太常被使用而變得似乎理所當然。所以在看清楚假設帶領我們往哪裡之前，我們不應該以可笑來排斥一套模型。

最後，模型的簡單明瞭讓我無法抒發想炫耀在研究所辛苦學到技巧的心癢難耐，但我很快發現，這種簡單明瞭是成就大事的核心。貿易理論家未解決報酬遞增的角色問題，不是出於經驗談，而是他們認為它太難模型化。那麼，誰能料到用幾近幼稚的簡單假設來展現它能變得有效得多？

所以在我二十五歲生日前，基本上我知道我的職業生涯將做什麼。我不知道如果我的恢宏計畫遭遇其他經濟學家的排斥會如何——也許我會亂發脾氣，也許我會失去信心並放棄努力。但事實上一切都出奇地順利。在我的印象裡，從一九七八年一月以後，我核心研究的曲線走的是一條相當一貫的路徑。在幾個月內，我已寫出一套壟斷性競爭貿易的基本模型——結果是，迪克西特（Avinash Dixit）與諾曼（Victor Norman），和蘭開斯特（Kelvin Lancaster）在同一期間也各自發表類似的模型。我在發表那篇論文時碰到一些問題——我碰到的似乎是每一項經濟學創新都會碰上的命運，被一家主要期刊（《經濟學季刊》〔*Quarterly Journal of Economics*〕）拒絕——但仍繼續努力。從一九七八年到大約八四年底，我幾乎完全專注於研究報酬遞增和不完全競爭在國際貿易的角色。（我休息一年在美國政府工作；後面會談到這段經驗。）原本是一段個人追求，因為其他人也走上相同的道路而變成一股運動。特別是赫爾普曼（Elhanan Helpman）——一位深遠的思想家，他的正直和自律是我的散漫和缺乏組織的好借鏡——先自己做了關鍵的貢獻，然後說服我合作研究。我們的傑作《市場結構和對外貿易》（*Market Structure and Foreign Trade*）讓我們的見解不但受尊敬、而且幾乎成為標竿：在七年間成為正統理論的偶像破壞者。

為了種種原因，我讓研究報酬遞增的大計畫在一九八〇年代休眠了幾年，並把我的注意力轉向國際金融。我在這個領域的研究主要包括深究當時政策議題的小模型；雖然這些模型缺少像我的貿易模型那種整合的主題，我認為我的金融研究在某個程度是藉由它的思想風格而統合一致，類似於我貿易研究的思想風格。

一九九〇年我從一個新方向重拾報酬遞增經濟學的研究。我突然意識到我們把報酬遞增在貿易的角色合理化的技術，也可以用來重新研究一整個被遺棄的領域：經濟地理學，即空間中的活動地點。也許不只是在貿易，還有這個充滿了經驗洞識、好故事和實用重要性的領域，也在我們的眼前被忽視了，因為沒有人看到把它公式化的好方法。對我來說，那就像重新體驗我思想初綻的美好時刻。研究地理學很辛苦；它需要的繁複思考會讓做模型變得瑣碎，所以我現在愈來愈需要電腦的輔助，不只是分析資料，也包括用來建立理論。但它帶來巨大的回報。對我來說，理論最令人感到興奮的是，你的模型告訴你一件一直以來應該就很明顯的事，一件你可以立即聯想到你對世界的認識的事，但你以前從未真正發現它。地理學仍然給我那種興奮感。

在我寫作本文時，我的地理學研究似乎引領我到更遙遠的地方。特別是在從地理學模型自然浮現的概念，和傳統發展經濟學的語言——一九四〇年代和五〇年代盛行然後瓦解的「高發展理論」（high development theory）——之間有著明顯的關係。所以我預期我的基本研究計畫範圍將持續擴大。

研究的原則

在描述一九七八年我的養成時刻時，我已隱約說出我做研究的四個基本原則。現在讓我清楚地列出來，然後解釋它們。

一、傾聽外邦人

二、質疑問題

三、敢於可笑

四、簡化、再簡化

傾聽外邦人

這條原則的意思是「注意有智慧的人說的話，即使他們的風俗和你不同，或者不說你的分析式語言」。這點也許用例子來解釋最適合。當我開始重新思考國際貿易時，已經有很可觀的文獻批評主流貿易理論。經驗主義者指出，貿易主要發生在有類似要素稟賦（factor endowments）的國家間，而且這種貿易大多牽涉產業內交易類似的產品。敏銳的觀察家指出規模經濟和不完全競爭在實際國際市場的重要性。但所有這種聰明的評論都被主流貿易理論家忽視──畢竟，他們的批評者好像不完全了解比較優勢，而且沒有提出自己連貫一致的模式；所以為什麼要注意他們？其結果是忽視了近在眼前的證據和故事。

同樣的情況也發生在地理學。地理學家和地區科學家蒐集了有關地區化外部經濟體特性和重要性的大量資料，並把那些證據聰明地、甚至嚴格地組織起來。但經濟學家忽視了他們說的話，因為說話的人使用錯誤的語言。

我的意思不是正式的經濟分析沒有價值，或者任何人對經濟事務的意見都一樣好。剛好相反！我堅信模型很重要，它們對我們想法的重要性，有如擲標槍者對石器時代戰鬥的重要性：它們大大延伸我們見解的力量和範圍。我不可憐那些批評模型設計者不切實際簡化的人，並想像他們藉由避開清楚表達的假設來成就更大的複雜事物。重點是了解經濟模型是譬喻，不是真實。自由自在地在模型中表達你的思想，盡可能漂亮地表達（後面會談到更多）。但永遠記住你可能用錯了譬喻，而別人用不同的譬喻可能看到你錯過的東西。

質疑問題

討論外部經濟體和國際貿易的文獻在一九七八年以前很有限。不過，它們向來沒有很大的影響力，因為其中的理論似乎很混亂；即使最簡單的模型也被可能結果的複雜分類所拖累。後來變得愈來愈明顯的是，這種混亂主要因為模型設計者要求他們的模型做傳統貿易模型做的事，就是預測專門化和貿易的精確模式。但為什麼做這種要求？即使在赫克歇爾—奧林（Heckscher-Ohlin）模型，你想達成的理論也是像「一國出口的產品往往是密集使用該國富饒要素的生產」；如果你的模型告訴你一個富饒資本的國家出口資本密集的產品X，這對你有其價值，因為它強化你對那個洞識的了解，不是因為你真的在乎一個明顯過度簡化的模型的這些細節。

如果你不要求你在兩個產業、兩項產品的古典模型得出的那種細節，一個外部經濟模型就未必那麼混亂。只要你問像是福利和世界所得如何分布這種「系統」問題，就可能做出簡單而清晰的模型。而的確我們感興趣的是這些系統問題。坦白說，過度專注於細節只會把根深柢固的偏見，從過度繁複的模型帶進一個讓人生更艱苦的領域。

這種情況在我曾研究過的幾個領域也是一樣。整體來看，如果一個領域的人被似乎很難的問題困住，不妨問問他們是否真的是在研究對的問題。往往一些不同的問題不僅更容易回答，而且真的更有趣！（這個技巧的缺點是經常會惹人生氣。一個研究困難問題多年的學者，在你建議他的領域可以藉由繞越它而重獲新生時，很少會心存感激。）

敢於可笑

如果你想出版一篇經濟理論的論文，有一個安全的方法：用一些熟悉的模型，做概念簡單、但數學困難的延伸。因為這個模型的基本假設已經很熟悉，人們不會感覺陌生；因為你做了技術上困難的延伸，你將因為你的火力展示而受到尊敬。遺憾的是，你對人類知識不會增加多少貢獻。

我發現自己在新貿易理論做的研究是剛好相反的事。我發現自己使用不熟悉的假設，做很簡單的事。這麼做需要很大的自信，因為剛開始人們（尤其是審閱者）幾乎確定不但會批評你的研究，還會取笑你。畢竟，你的假設一定顯然很奇特：一個有著完全相同生產函數的產品連續體，對稱地進入產能利用率？經濟大小完全相同的國家，有鏡像的要素稟賦？人們會問，為什麼一個有這種可笑假設的模型應該讓他們覺得有趣——特別是有顯然更聰明的年輕人藉由解決困難的問題來展現他們的資質時？

對許多經濟學家來說似乎完全難以接受的是，我們的模型全都牽涉可笑的假設。就我們對認知心理學的了解，產能利用率最大化是可笑的概念；金融市場外的均衡相當愚蠢；完全競爭在大多數產業裡完全錯誤。做這些假設的原因不是它們合理，而是它們有助於以有益的譬喻來為我們認為的真實世界情況製作模型。

舉一個例子來說明一些經濟學家如何以簡單而有用的模型來揭露真實世界的情況：阿羅—德布魯（Arrow-Debreu）模型有產能利用率最大化和完全市場的完全競爭。這確實是個美妙的模型——不是因為它的假設有一丁點近乎真實，而是因為它協助我們更清楚地思考經濟效益，和在市場系統中達成效率的可能性。它實際上是一個啟發靈感、神奇得可笑的模型。

我相信富於創造力的可笑還沒有過時。身為經濟理論家，我認為卓越不是存在於從被數百篇論文用過、因而變得理所當然的假設中擠出的最後一滴血。如果一組新假設似乎能產生一組有價值的新洞識，那麼就別管它們是否奇怪。

簡化、再簡化

敢於可笑的原則不是一張無紀律的執照。事實上，研究真正創新的理論要求的思想紀律比研究已經完備的文獻更嚴格。真正困難的是保持方向：因為對地形不熟悉，所以很容易發現自己在兜圈子。記得凱因斯曾寫過：「令人驚訝的是，一個人在獨自思考時，竟然可以短暫地相信極其愚蠢的事。」而且以一種其他人不用太費力就能了解的方式來表達你的概念也極其重要，因為其他人沒有花費多年時間與你的問題搏鬥，而且不想再花幾年時間與你的答案搏鬥。

幸好有一個策略可以達成這兩項任務：它既可讓你保持控制你自己的見解，而且可以提供這些見解供他人使用。這個策略是：永遠嘗試以最簡單的模型表達你的概念。簡化成這種極簡主義模型將迫使你抓緊你嘗試表達的精華（也將讓你看清楚那些你實際上沒有東西可以表達的情況）。而這種極簡主義模型也將因此很容易拿來對其他經濟學家解釋。

我一直再三地使用這種「最小必要模式」的方法：使用一個單一要素、單一產業的模型，解釋貿易中壟斷性競爭的基本角色；以個別產業的勞動力而非完整的赫克歇爾－奧林要素替代，來解釋產業內貿易的效應；以對稱的國家來評估相互傾銷的角色；諸如此類。在每一種狀況下，這種方法的效果是讓我得以用乍看之下簡單得荒謬的方法，處理被普遍認為極其困難的主題。

當然，這種策略的缺點是，你的許多同僚會傾向於認為一個能以可愛小模型來表達的見解，勢必微不足道且顯而易見——但需要相當的成熟度才能明白簡單可能是多年辛苦思考的結果。我曾聽說耶魯考慮給史提格里茲終身教授職的故事，他的一位資深同僚輕視他的研究，說它只是一些小模型而沒有深刻的理論。當時另一位同僚問：「但你不是也可以這樣說薩繆森嗎？」「是的，我可以。」史提格里茲的反對者回答。我曾聽過他人對我的研究有同樣的反應。幸運的是，終究有夠多有見地的經濟學家，所以思想正義總是得以伸張。但如果你能設法不只是大膽地闖入沒有經濟學家走過的路，而且能以事後看來幾乎像兒戲的方法來這麼做，那將帶給你一種特別的愉悅。

我已經描述了我做研究的基本原則。我以我發展「新貿易理論」和較晚近延伸到經濟地理學的研究來做說明，因為這些是我研究的核心。但我也做了許多別的事，它們（對我來說）也是我專業生涯的一部分。所以本文剩下的篇幅我想談這些其他研究，特別是有關政策經濟學家和分析經濟學家可以共存於同一個人。

政策相關研究

大多數經濟理論家不碰觸目前的政策問題——或者他們會參與政策辯論，但只在生涯後半段才開始，視為創意理論後的延續，而非同時進行。似乎有一個共識是：好的理論所需要的清晰和單一目的，與積極參與政策討論所需的對混亂的容忍度無法相容。不過，對我來說，這個共識並不適用。我的學術生涯穿插著一些為各種政府和公共機構擔任顧問的工作，以及一整年在美國政府任事。我也寫了一本以非技術讀者為對象的書《期望減少的年代》（*The Age of Diminished Expectations*）。我還相當穩定地寫了一連串論文，它們不是從我研究的內部邏輯出發，而是嘗試釐清當時的政策辯論議題——例如第三世界的債務豁免、匯率目標區、區域貿易集團的興起。這些工作似乎都未妨礙我的研究，而且一些我偏愛的論文是從這些政策導向的研究衍生而來。

為什麼政策相關研究不會與我「真正」的研究衝突？我想是因為我用做基礎研究的同樣方法來研究政策議題。注意新聞報導或央行及財政部長關切的事，只是另一種傾聽外邦人的形式。嘗試尋找有用的方式以定義問題，差不多等於理論研究中的質疑問題。面對知識淵博者時，以非正統觀點看事情確實需要出醜的勇氣。還有當然，大膽的簡化在政策討論甚至比在理論研究更有價值。

因此做政策相關經濟學的研究對我來說，並不意謂思想風格的大幅改變，而且它本身有其回報。讓我們老實說，這包括受邀參加比較時髦的會議，和以可能高於純粹學者的費用發表演講。我也得承認政策研究的快樂之一是震撼資產階級的機會，以指出官方立場的空洞或愚蠢。例如，我知道我不是唯一樂於指出《馬斯翠條約》（Maastricht Treaty）多麼荒謬的國際經濟學家，還有當歐洲匯率穩定機制（Exchange Rate Mechanism）危機於一九九二年秋季發生時，我也有一絲幸災樂禍的感覺，因為我和其他人早已預測它會發生。不過，政策研究的主要回報是思想的刺激。不是所有真實世界的問題都有趣——我發現幾乎所有與稅務有關的事都比安眠藥有效——但每隔兩年左右或更短，國際經濟就會發生研究起來令人振奮的問題。我曾受到廣場協議和羅浮宮協議、布雷迪計畫（Brady Plan）、北美自由貿易協定（NAFTA）和歐洲貨幣聯盟（European Monetary Union）的刺激而寫理論論文。它們都是我認為是獨立的論文，甚至不需要政策內容。

當然，從事政策研究的經濟學家，永遠有不夠時間做真正研究的風險。我確實寫了相當多會議論文；我的寫作速度很快，但也許那是被我過度使用的天賦。儘管如此，我認為做政策研究的大危險不在於時間不夠，而是對你價值觀的威脅。我們很容易受誘惑而相信直接影響政策比只是寫論文重要——我曾經看過許多同僚的例子。一旦你走上這條路，一旦你開始認為馬爾福德（David Mulford）比梭羅重要，或喜歡與魯里塔尼亞（Ruritania）財政部長打交道，勝過與迪克西特談理論研究，你可能已迷失了研究的道路。很快你可能開始把「衝擊」（impact）當成一個動詞使用。

幸好雖然我喜歡自得其樂地研究政策問題，我從未把政策制訂者看得太認真。不夠認真偶爾為我惹來麻煩——像我在一篇會議論文附帶地對法國人開一個文雅的玩笑，造成參加會議的法國官員咒罵不停——並導致我從未擔任重要的政府職位。但這也很好：畢竟我寧可多寫幾篇好論文，勝過擔任有實權的職位。（給政策圈的備註：這不表示如果有人提供這樣的職務，我必然會拒絕！）

遺憾

我這一生和我的個性中有許多讓我遺憾的事——如果我的專業生涯一直出人意料地順遂，那不表示其他方面也一樣輕鬆或快樂。但我在本文中只想談談專業上的遺憾。一個小遺憾是，我從未真正嚴肅地從事實證研究。倒不是我不喜歡事實和真實的數字，我確實覺得以圖表或幾個迴歸圖為形式的實證研究相當有趣，但建構和徹底分析資料組的嚴肅工作是我從未真正做過。我想這是因為我的想法無法輕易用在標準的經濟計量檢定。不過，主要是因為我缺少耐性和組織能力。每年我都承諾嘗試做一些嚴肅的實證研究。明年我真的會！

一個較重要的遺憾是，雖然麻省理工學院的課程評量肯定我是相當好的教師，我一直還未能成功培養一群真正優秀、能讓教師臉上增光的那種學生。我可以為這個失敗找藉口——學生通常偏好較有方法、較少直覺的指導教授，而我太常因為要求學生少用數學和多用經濟學而讓學生畏懼。我可能看起來太忙碌和分心也是事實，還有也許我個人不夠莊嚴以致難以激勵人（如果我再長高幾吋……）。不管什麼原因，但願我做得更好，而且我準備繼續努力。

不過，總而言之，我一直很幸運。我的一大部分幸運與帶領我誤打誤撞採用一種非常適合我的思想風格的意外有關。在本文中，我已嘗試定義和解釋那種風格。這是一種生活哲學嗎？當然不是。我甚至不確定它是一種經濟研究哲學，因為適用於一個經濟學家的方法可能不適合另一個。但它是我做研究的方式，而它適合我。

中庸的不穩定

《紐約時報》部落格
二〇一〇年十一月二十六日

德隆寫到我們的歷史觀在發生大衰退後已經改變。過去我們會可憐我們的祖父輩，他們缺少知識和憐憫心去有效地對抗大蕭條；現在我們看到自己重蹈所有的舊錯誤。我有同感。

但回顧過去三年的政策失敗，我發現自己愈來愈相信這種失敗有其深層的根源——就某種意義而言，我們注定要經歷這些。具體地說，我現在懷疑德隆和我都支持的那種中庸的經濟政策——這種政策整體來說讓市場自行運作，但政府隨時準備好節制過度和對抗衰退——天生就是不穩定的。它可能持續一個世代，但無法再撐多久。

我說「不穩定」的意思不只是明斯基（Minsky）式的金融不穩定，雖然那是其中一部分。同樣重要的是政策思想和政治上的不穩定。

思想不穩定

我在日常研究中採用的經濟學派別——我至今仍認為是遠比其他派別合理的方法——主要是由薩繆森在一九四八年首度出版的經典教科書所建立的。它的方法結合了個體經濟學的大傳統，強調看不見的手如何引導對全體有利的結果，以及凱因斯的總體經濟學，強調經濟發展可能衍生問題並需要政策干預。在薩繆森的綜合理論中，經濟必須仰賴政府確保相對的充分就業；只有難得的情況下自由市場的優點才能真正明顯呈現。

它是極其合理的方法——但它在思想上也不穩定。因為它需要在你思考經濟時運用一些策略性的不一致。當你研究個體經濟時，你假設理性的個人和快速的市場出清；當你研究總體經濟時，摩擦和特別的行為假設不可或缺。

所以呢？在追求有用導引時的不一致並非惡。地圖不是領土，所以使用不同類型的地圖取決於你想達成什麼：如果你在開車，一幅路線圖已經足夠；如果你準備登山，你真正需要的是等高線地形圖。

但經濟學家注定要去除個體和總體經濟的分界線——在實務上這意謂嘗試讓總體經濟更像個體經濟，以更多優化和市場出清來作為總體經濟的基礎。而如果這個提供「個體基礎」的嘗試未能達成預期呢？以人類的習性加上門徒遞減法則，經濟學專業的一大部分人可能無可避免在做假設時忽略景氣循環的現實，因為它們與模型不合。

其結果是我所稱的「總體經濟學的黑暗時代」，大量的經濟學家基本上對三〇年代和四〇年代得來不易的洞識毫無所知——當然，在他們的無知被指出時，反而勃然大怒。

政治的不穩定

同時既是保守派和凱因斯派並非不可能；畢竟凱因斯本人描述自己的研究「在它的影響性上是中庸的保守派」。但在實務中，保守派向來傾向於把政府在經濟中有任何積極角色的主張，視為社會主義楔子的薄邊。當巴克利（William Buckley）寫《耶魯的神與人》（*God and Man at Yale*）時，他的主要抱怨之一是耶魯教授——恐怖的！——凱因斯經濟學。

事實上，我向來認為貨幣主義是緩和保守派政治偏見、而不否認總體經濟學現實的嘗試。的確，傅利曼說的實際上是我們需要政策來穩定經濟——但我們可以讓那種政策變得技術性和大體上機械性，我們可以安排它不受其他事情影響。只要告訴央行穩定M2貨幣供給，除此之外讓它自由運作。

當貨幣主義失敗——這麼說很挑釁，但它真的失敗了——後，它被獨立央行的狂熱教派取代。讓一群像銀行家的人主管貨幣基數，使他們隔絕於政治壓力之外，並讓他們處理景氣循環；在此同時，其他一切可以照自由市場原則管理。

它有效地運作了一陣子——大約從一九八五年到二〇〇七年的大穩定（Great Moderation）時期。它能有效運作部分歸功於央行的政治隔絕給予它不只一點的思想隔絕。如果我們生活在總體經濟學的黑暗時代，央行就是它的修道院，保管和研究其餘世界無緣親炙的古老經典。即使到了真正的景氣循環派控制專業期刊後，要發表攸關貨幣政策、甚至財政政策的模型已變得十分困難，但聯準會的研究部門仍然以相對務實的方法持續研究對抗景氣循環的政策。

但這也不穩定。首先，央行不靠更廣的財政政策無法處理的震撼遲早會發生。此外，野蠻人遲早會來摧毀修道院；而隨著目前對量化寬鬆（quantitative easing）的憤怒顯現，入侵的部族已經抵達。

財政的不穩定

最後但並非最不重要的一項，央行領導穩定化的成功，加上金融監管鬆綁——它本身是自由市場基本教義復活的副產品——為大到央行無法處理的危機搭建了戲台。這是明斯基主義：長期的相對穩定帶來更大的風險承擔、更高的槓桿，和最終的去槓桿大震撼。而傅利曼錯了：他沒有料到真正的大震撼把經濟推入一個流動性陷阱，讓央行無法避免蕭條。

而當大震撼發生時，跌落一個思想的黑暗時代加上以政治理由拒絕政策行動主義，讓我們無法達成一個更全面因應對策的共識。

於是，我擔心到最後薩繆森綜合理論注定要走到一個慘澹的結局，其結果將是我們環顧四周看到的破敗。

交易成本和繫栓：為什麼我是加密貨幣懷疑者

二〇一八年七月三十一日

我還在渡假，在歐洲不同的地方健行和騎自行車。我盡量關注新聞，但只有偶爾在無法預料的地方和情況下，我可以真正寫些東西和貼出來。

但現在就是這種時刻，所以我想預先貼一些我回國後準備做研究的東西。具體來說，兩週後我要在一場討論區塊鏈等概念的會議上扮演高斯登（Emmanuel Goldstein）——這位被指定的敵人。如果你只對友善的觀眾演講，你對自己的挑戰就不夠。所以我想也許我應該解釋為什麼我是個加密貨幣的懷疑者。

歸結原因有兩個：交易成本和缺少繫栓（tethering）。讓我來解釋。

如果你縱觀整個貨幣史，長期而言有一個明顯的方向：就是降低做生意的摩擦和處理這些摩擦所需的真實資源量。

首先有金幣和銀幣，它們質量重，需要嚴密的安全保護，且製造時消耗許多資源。

然後是以部分準備金擔保的紙幣。它們受歡迎是因為比裝在袋子裡的錢幣容易處理；它們也減少需要的實體貴金屬，正如亞當．史密斯說的「提供某種空中的馬車鐵道」，釋放資源供其他用途。

即便如此，這個系統仍然需要大量的商品貨幣。但中央銀行制——由私人銀行持有自己的準備金，並存在中央銀行，而非持有黃金或白銀的形式——大大減少了這種需要，而且轉換為法定貨幣幾乎完全取消它。

在此同時，人們逐漸從現金交易轉向其他支付，先是轉向支票支付，然後轉向信用卡、簽帳卡和其他數位方法。

在這種歷史背景下，對加密貨幣的狂熱似乎很怪異，因為它與長期趨勢的走向相反。捨棄近乎無摩擦的交易，做生意的成本增加了，因為轉移一個比特幣（Bitcoin）或其他加密貨幣單位需要提供全部過去的交易史。我們不要用點擊一下滑鼠就能創造的錢，反而想要必須挖礦才產生的錢——透過資源密集的電算。

而且這些成本不是附帶發生的，無法靠創新來抵銷。正如布倫納梅爾（Markus Brunnermeier）和阿巴迪（Joseph Abadi）指出，高昂的成本——使創造新比特幣單位或轉移舊單位變得昂貴——對一套要在分散式系統中創造信心的計畫是不可或缺的。

紙幣行得通是因為人們知道發行它們的銀行，而這些銀行有維護信譽的誘因。政府有時候濫用創造法定貨幣的特權，但大多數政府和央行會執行控管，同樣因為它們關心自己的信譽。但你卻應該相信比特幣是真的，而不必知道是誰發行它，所以你等於需要用數位版的咬金幣法來確定它是不是真的，而製造某種方法來滿足這種檢驗的成本必須高到足以避免詐騙。

換句話說，加密貨幣熱愛者實際上是在讚頌使用最尖端的科技來讓貨幣系統倒退三百年。為什麼要做這種事?它能解決什麼問題?我至今還未看到這個問題的明確答案。記住傳統貨幣通常運作得很好。交易成本低。一美元一年後的購買力可以相當準確地預測——比一個比特幣的可預測性高一個數量級。使用一個銀行帳戶意謂信任一家銀行,但大體而言銀行值得這種信任,遠高於持有加密貨幣的公司。所以為什麼要改用效用遠為不佳的一種貨幣形式?

的確,在比特幣推出八年後,加密貨幣在實際商務上的應用進展很有限。少數幾家公司接受比特幣的支付,但我的感覺是這多半是傳達訊息——看看我,我很先進!——多過於真實用途。加密貨幣有龐大的市值,但它們絕大多數被以投機工具持有,不是因為它們作為交易媒介的用途。

這是否表示加密貨幣是純粹的泡沫,最終會化為烏有?值得指出的是,還有其他類似貨幣的資產實際上很少被當成錢來使用,但人們還是持有它們。黃金不被當成實際的錢有很長一段時間,但它仍保有其價值。

就很大程度來說,現金的情況也一樣。雖然現金交易很尋常,但它們只占購買金額的一小部分,且比率不斷下降。但美元現金持有占GDP比率從一九八〇年代以來不減反增——成長的原因完全歸功於五十美元和一百美元紙幣增加。

高面額的紙幣不常用來支付——事實上,許多商店不接受它們。所以持有那麼多現金是為了什麼?我們都知道答案:逃稅、非法活動等等。而且現在大部分持有是在美國以外的地方，據估計外國人持有的美元超過一半以上。

顯然加密貨幣實際上競逐一部分這類生意：很少人使用比特幣來支付帳單，但一些人用它來買毒品、顛覆選舉和類似的活動。黃金和大面額紙幣的例子顯示，這類需求支持龐大的資產價值。所以這是否表示加密貨幣即使不是它的支持者宣稱的轉型科技，也可能不是一個泡沫？

這就是談到繫栓——或者更精確地說，加密貨幣所缺少的繫栓——的時候。

在正常的生活中，人們不擔心上面印著已故總統肖像的綠色紙片來自哪裡：我們接受美元紙幣因為其他人也會接受美元紙幣。但美元的價值並不直接來自我實現的預期：最終它的後盾是美國政府將接受以美元支付納稅的義務——它能執行這個義務，因為它是政府。也可以這麼說，法幣有其根本的價值，因為握著槍桿子的人說它們有。而這表示它們的價值不是人們喪失信心時會破滅的泡沫。

而那些囤積在毒梟藏身處的百元美鈔的價值，是與美國國內較小面額紙幣的價值繫栓在一起的。

就某個程度來說，黃金的情況很類似。大多數黃金只是存放著，它有價值是因為人們相信它有價值。但黃金確實有真實世界的用途，可用於首飾和用作填補牙齒的東西，所以對真實的經濟提供一種薄弱但真實的繫栓。

對照之下，加密貨幣沒有後盾，與現實沒有繫栓。它們的價值「完全」取決於自我實現的預期——這表示全面崩盤是真實的可能性。如果投機者集體同時產生懷疑，突然害怕比特幣變得一文不值，那麼比特幣將變成一文不值。

這種事會發生嗎？我想會發生的可能性較大，部分原因是加密貨幣的救世主式理論和較世俗的真實可能性間的落差。換句話說，比特幣（其他加密貨幣可能無法辦到）維持主要用於黑市交易和逃稅有可能達成均衡的狀態，但這種均衡如果存在的話，將很難輕易達成：一旦區塊鏈的未來無疾而終，失望可能讓一切崩塌。

所以，這是何以我是一個加密貨幣懷疑者。我可能錯嗎？當然。但如果你想反駁我錯了，請回答這個問題：加密貨幣能解決什麼問題？別只是嘗試以科技囈語和自由放任主義的蠢話來封住懷疑者的嘴巴。

Next 0286

克魯曼戰殭屍：洞悉殭屍經濟的本質，揪出政經失能的本源

作　　者—保羅．克魯曼（Paul Krugman）
譯　　者—吳國卿
主　　編—陳家仁
編　　輯—黃凱怡
企劃編輯—藍秋惠
協力編輯—聞若婷
封面設計—許晉維
版面設計—賴麗月
內頁排版—林鳳鳳

總 編 輯—胡金倫
董 事 長—趙政岷
出 版 者—時報文化出版企業股份有限公司
108019 台北市和平西路三段 240 號 4 樓
發行專線—（02）2306-6842
讀者服務專線— 0800-231-705、（02）2304-7103
讀者服務傳真—（02）2302-7844
郵撥— 19344724 時報文化出版公司
信箱— 10899 臺北華江橋郵政第 99 信箱
時報悅讀網— http://www.readingtimes.com.tw
法律顧問—理律法律事務所 陳長文律師、李念祖律師
印　　刷—勁達印刷有限公司
初版一刷— 2021 年 3 月 19 日
定　　價—新台幣 560 元

時報文化出版公司成立於一九七五年，
並於一九九九年股票上櫃公開發行，於二〇〇八年脫離中時集團非屬旺中，
以「尊重智慧與創意的文化事業」為信念。

ISBN 978-957-13-8602-7
Printed in Taiwan

克魯曼戰殭屍：洞悉殭屍經濟的本質,揪出政經失能的本源/保羅.克魯曼(Paul Krugman)著；吳國卿譯. -- 初版. -- 臺北市：時報文化出版企業股份有限公司, 2021.03
　面；　公分. -- (Next；286)
譯自：Arguing with zombies : economics,politics,and the fight for a better future.
ISBN 978-957-13-8602-7(平裝)

1.政治經濟學 2.通俗作品 3.美國

550.1657　　110000810

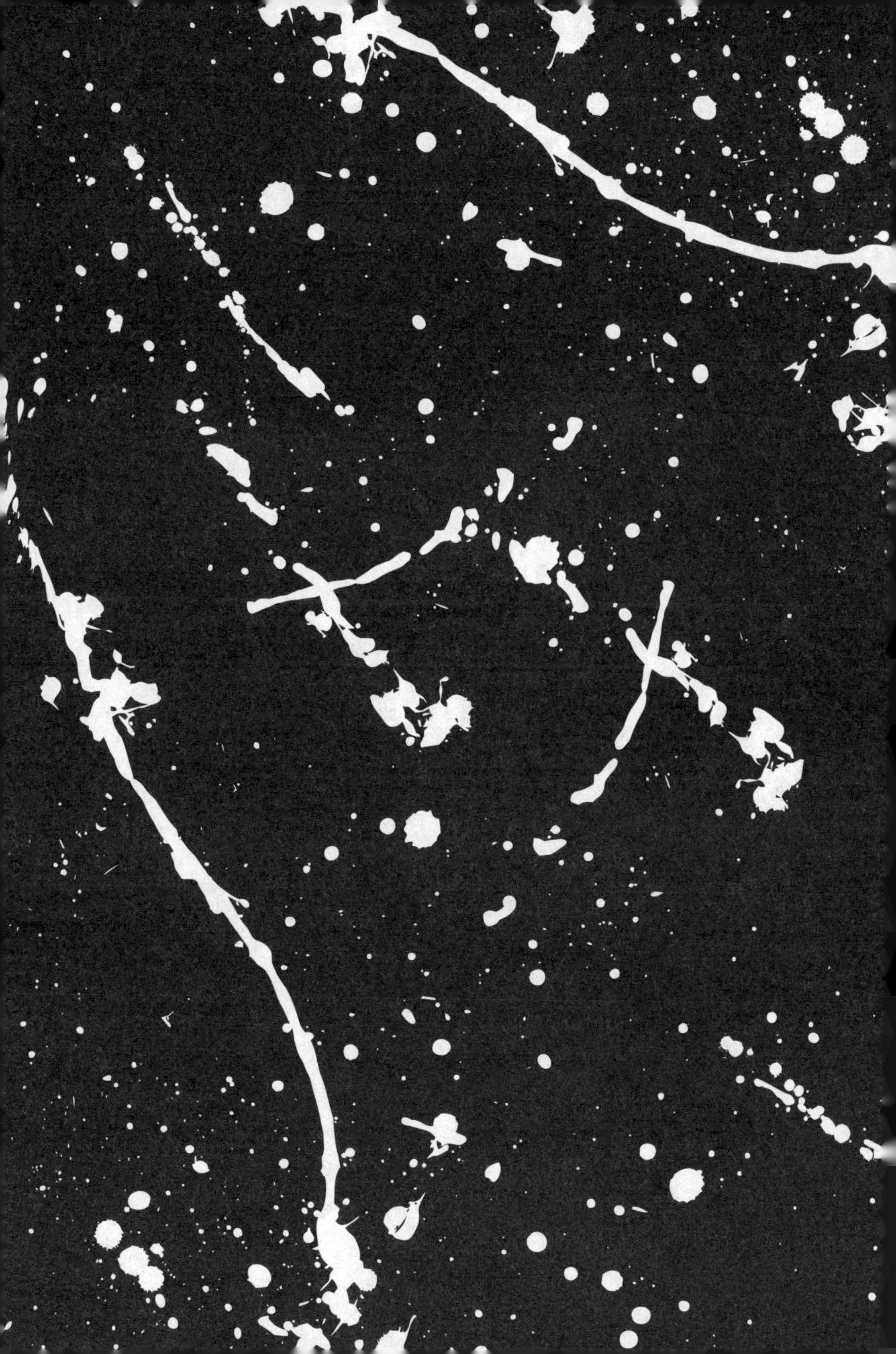

ARGUING WITH ZOMBIES

ECONOMICS, POLITICS, AND THE FIGHT FOR A BETTER FUTURE

ARGUING WITH ZOMBIES

ECONOMICS, POLITICS, AND THE FIGHT FOR A BETTER FUTURE